心理学家的营销术

如何操控消费者的潜意识、思维过程和购买决定

[英] 戴维·刘易斯（David Lewis）◎著

张　淼　◎译

SPM

南方出版传媒

广东人民出版社

·广州·

图书在版编目（CIP）数据

心理学家的营销术 /（英）刘易斯著；张淼译．—广州：广东人民出版社，2015.3

ISBN 978-7-218-09823-4

Ⅰ．①心… Ⅱ．①刘… ②张… Ⅲ．①营销术－商业心理学 Ⅳ．① F713.50 ② F713.55

中国版本图书馆 CIP 数据核字 (2014) 第 297339 号

Xinlixuejia de yingxiaoshu

心理学家的营销术

[英] 戴维·刘易斯　著　　张淼　译

出 版 人：曾　莹

策　　划：中资海派
执行策划：黄　河　桂　林
责任编辑：肖风华　古海阳　张　静
特约编辑：宋金龙
版式设计：张　英
封面设计：WONDERLAND Book design 仙境 QQ:344581934

出版发行：广东人民出版社
地　　址：广州市大沙头四马路 10 号（邮政编码：510102）
电　　话：(020) 83798714（总编室）
传　　真：(020) 83780199
网　　址：http：//www.gdpph.com
印　　刷：深圳市东亚彩色印刷包装有限公司
开　　本：787mm × 1092mm　1/16
印　　张：18　　字　　数：233 千
版　　次：2015 年 3 月第 1 版　2018 年 5 月第 4 次印刷
定　　价：42.00 元

如发现印装质量问题，影响阅读，请与出版社（020-83795749）联系调换。
售书热线：(020) 83795240

致中国读者信

亲爱的中国读者：

你们好。能够向中国商业界介绍我三十多年来在神经科学与心理学领域对消费行为的研究，我感到非常高兴和荣幸。

随着国际市场竞争越发激烈，各类公司也越来越有必要了解现代科学对营销的影响。据经济学家哈伊姆·奥菲克所说："交易是一种可以追溯到150万年前，甚至是200万年前的古老艺术。"但直到20世纪早期，科学才开始参与其中，那时科学还只是一项单纯基于才智与经验的技术。大概在1912年时，心理学家才开始逐渐对广告、营销以及零售策略产生影响。

早期，以奥地利心理学家弗洛伊德的研究作为基础发展出来的理论，被视为揭开消费者潜意识奥秘的金钥匙。后来，行为主义取代了弗洛伊德学派的主导地位，他们把大脑视为一个"黑盒子"，认为人类无法直接对大脑进行研究，因此研究者必须集中研究进入大脑的东西，即"刺激物"，以及由刺激物引发的行为，即"反应"。行为主义的影响显著而持久。

20世纪90年代末，探索消费者潜意识动机的强烈愿望推动了神经科学的发展，这门学科开始在西方市场营销研究中扮演重要角色。

在英国萨塞克斯大学实验心理学系攻读博士学位时，我的研究集中于焦虑、恐惧、压力等心理反应，以及应对这些情况的方法。当时，行为主义是主流学派，学术界不赞成对“潜意识”进行研究。对于我而言这是个问题，因为当时我认为自己需要对病人在清醒意识之下的心智活动进行探索。

我找到了一种借助脑电图描记器来探索潜意识活动的方法。通过在头皮上附着电极，研究者就可以“阅读”受试者的脑电活动。脑电图描记器反映的信息有助于研究者了解受试者的思考过程和情感反应。在充分了解这些信息后，我致力于开发一种基于“神经反馈技术 ”的新型治疗方法。在研究过程中，我无意间创造了二十年后被称为“神经营销”的东西。

神经营销学的研究内容包括消费者做出购买决定的方式，以及如何对消费者产生最强的影响。商家不仅要通过广告和营销策略影响消费者的显意识，还要借助大量刺激物影响他们的潜意识。这些潜意识的刺激物包括颜色、声音、气味、空间与设计，以及销售人员或销售机器与消费者的互动。

2000 年时，根据我的一些研究发现，我和同事达伦·布里格共同撰写了《新消费者理念》（*The Soul of the New Consumer*）一书，阐述了消费者在互联网时代思维模式的转换。这本书被多国引进出版，我因此了解到，全世界的商业领导者都对深入了解消费者思维模式非常感兴趣。

他们这么做是对的。21 世纪的消费者拥有更多选择权和可支配收入，他们也掌握了更多信息，眼光更加敏锐，同时需求也更迫切。

一家企业可以为消费者提供两种产品，一种是符合预期的产品，另一种是让消费者惊艳的产品。永远符合消费者的预期可能会为企业带来成功，但只有那些能够持续提供惊艳产品的企业才有可能成为行业的领头羊。“惊艳”指的不仅是产品本身，还包括了提供产品和服务过程的方方面面。

将科学应用于广告、市场营销以及零售业，可以让企业在任何销售环境下都能保持惊艳。

只有真正理解消费者的企业和商业领袖，才能实现从优秀到卓越的蜕变。正如中国伟人孙中山先生所说："理解一件事很难，可一旦理解了，行动起来就不难了。"

戴维·刘易斯

作者介绍 THE BRAIN SELL

WHEN SCIENCE MEETS SHOPPING

神经营销学之父

戴维·刘易斯

戴维·刘易斯博士是国际思维实验室的创始人兼董事长。国际思维实验室是英国一家从神经科学视角对消费主义与沟通进行研究的领军企业，客户包括零售商、市场研究公司、公关公司、影视公司，以及政治党派。

刘易斯博士最初的研究领域是药理学，后来转到实验心理学领域。在创立国际思维实验室之前，他曾在萨塞克斯大学的实验心理学系任教。刘易斯博士拥有威斯敏斯特大学的一等荣誉理学学士学位，以及萨塞克斯大学的实验心理学博士学位。他是英国皇家药学会、国际压力管理学会英国董事学会的会员，也是英国心理学会的研究员。

在萨塞克斯大学任教期间，刘易斯博士开始进行生物反馈临床应用方面的研究。1987 年，他得到了一台叫做“心镜”的设备，这是世界上第一台便携式脑电图描记器，它的功能在于训练个人控制他们的大脑。在对这台设备加以改造，并编写了相关的数据分析软件后，刘易斯博士邀请受试者观看了数十条广告，随后对他们的脑电图进行了分析，他的研究结果立即引起了媒体的兴趣，这是全世界有史以来首次证明，广告将会成为价值数十亿美元的神经营销产业的主要阵地。

如今，全球约有250家公司为各类客户提供神经营销服务，从广告商到市场研究公司，再到快销品企业，电影、电视、汽车工业与设计公司。包括大型出版商也对神经营销产生了浓厚的兴趣，他们希望制作出信息到达率更高的书籍封面。

刘易斯博士目前正在开发适用于非专业人员操作的工具，这些工具可以帮助商家分析消费者的潜意识反应，他们甚至不需要与消费者接触，在网络上就可以实现。这将空前扩大可选受试者的范围，商家可以自由选择不同年龄段、不同性别，以及不同教育背景的消费者进行分析。

除了从事研究工作，刘易斯博士还创作了二十多部作品，并被多国引进出版。

《金融时报》(*Financial Times*)

戴维·刘易斯博士是首屈一指的营销大师，被誉为神经营销学之父。他的最新作品是一本讲述为何人们要购物以及如何操纵购物者的全面教材。书中几乎涵盖了商家的每种把戏，从香味、颜色的运用，到阈下启动。

《科学美国人》(*Scientific American Mind*) **杂志**

心理学家与神经营销专家戴维·刘易斯博士为我们揭露了一些内部信息，关于广告商如何运用香味、颜色、吸引人的口号、无意识的偏见，甚至潜意识信息来操纵消费者的情感，使他们做出购买决定。

罗杰·杜利《销售控脑术》(*Brainfluence*) **作者**

戴维·刘易斯博士在他的新书中带领读者进入了神经营销的世界，同时介绍了一系列营销人员影响消费者的技巧和工具。本书对“潜意识说服”的商业应用进行了深入探索，为市场营销人员和企业家提供了令人兴奋的全新可能性，绝对不容错过！

菲利普·格雷夫斯《购物心理学》(*Consumer. ology*)作者

戴维·刘易斯博士是一位将神经科学与市场营销相结合的专家，也是一位公正的向导，那些对理解自己或他人购物过程感兴趣的读者将会从本书中获益匪浅。

薇姬·圣克莱尔 Conversations Live with Vicki St. Clair **节目主持人**

本书中提供的一些信息真的相当可怕！戴维·刘易斯博士逐一介绍了神经科学界的最新成果，并且耐心地从“下定义”开始分析购物体验。所有看过这本书的人一定会产生一些不同以往的观点。

马特·布雷迪 *Just Eat* **杂志首席营销官**

这本书非常吸引人，不仅会传授给你大量的知识，也将帮助你用一种科学的方式解读自己所做的事，这是一项价值很高的技能。在概括介绍了神经营销学的历史之后，本书讲述了对大脑及情感反应的研究是如何被应用于商品陈列，以及品牌建设、互动营销与游戏化等各个方面。

《门萨》杂志(*MENSA*)

本书讲述了一些非常吸引人的细节，实际上，购物体验的各个方面已经受到了以触发复杂情感为目标的科学的、心理层面的控制。本书对商家控制消费者方法进行了一次具有启发意义的探索。

60SecondMarketer **网站**

阅读本书，你可以深入了解消费心理学如何影响广告人，如何影响消费者的购物决策和购买行为，也能知晓一些市场营销人员正在做的或对或错的事。更棒的是，戴维·刘易斯博士从数字营销趋势的视角进行阐述，介绍了许多已经经过实践检验，已经被应用于现代社会后依然具有其优势的基本原理。

Social Bookshelves 网站

本书介绍了戴维·刘易斯多年来大量研究的丰硕成果，任何人，包括消费者自己，都可以从中获益。谁会不想知道那些大型公司如何对消费者进行洗脑，好让他们购买商品呢？不论你从事的是数字营销还是房地产行业，都可以从中学到更多。最珍贵的是，本书能够改变你看待世界的方式，书中的观点将在你的脑中留下永不消逝的印记。

将科学应用于广告、市场营销以及零售业，可以让企业在任何销售环境下都保持惊艳。（戴维·刘易斯）

The application of science to the art of advertising, marketing and retailing can help ensure that this essential level of excellence is maintained no matter how much the sales environment changes. (David Lewis)

目 录

THE BRAIN SELL

前言 THE BRAIN SELL
WHEN SCIENCE MEETS SHOPPING

触发无意识购买的“隐形说客”

我们试图影响的是人类大脑的构造。
——万斯·帕卡德（Vance Packard）
《隐形的说客》（*The Hidden Persuaders*）

50 多年前，美国记者万斯·帕卡德揭示了商家会在何种程度上对消费者的行为进行操纵，如何从中攫取利益，公众对此大为震惊。帕卡德在他的畅销作品《隐形的说客》中揭露了广告业的黑暗面，并发出警告：“商家正在试图引导我们的潜意识、思维过程以及购物决策，而且他们中的大多数人已经达到了目的。由于这些改变通常发生在我们的意识水平之下，所以从某种程度上来说，这个引导消费者做出购物决策的‘说客’常常是隐形的。”

帕卡德的这部作品诞生于 1957 年。自那以后，科学家发现了更多关于人类大脑的奥秘，其深度与广度超越了此前的所有研究。虽然科学家目前还无法凭借这些发现真正做到“读脑”，但这个目标的实现应该也指日可待。流向大脑不同区域的血流量的变化，以及这些区域间相互传递信息时所发出的生物电信号的变化，揭示了个体的思想、情感与行为的变化原因。如今，几乎世界上的所有企业都正忙于参加一场竞赛，即利用神经科学（Neuroscience）领域的研究成果来开发影响消费者的技能，批评家称之为“操纵”（Manipulating）。企业不仅要了解消费者如何做出决策，更想左右他们的决策流程。

30 多年来，我一直在研究神经科学，试图探明人类大脑的脆弱点及影响它的各种方法。我对神经科学的研究兴趣始于 20 世纪 80 年代末，那时我任职于萨塞克斯大学（University of Sussex）实验心理学系。在课上的实验中，我将电极贴在受试者的头部，记录下他们观看电视节目时大脑中发生的各种脑电活动。20 多年后，我的早期研究成了目前价值数十亿美元的营销产业背后的一种重要驱动力。

我和研究神经科学的权威机构国际思维实验室（Mindlab）的同事一直致力于运用高精度设备来分析消费者的头脑与身体在购物时的反应和变化。从小镇上的夫妻零售店到豪华购物中心的大理石大堂，我记录下了各类消费者的大脑活动、心率变化、呼吸状况、皮肤温度以及生理唤醒状况（Physiological Activation，伴随情绪与情感发生时的生理反应，它涉及一系列生理活动，如神经系统、循环系统、内外分泌系统等活动。——译者注）。我亲眼见证了一件超值商品怎样让消费者心跳加速，以及红色标志对他们的大脑产生了何种刺激。

我提取了消费者的唾液样本以评估他们购物时的压力水平，还运用眼动追踪设备以确认他们在查看不同商品时分别花费了多长时间。如今，因特网和社交媒体在覆盖与影响客户方面占据了前所未有的重要地位，因此我也对消费者的网络购买行为进行了调查。调查内容包括消费者网购时的目光注视方向与专注程度、他们浏览网页与在线购物的方式、对于不同类型广告的反应，以及他们在如 Facebook 与领英（LinkedIn）等社交网站上的各种活动。我做这些研究是为了将各类看似普通的购物活动置于显微镜下，放大并观察消费者的表现，同时揭示出他们在搜寻诸如洗衣液、名牌太阳镜以及新款智能手机等各类产品时萌生的想法与感受。

人类对于大脑的认识正在不断发展，我们在神经营销学、行为经济学与消费者心理学领域也取得了长足的进步，这些科学成果催生了到达率更高的广告，以及成功率更高的营销和零售技巧。本书以一位业内人士的观点审视并从某种程度上升华了这些技巧。

如果你是广告商、市场营销人员或零售商，或者属于广义上的说服产业成员，你将从本书中了解到行业的发展趋势以及新技术的开发动态；如果你是一位消费者，你将通过阅读本书了解到，自己是如何越来越多地被这个特别强大的产业所影响。正如罗伯特·希斯（Robert Heath）在《引诱潜意识》（*Seducing The Subconscious*）中所阐述的："这个产业中的技术未传递任何直接信息，没有刻意让我们留意或回忆起任何广告，不论我们对于那则广告是喜欢还是讨厌。"但这些技术深刻地影响着消费者的选择。

购物场所的环境也会对消费者的购买行为产生影响。例如：

- 折扣店通常把灯光打得很亮，因为明亮的灯光可以充分展示产品的优势；
- 高档化妆品店可能会选择柔和的灯光，以便让顾客在镜中发现更美的自己；
- 在许多赌场，空气中的芳香能创造出一种让玩家放松的气氛，让他们感到时间的速度都放缓了；
- 此外，店内背景音乐的节奏会影响消费者的步频。

这些"氛围"以无法被察觉与掌控的方式影响着消费者的思维与行为。类似的，行为经济学家也会通过改变人们的选择架构（Choice Architecture），从而改变其选择结果，操纵人们的潜意识。

不过，对于人脑机能更为全面深入的了解只构成了该领域现有成果中的一部分。诸如因特网、社交媒体、移动设备等全新的信息获取媒介的出现，以及个性化的广告信息，大大增强了说服产业的力量。举例来说，我在第 7 章中会介绍耳听信号（Earcon，一种向用户提供计算机客体、操作或交互信息的非语言听觉信号。——译者注），当你打开某个网页时，电脑会发出与该网页相关的声音。例如，当你点击一家餐馆的页面时，会发出牛排被烤得嗞嗞作响的声音；当你点击一家旅行社的网页时，会发出浪花拍击海岸的声音，甚至你与孩子观看的电视节目也可能对你的世界观与购物习惯产生相当大的影响，对此我会在第 9 章中详述。

说服产业那迅速得到增强的大数据开发能力是洞察力与潜在影响的另一个主要来源。在第 11 章中我对此进行了说明，说服产业的大数据开发包括：运用复杂的运算程序与高速计算机来发掘如 Facebook、Twitter 等社交平台用户的购物趋势与偏好。这个产业宣称，搜集这些信息有助于商家制订个性化的营销方案，这样消费者的时间与精力就可以集中在那些他们真正关心的产品与服务上。因为需要对大数据进行挖掘，所以我的实验室不仅会雇用神经科学家，还会吸纳数学家、统计学家与物理学家。

说服产业的发展势头正越发强劲。如果你认为作为一名消费者，自己能够对那些“甜言蜜语”免疫，也就是说你自信自己购买的每一样东西都出于自由意志，那回头看看你的所有财产吧。我已经准备好了要和你打这个赌：这些财产中有相当一部分，不论是你现在穿在身上的牛仔裤，还是你日常驾驶的汽车，当初购买它们或多或少兼有理智与情感两方面的因素。影响你做出选择的方式如此微妙，你甚至都没能认出它们的真面目。

在一项研究中，研究者会在受试者面前的屏幕上播放一条信息，内容是极力推荐受试者喝某种品牌的茶，但这条信息只会一闪而过，停留的时间极短，受试者的肉眼其实根本看不见。尽管受试者从未在意识层面看到那条信息，他们在自由选择的状况下依然会购买信息中所指品牌的茶。在第 8 章中，我会对这种现象以及其他关于阈下启动（Subliminal Priming，低于阈限的刺激所引起的行为反应。——译者注）的研究进行详细阐述。

消费者怎么会被他们肉眼从未看到的信息影响，还根据该信息的指引去购买某种商品？正如我在第 2 章中所述，消费者受这种影响如此之久，以至于他们甚至不会留意到这些影响的存在。

考虑到投入广告业与市场营销行业的时间、人力与金钱如此之多，它们对于消费者拥有如此之强的说服力也就不足为奇了。单在英国和美国，每年大约有 3 130 亿美元被投入广告行业，比教育投资（约 1 320 亿美元）的两倍还要多。如果要开发实用、单调却又“必不可少”的新产品，企业就会不惜重金雇佣成千上万受过良好教育的研究学者，诸如保卫尔牛肉汁（Bovril）、帮宝适（Pampers）、马麦脱酸制酵母（Marmite）、好时派香水（Old Spice）、蜜丝佛陀（Max Factor）以及立顿杯汤（Cup-a-Soup）等产品就是这样产生的。

近期，一家经营快速消费品的公司举办了一场会议，包括我共有 5 位科学家应邀参加，全部都拥有英国高等学府的博士学位。其中一位是来自剑桥大学的理论物理学家，一位是来自布里斯托大学的工程师，一位是来自帝国理工学院的数学家，一位是毕业于牛津大学的生物化学家，还有我自己，一位拥有萨塞克斯大学博士学位的神经营销学家。我们的工作是评估一种男性美容产品的功效，其零售价不足 15 美元。

新“说服产业”的未来

如今，说服产业的影响力与成熟度已经达到了惠普公司的创始人戴维·帕卡德即便在其最偏执的时刻都不曾想象的程度。对于广告商、营销人员以及零售商来说，神经科学领域的进步似乎提供了一个在全球化的市场环境中抢占竞争优势的机会，企业需要与竞争对手为赢得消费者的芳心以及钱包而战。

电影《少数派报告》预测了一种反乌托邦式的、充满了个性化广告的未来。当我们探讨一种引起许多消费者与企业关注的技术时，你们会不会也心怀与电影中类似的担忧。

> 想象你上了一列火车或一辆公共汽车，你疲倦地把头靠在车窗上。突然，你听到脑袋里响起了一则广告，那声音出现在你眼球之后，双耳之间，正在试图向你推销某件产品，而且这种奇怪且出处不详的声音对于你喜欢什么、不喜欢什么、常会购买何种产品或服务了如指掌。这究竟是一场噩梦，还是你出现了幻听？

事实上，这只是一种最新的对毫无戒心的消费者播放广告的技术。车厢的每个窗口都会安装一台机电换能器，它能把音频信号转换成高频振动。当疲倦的你把头靠在车窗上时，你的头骨会和玻璃以相同频率一起振动。即使身处嘈杂的环境，这种振动也会在人脑中发出清晰的声音，好似声源就在大脑之中，而且只有你自己能听到这条销售信息。这些信息提取自你的社交账号和网上购物历史，它们摇身一变，就具备了独特的吸引力。

这个广告投放系统由天联广告德国分公司（BBDO Germany）代表德国天空电视台（Sky Deutschland）开发，它已经被证实同时具有高度的有效性与极端的争议性。尽管这个系统受到了潜在客户的欢迎并被誉为公共交通广告界的“明日之星”，但许多消费者也表达了他们的愤慨。有人认为这是对个人休息权利的侵犯并愤怒不已，有人甚至还发表了“我觉得我会拿大锤子敲烂那扇窗子”的暴力威胁。

我还将在本书中介绍，未来甚至会出现更加复杂的销售技巧，这也难怪许多消费者会愈发担忧。随着新技术的发展，消费者的头脑被无情的商业推广所掌控的危险会越来越大。他们担心一种奥威尔式的“老大哥”（BIG BROTHER，典出乔治·奥威尔名著《一九八四》，暗指那些令人发指的监视活动。——译者注）技术即将诞生，而他们的购买行为也将隐秘地被操纵。

这些担忧的合理指数有多高？那些资本雄厚的企业应用这些技术，并雇用负责技术设计与开发的科学家，其真实目的是为了操纵消费者，还是仅为了使购物这件事变得更高效、更轻松？这些最近发现的“隐形说客”能够在何种程度上影响消费者的购买行为，为何能产生这些影响？消费者要怎样保护自己免受这些“不正当”行为的影响？

我将在本书中对这些问题逐一进行解答。首先让我们回到1901年，那年，科学与营销初次相遇。

第 1 章

当消费遇上科学

心理学家的购物读心术

是谁让自由女神高举的火炬变成了“好彩”香烟？是谁将工作休息时间命名为“麦斯威尔咖啡时间”？是谁说服妈妈们，要想让宝宝皮肤更嫩滑，就使用强生婴儿爽身粉？人类大脑这个“黑匣子”渐渐被心理学家开启，又被植入了一张又一张购物清单。

如今，为了改变社会意识，相比较其他领域的社会活动，我们向广告行业投入了更多的思考、努力以及金钱。

——琴·基尔伯恩（Jean Kilbourne）

教育博士

广告是一种古老的艺术。在早期的城邦中，商人会向路人口头宣传他们货物的优点，或是雇用小贩在街市上夸赞他们的商品，只有声音悦耳、表述清晰的人才会被雇用。广告得到发展的原因不言自明，正如高科技时代的数字营销专家达米安·瑞安与卡尔文·琼斯所说："商业世界中极少存在确定无疑的事，不过有一点毫无疑问：如果不让你的客户了解你的生意，那么你在生意场上也维持不了多久。"

千万年以来，广告的目的始终没有改变，那就是推销。广告大师亚尔伯特·拉斯克对于广告的表述更为简洁："让商家的名字始终出现在大众眼前。"因此广告从业者坚定地相信，只需具备创造力、勇于尝试的精神与实践经验，广告就能大获成功。他们把自己视为艺术家，认为自己既不需要也不想要任何来自科学界的帮助。然而，当 20 世纪的帷幕拉起，一切都变了。

从"推销"到"勾引"，心理学颠覆营销学

埃格特俱乐部（Agate Club，1894 年在芝加哥成立，是最早的广告组织。——译者注）在芝加哥已久负盛名。1901 年初，埃格特俱乐部的组委会邀请了当时 32 岁的沃尔特·迪尔·斯科特博士来进行一场演讲。斯科特是美国西北大学心理学系的助理教授，他选择了"心理学在广告中所扮演的角色"作为演讲的主题。中午，大家在俱乐部高雅

的实木装潢餐厅中享用了美酒佳肴后，会长示意大家安静，并将这位演讲者介绍给在座的众人，其中包括数位芝加哥市最为成功的广告主管，他们仰靠在真皮座椅上听着斯科特的演说。

斯科特告诉他们，要逐渐引起对消费者潜意识的关注。对此他解释道："有时候，广告被称为商业世界的神经系统。人类的神经系统之所以如此构造，是为了让我们获得来自目标物的所有可能的感知。同理，正如商品本身能够产生的效果那样，广告也必须尽可能地唤起观者心中的各种反应。"

斯科特继续讲述了作为广告商，他们要如何将精力集中于对潜在客户的头脑产生影响上："广义来说，心理学是关于大脑的科学。艺术是去做，而科学则是了解如何去做或是对成果进行解释。如果我们能够找到，并将那种心理规律（即广告艺术的基础）表达出来，我们就已经取得了一次独特的进步，因为我们已经在广告艺术中加入了科学的元素。"

斯科特的这场演讲以及之后的一本畅销作品《广告原理》(*The Psychology of Advertising*）都对广告商看待他们行业的方式，以及他们对科学，特别是心理学的重视程度产生了意义深远的影响。此后，这种影响不断扩大。

三年后，一位名叫约翰·E. 肯尼迪的前加拿大皇家骑警在广告界掀起了第二场改革旋风，这一次他只用了三个词。

1904 年的一个春日午后，亚尔伯特·拉斯克正在他的办公室里工作，楼下的接待室迎来了一位陌生访客，随后一位小信使为拉斯克送来了一张字条。"我现在就在楼下。"那张字条上写着："我可以告诉你广告是什么，我知道你对这点还不太清楚。告诉你广告是什么对于我来说很重要，对你也是一样。如果你想知道广告是什么，那就在字条上写上'是'，然后交给信使。"

拉斯克犹豫了。他是一位精明的商人，个人财富超过 5 200 万美元，长期以来他可能已经习惯于受到各种怪人和江湖骗子的打扰。不过这张字条对他的诱惑太大了，他考虑后示意那个送信的小男孩领写字条的人上来。写字条的人正是肯尼迪，他们的会面一直持续到了深夜，最终结果是，拉斯克以当时的天价年薪 2.8 万美元聘用了肯尼迪。

两年内，肯尼迪这位曾经通过为咻博士牌（Dr. Shoop）兴奋剂写广告文案而勉强糊口的人，年薪达到了 7.5 万美元，他也使整个广告业对其自身的功能拥有了一套全新的理解。

让拉斯克印象如此深刻，并且让整个营销产业的运作模式都发生革命性变化的就是肯尼迪对广告的描述："纸上推销术"（Salesmanship in Print）。对此，美国广告公司协会（American Association of Advertising Agencies）前主席约翰·奥图尔评论道："如今看来，这句话好像十分简单又显而易见，但它出现在 1904 年，这条定义完全改变了当时广告工作的标准程序，也为它如今能在我们的生活中发挥如此巨大的作用奠定了基础。将广告的功能等同于卖力推荐的销售人员所起到的作用，这揭示出了广告的本质。'说客'是销售人员所扮演的主要角色。"由此，"说服"的概念首次被应用于广告创作。

1906 年，芝加哥广告主管约翰·李·马欣察觉到，广告商对心理学的重视程度正在不断加强。在他私人出版的作品《关于广告的讲座》（*Lectures on Advertising*）中，马欣阐述道："广告就是要让其他人想你所想。那意味着要利用所有可能的方法来给人们留下印象，并且让他们头脑中的观点具象化。广告更大的威力是，用一种非常隐晦的方式把商家想要宣传的观念植入观众的头脑，以至于人们会认为这是他们一直以来的想法。消费者在购物时几乎总会下意识地服从于他们信念中的某种权威，他们渴望向权威求教并表示尊重。"

广告主管已经领悟到，他们所从事的工作不仅是推销，也是说服，于是他们开始积极地寻求心理学家的帮助，因为现在他们认为，心理学家的知识、技能以及经验对于理解消费者的潜意识活动十分重要。

弗洛伊德学派，让消费者的欲望一丝不挂

到第一次世界大战结束时，广告这个过去主要依靠文案人员的创造力与艺术家的想象力推动的行业，正越来越多地被接受过精神分析训练的心理学家的观点所影响。这些专家中大部分人是弗洛伊德的信徒，他们强调在取悦消费者的过程中，情感扮演着至关重要的角色。许多广告人急于找到影响公众思想的新方法，于是前去寻求欧内斯特·狄希特博士的指导。

狄希特是一个活泼、乐观的秃顶男人，他经常戴着领结，鼻梁上架一副牛角框架眼镜，他喜欢称自己为“公众动机先生”（Mr. Mass Motivations）。当初，狄希特创办公众动机研究机构（Institute for Research in Mass Motivation）时，将总部地址选在了一座能俯瞰纽约哈德逊河的山顶，机构总部设备精良。

在狄希特的有些研究中，研究者会安排孩子们在室内观看电视，同时在双向镜后隐蔽地观察他们，隐藏的录音机会记录下孩子们在观看电视期间所表达的意见。狄希特还成立了一个心理座谈小组，对成百上千个家庭的情感构成做了分析。

狄希特告诉他的客户，通过应用由弗洛伊德所提倡的方法，他不仅能够帮助他们深入了解消费者的需求，还能掌握控制消费者行为的技巧。

迪希特宣称：“广告机构是最先进的心理学实验室之一。它能够帮助企业掌握操纵人类动机与欲望的能力，并引发公众对尚未熟知的产品的需求，甚至说服消费者购买那些他们原本并不想要的商品。”

一家雪茄制造商曾花费数千美元投放了一条广告，广告展现了这样一幅画面：一位微笑的妇女把雪茄分发给她的丈夫和朋友。尽管广告画面十分吸引人，投放范围也很广，但它实际上导致雪茄销量发生了戏剧性的下滑。

狄希特解释道，男人抽雪茄是因为这么做在潜意识里让他们觉得自己有影响力。他声称，雪茄是男性生殖器的一种象征，通过展现妇女鼓励男性抽烟的情景，这条广告在心理层面阉割了它的男性客户。后来，广告商及时修改了这条广告，并改写了广告语，雪茄的销售量又出现了戏剧性的增长，不过，他们到底对广告进行了哪些微妙的改变，后世的我们不得而知。

随着第二次世界大战的终结，美国在战争期间业已累积起的巨大产能被迅速地转向民用领域。大量待销售库存随之出现，广告商开始前所未有地认真听取心理学家的意见。据这些专家说，社会正在迈入“心理经济时代”，在这个时代中，社会面临的挑战不仅是要将制造出的大量商品推销出去，还要制造大量消费者。

在美国家庭关系协会（National Council on Family Relations）的全体大会上，社会学家克拉克·文森特发表了演说。他对这个机构的存在意义进行了清晰的说明，同时也阐述道：“家庭不再是一个单纯的生产单位，还是一个能独立生存发展的消费单位。”广告主管开始认为，普罗大众做出某种行为，部分是出于理性选择，但更多是被情感所驱使。

消费者很容易被操纵。随着感性消费的占比越来越高，广告商越发觉得沉迷于煽情或是满足消费者的情感诉求合情合理。一位资深广告主管总结了这种关于购买群体的观点，他说：“说什么不重要，感觉才是关键。对，感觉是最棒的！你得投入激情，你要让那个人相信，你手上有他想要的东西。”

20 世纪 50 年代末，每年约有数十亿美元被用于心理学研究。技术飞速进步，广告商意欲操纵消费者并构建其公众形象。万斯·帕卡德以此为主题，撰写了畅销书《隐形的说客》。

帕卡德列举了许多例子，其中一个是为美国航空公司（American Airlines）所做的一次研究。许多商务人士害怕乘坐飞机，以至于他们只会当没有其他交通工具可选择时才选择乘坐飞机出行，这次研究的目的就是找出其原因所在。

帕卡德在向航空公司解释原因之前进行了一些心理投射实验，比如罗夏墨渍测验（Rorschach Inkblot Test，最著名的投射法人格测验，通过向受试者呈现标准化的由墨渍偶然形成的图像，让受试者自由说出由此联想到的东西，然后将这些符号进行分类记录，加以分析，进而对受试者的各种特征进行诊断。——译者注）。然后他告知航空公司，这些不愿意乘坐飞机的商务人士不是害怕死亡，他们担心的是，如果自己遭遇空难，会对家人接到他们的死讯而感到内疚。

借助这些信息，美国航空公司开展了一场广告宣传活动，针对的群体是家庭主妇。他们大力吹捧了飞机的两点优势：其一是假日全家人能够坐飞机远行，其二是丈夫如果乘坐飞机，就能更快到家。航空公司也费尽心思在飞机座舱中创造一种平静的心理氛围。

在当时，广告商并不是唯一的正试图塑造公众态度与观点的群体。早在20世纪初，一种新型职业就已诞生，那就是公共关系学家。

公共关系学，舆论的推手

在当下的英国和美国，每位新闻工作者的身边都有大约四位公关专员。这就意味着，公众日常耳闻目睹的每一条新闻，不论接触途径是电视、广播、报刊还是网络，其实都是公关的结果，有些公司喜欢称之为企业传播（Corporate Communication）。

大型公关公司的客户财力雄厚，因此它们比大部分媒体机构拥有更多资金与其他资源，并且它们在改编故事以符合客户的口味方面占据独特的优势。公关公司也善于埋葬坏消息，甚至能够让一些声名狼藉的人或组织起死回生。

爱德华·伯尼斯被誉为“公共关系之父”，他在同时代有着巨大的影响力。1891 年，爱德华在奥地利首都维也纳诞生，他的母亲是弗洛伊德的姐姐，他的父亲是弗洛伊德妻子的兄弟，因此伯尼斯既是弗洛伊德的侄子，也是他的外甥。

第一次世界大战期间，伯尼斯为美国公共信息委员会（US Committee on Public Information，简称 CPI）工作。CPI 是一个政府资助的宣传组织，其宗旨是宣传与推广一个观念：只有战争能结束所有的战争，使世界更加安全民主。伯尼斯的传记作者斯图尔特·艾文说：“伯尼斯在将大众心理理论、公司规划与政治宣导三者紧密结合的过程中起了重要的作用。”

伯尼斯创造了一种至今依然被广泛使用的营销策略，他将不受欢迎的产品与受欢迎的原因联系在一起。例如，在 20 世纪 20 年代，美国烟草公司（American Tobacco Company）将一件营销案委托于伯尼斯，即通过鼓励女性在公共场合抽烟来提高女性抽烟者的数量。伯尼斯意识到，鼓励这种令人皱眉的行为的最佳方法是将它与妇女解放事业联系在一起。于是，他说服妇女权益运动人士在纽约第五大道举行的一场抗议游行中高举好彩香烟（Lucky Strike）做成的火把，模仿自由女神。这条新闻占据了全美各大报纸的头条，并且在改变公众态度方面起到了举足轻重的作用。

伯尼斯于 1923 年在自己的作品中写道：“一位公共关系学者能取得多大的成就，取决于他创造那些公众已经准备好对其做出回应的标志的能力，取决于他寻找那些将受到公众欢迎的典型形象的能力，取决于他引起本能与普遍欲望共鸣的能力。这也是他为达到既定目标而必须使用的基本方法。”

尽管帕卡德的作品在当时极为畅销，广告公司在心理学研究方面投入的资金也已经达到了历史最高点，但实际上弗洛伊德学派的影响力正日渐减弱。此时出现了一个全新且极度自信的专家团体，他们把自己称为行为主义者。

行为主义者摒弃了在他们看来不科学的“精神分析戏法”，并许诺要将心理学转变成一种硬科学（Hard Science，自然科学与技术科学两大系统下的学科与其交叉学科的统称。——译者注）。

行为主义的消费操纵术

1920 年，42 岁的约翰·华生教授成了当时学术界一颗冉冉升起的明星。1912 年，他首创了“行为主义”（Behaviorism）的概念，随后他在《心理学评论》（*Psychological Review*）上发表了一篇广受好评且具有高度影响力的论文。华生教授在那篇论文中对行为心理学进行了说明：“这是一个自然科学的纯粹客观的实验分支，其存在的目的是对行为进行预测与控制。”

好景不长，这一颗冉冉升起的新星在约翰霍普金斯大学（Johns Hopkins University）辉煌的学术生涯不久便戛然而止：他在 42 岁时离开了他的妻子，并与一位相当年轻的名为罗莎莉·雷纳的研究生同居，随即立刻被学校开除。这件丑事让华生丢了学校的工作，而在那个相当保守的时代，学术界也对他避之唯恐不及。华生并没有被吓倒，不久他就动身前往纽约寻找新的高薪职位。他的研究已经吸引了一些广告界高管的注意，对于这些广告人来说，行为主义是一种强有力的影响大众的工具。

抵达纽约后，华生就在智威汤逊广告公司（J. Walter Thompson）觅得了一份工作。在那里，华生利用他丰富的心理学知识与极高的营销天赋，策划了几场公司史上效果最为显著的广告宣传活动。他帮助强生公司（Johnson & Johnson）说服了美国的母亲们，让她们在每次帮宝宝换尿布时都使用婴儿爽身粉。他还帮助麦斯威尔咖啡公司（Maxwell House）创立了所有办公室、家庭以及工厂共享的传统："咖啡休息时间"（Coffee Break）。

华生用一种大胆、创新、具体，且有说服力的方式促进了行为主义的发展，使它成为了一种营销手段。这为他带来了丰厚的回报，让他能够在自己位于康涅狄格州的大庄园里享受着悠闲的农场主生活。他的关于大脑的新理论对广告人以及商家看待消费者的方式产生了意义深远的影响。

过去，在有些广告人心目中，消费者只是被无意识的希望、恐惧、梦想与欲望所驱使的令人费解的、情绪化的个体；如今消费者则成了轻率、缺乏个性特征的"流氓无产者"（Lumpenproletar，原指旧社会中受反动统治阶级压迫和剥削，失去土地和职业的一部分人，他们大都是破产的农民和失业的手工业者，常常以不正当的活动谋生，如偷盗、欺骗、恐吓等。——译者注）。他们愚笨无知，做事漫无目的，他们的行为可以轻易地被一系列奖励与惩罚措施所控制，或者用行为主义者的话来说："被正强化与负强化所控制。"

不到五年，行为主义已经成为了美国范围内占据主导地位的心理学派，同时在欧洲也拥有了相当的影响力。广告人与商家的祈祷似乎得到了回应。

他们确信，通过借助在心理实验室中研发出的强大技巧，自己能够像制造打字机一样，轻而易举地制造大量消费者。他们需要做的只是在适合的时间提供恰当数量的、正确种类的正强化，这样人们就会不由自主地购买他们的产品。

这种观点使许多人感到震惊，也因此警醒。当这些观点被应用于广告时，它意味着广告人既有意愿通过操纵大脑来控制消费者的行为，实际上也拥有这样做的能力。

锚定启发，行为经济学家的捆绑式征服

广告不是唯一一个对心理学产生兴趣的行业。20 世纪 70 年代末，一些一流经济学家开始努力通过提供更多现实的心理学基础知识来提高其对商业的诠释能力。

1979 年，两位传奇的以色列美国裔心理学家，丹尼尔·卡尼曼与阿莫斯·特沃斯基，在著名杂志《计量经济学》（*Econometrics*）上联名发表了一篇论文，题为《展望理论：风险下的决策分析》（*Prospect theory: An analysis of decision making under risk*）。第二年，经济学家理查德·塞勒撰写了论文《关于消费者选择的一个积极理论》（*Toward a positive theory of consumer choice*）。通过这两篇论文，三位作者不仅创造出了一个全新的、最初极具争议的经济学分支，还创造出了一种不同以往的理解消费者选择的方式，即后来广为人知的行为经济学（Behavioral Economics）。

卡尼曼和特沃斯基也在决策行为中发现了一个重要的因素：锚定启发（Anchoring Heuristic）。我将会在第 4 章中详细说明锚定启发是什么，它又是如何对消费者做决定的方式起到了关键性的影响。

神经营销学：连击大脑里的“购买键”

20 世纪 70 年代末，我在大学里进修心理学专业，当时行为主义依然是学术界的一股强大力量。许多著名的心理学家依然把人类大脑视为一个无法被理解的“黑匣子”，他们拒绝对意识进行任何探讨，对人类的潜意识更是敬而远之。当时学术界依然认为潜意识是一种不科学的说法，不过，所谓心理学的“漫长的黑暗时代”很快就终结了。

从 20 世纪 60 年代中期开始，行为主义就开始慢慢被认知心理学（Cognitive Psychology）代替。新学科聚焦于人类的心理变化过程，涉

及记忆、语言、决策以及推理等非常重要的能力。而且，心理学家越来越多地开始把大脑视为一种电子计算机。但由于认知心理学领域似乎没有诞生许多具备商业价值的发现，广告商、市场营销人员以及零售商对这个领域并不感兴趣。最终，神经科学领域的快速发展，以及对活动中的大脑进行观察的技术的发展让他们大吃一惊，并引起了他们的关注。

2002 年，鹿特丹伊拉斯姆斯大学（Erasmus University）的阿勒·施密茨教授创造出了“神经营销学”（Neurmarketing）这个新词，用来描述神经科学与脑成像技术的商业应用。施密茨在他的就职演讲上说道：“神经营销学的目标是通过观测消费者大脑的活动进程，更好地理解他们的想法，及其面对营销刺激时所产生的反应，通过对大脑反应的研究来提高市场营销活动的效益。”

据我所知，当我在 2001 年创立国际思维实验室时，世界上只有一家公司的研究中心与其类似。现如今类似的公司已经超过 250 家，而且学术界对此非常感兴趣，包括伊拉斯姆斯大学、法国的欧洲工商管理学院 (INSEAD)、德国的泽佩林大学（Zeppelin University）以及美国的斯坦福大学在内的多所大学都开设了神经营销学方面的课程。

神经营销学家的两个常用工具是定量脑电图（QEEG）和功能性核磁共振成像（fMRI）。概括来说，定量脑电图是通过记录与分析大脑中的脑电活动，从而对大脑活动进行观测；功能性核磁共振成像记录的则是流向大脑不同部位的血液动力的变化情况，研究者能借此探测到受试者在执行某些任务时大脑中特别活跃的区域。但是，功能性核磁共振成像要求大量且繁琐的技术分析，而且价格昂贵。我将在第 3 章详细介绍如何运用这些技术，以及它们能够反映关于消费者行为的哪些信息。

神经营销学家的其他工具还包括：在实验室和生活中都能应用的眼动追踪设备，以及记录心率、呼吸、肌肉张力和皮肤电导率的设备。

通过在消费者身上安装GPS设备，或是分析来自他们移动电话的数据，我们就能够追踪他们在商店内活动的轨迹，记录下他们走过的通道、看过的商品，以及他们在每个区域的停留时间。

如果你认为，神经营销学家为了更好地了解消费者行为，只能借助这些昂贵的高科技设备，那你就错了。更确切地说，设备只是迅速发展中的新技术中的一部分，这套新技术还包含许多心理测试，这些测试同样为我们提供了重要数据，能够准确反映消费者的潜意识以及某个品牌的市场说服力。

这些技术到底是什么，我们要如何运用它们，为了了解清楚，我们应该先去做那件千百万人每天都在做的事——购物。

第2章

命令与征服

营销心理学如何形塑购买行为

在李施德林漱口水出现之前，人们为什么意识不到自己有口臭？让家庭主妇大费周章的贝蒂妙厨，为什么反而获得了她们更多的信任？迪士尼和飞机场等“巨型超市”怎样完美地伪装自己，悄悄掏空消费者的钱包？当一种需求被创造，并成功转化为欲求时，代表这种欲求的产品就进入了消费者的“既想要也需要”象限。

我们都被一些自身尚未察觉到的事物影响支配着，对于这些事物我们几乎从没进行过任何有意识的控制。

——罗伯特·罗森塔尔（Robert Rosenthal）

《课堂中的皮革马利翁效应》（*Pygmalion in the Classroom*）

在一个阳光和煦的春日清晨，我计划到纽约城郊的一家时装折扣店“淘货”。与我同行的是来自纽约市区的 6 位时尚达人，她们眼光独到且十分精明。我选中的那家折扣店外观灰头土脸、毫无生气，内部装饰又过于夸张和艳丽，让人不禁觉得俗气。走进店内，我们发现没有任何店员上前表示欢迎或协助我们挑选商品，店里只是回响着高分贝的嘈杂音乐声。这家折扣店的内部空间很像一个飞机库，一排排货架陈列其中，天花板上均匀分布着许多荧光灯，顾客眼前会时而闪现镀铬货架反射出的明亮冷光。

折扣店的货架上陈列着数不清的服装配饰，有连衣裙、帽子、围巾、靴子、皮包、皮带，商品多得仿佛马上要把货架压垮。其中大部分商品与其说外观精美夺目，不如说性价比极高。我与那 6 位“淘货志愿者”心知肚明，我们的目的就是从中挑选出那些诱惑力十足的优质特价商品。“淘货”一族大多会把目光聚焦于知名品牌，如拉尔夫·劳伦（Ralph Lauren）、范思哲（Versace）、浪凡（Lanvin）、普拉达（Prada）以及华伦天奴（Valentino）。奢侈品牌通常会让每一位时尚达人心跳加速，现在它们都被标上超低的价格，大家心里更是小鹿乱撞。

当消费者发现一件心仪的特价商品时，心率会明显加快，这并非我的推测而是实际情况。我的淘货志愿者们跟随移动的人群在商店的过道中穿梭，翘首盼望着能从成堆货品中找到自己的心仪之物。这几位志愿者都是女性，她们大方地准许我记录下她们淘货的全过程。

其中一位年轻女性头戴一顶白色羊毛贝雷帽，这是在我的要求下她才勉强戴上的，因为老气的帽子让她看起来像年近30岁的妇人，而不是原本23岁的时髦女郎。其实这顶帽子的功用不是让她显得更成熟，而是为我的多色感测器（Multicolored Sensor）提供一个自然的载体。我们借助一种像胶水般黏稠的导电物质把感测器粘连在这位女士的头上，这样一来感测器就能记录下她在购物时的所有脑电活动。同样隐藏于视线之外的还有位于她胸口的感测器，这个感测器用以监测她的心率变化。另外还有两个传感装置被分别固定在她左手两根手指的内侧，用以监测她的生理唤醒状况。

她的鼻梁上架着一副眼镜，其中隐藏有微型摄像机和麦克风，这样她在淘货全程中所看到、听到的一切就都能被完整地记录下来。所有设备通过杂乱如意大利面般的电线相连接，最后集中到装在她背包里的监测设备上。只用了30分钟的时间，她就扫到了一条希尔瑞牌（Theory）紧身黑色长裙，一件Joe's Jeans牛仔夹克，一只普拉达时尚手提包以及一条自由人牌（Free People）流苏连衣裙，这条裙子势必带来极高的回头率。当然，这几件商品的折扣都不小。我继续观察她，不久她又在附近发现了一双Jimmy Choo银色高跟鞋，至少打了个五折，她因此兴奋地叫出了声。

回到实验室后，我和同事会仔细研究视频资料与她的大脑与身体在购物过程中的反应，寻找其中的关联点。最终准确辨别出，哪一件商品使她的精神与身体产生了最兴奋的反应，以及哪一件商品所激起的反应最小。

我们的目的是探明这些心理与生理反应的高峰与低谷是否与商店内某个特殊位置、墙上的隔板架或是货架的摆放有关。换句话说，我们最终能够确知的是，商店可以在何种程度上通过加强消费者在购物过程中产生的兴奋感，延长他们在店内逗留的时间，从而提高购买率，最终增加利润。

我们的研究已经表明，对于许多消费者来说，如果能以比较实惠的价格购买到一件垂涎已久的时尚单品，他们在精神上就会出现一种陶醉感，这和中了彩票，甚至吸食可卡因时的感觉一样。

另有一项具有代表性的研究发现：当某人搜寻到一件心仪的特价商品时，其大脑的额叶区域会出现一阵高频率的 β 波。此时消费者的心率会突然加快，可以从每分钟 70 下迅速提升至每分钟 120 下；其皮肤电导率也会提高，这表明当时交感神经（Sympathetic Arousal）变得更加兴奋。这些是蕴含在我们远古血脉中的，会伴随战斗或惊吓而出现的生存反应，它们都属于自主神经系统（Autonomic Nervous System，外周传出神经系统的一部分，能调节内脏和血管平滑肌、心肌和腺体的活动。——译者注）的交感神经分支。我们可以把交感神经系统类比为飞机上的自动驾驶仪，这种系统在我们思考其他事物的同时，通过控制如心率、血压以及呼吸频率的方式，让身体保持正常运行。

尽管交感神经兴奋程度的提升在某些情况下可以被理解为恐惧或愤怒的标志，但当我们探讨某个消费者的淘货经历时，这就可以简单地等同于兴奋与快乐了。通过精准分析消费者购买折扣商品的全过程，我们就能知晓消费者的头脑和身体可能出现的变化，进而帮助零售商找到更容易吸引目标客户的商品。

购物，不只是买东西那么简单

让我们从阳光充沛、魅力十足的曼哈顿移步到葡萄牙的滨海小镇波尔图。在一个阴冷潮湿的二月清晨，我的研究小组进行了一项与曼哈顿“扫货”行动类似的研究，受试者是一些每周都会到大型卖场选购家庭用品的消费者。

全世界消费者都对价格十分敏感，葡萄牙人也不例外，受试者们一直在密切留意便宜货的身影。她们会急切地把买一赠一商品、打折产品以及特价优惠商品堆进购物车，不过她们最感兴趣的还是那些知名品牌的特价商品。当她们在陈列有超过 3 万个不同品牌商品的货架间“运筹帷幄”时，如汰渍、雀巢、含羞草乳制品（Mimosa）、康派果汁（Compal）、迪尔它咖啡（Delta）以及闻名葡萄牙的瑞诺瓦牌（Renova）黑色厕纸就成了采购的重中之重。

家喻户晓的品牌商品会首先被消费者选中，那些知名度较低的商品则比较容易被忽略。消费者可能会瞥它们一眼，甚至拿起仔细查看，但相比那些知名品牌的商品，这类商品被选中放入购物车的概率显然更低。

诸如此类的研究为零售商提供了宝贵的信息，同时为他们揭示了，当消费者在面对一家商店的关键要素（如装潢、标志以及货架陈列）时，其头脑中产生的潜意识反应。借助这些信息，零售商就能及时调整他们的营销策略，从而提高销量。例如，我们有一项研究表明，简单地改变一种商品相对于另外一种商品的位置，就能够同时提高这两种商品的销量。还有研究表明，改变标志的颜色或字体、调整灯光的明亮程度或颜色，甚至是更换地板，都能对购买决定产生巨大的影响。

当然，阅读脑电波不是获取关于营销深刻见解的唯一方法。在后文中，我将会介绍一些其他技术。本章着重研究的是购买行为。只有理解了引发购买的两个关键动力，我们才能理解万斯·帕卡德笔下“隐形的说客”是如何发挥效用的。

如今，购物在大部分国家消费者的心目中都是首选的休闲活动。人们购物的理由多种多样：

- 为了体会获得新财产时的乐趣与兴奋感；
- 为了感受逛豪华购物中心，盯着引人注目的陈列品时的愉悦；
- 为了享受人群熙熙攘攘的景象与热闹的氛围；
- 为了被热情的销售员恭维，并因此感觉自己很重要；

- 为了对抗无聊或抑郁；
- 为了去见朋友、做运动，或是寻找令人雀跃的经历；
- 最重要的是，他们享受购物带来的权力感与控制感。

然而，尽管购物（Go Shopping）被广泛认为是非常令人愉快的行为，但买东西（Doing Shopping）却通常被认为——尤其是被男性认为——是一件令人厌烦的事，一件他们希望可以用尽可能短的时间与尽可能少的精力去完成的事。有些男性买东西的方式可以被比喻成一支特警部队进入商店解救人质，他们冲进商店，抓住商品，然后飞速付款后撤离现场。

买东西指的是购买一些你绝对需要但并不一定想要的东西。毕竟，谁会真的想要拥有洗涤剂、猫砂或是尿布呢？它们只是那些有脏衣服、养猫或是照顾婴儿的人所需要的商品。

消费者买东西是为了满足需要，购物是为了满足欲望。这两种动机之间的区别可能看似清晰明确，实则不然。

如何将顾客需求转化为欲求

一旦一种"渴望"牢牢地扎根于一位现代消费者的大脑，他们就再也无法集中精力做其他事情了。那种"渴望"已经被转化成一种"欲求"。正如萨省大学（University of Saskatchewan）城市与人口地理系教授吉姆·普勒所述："实质上现代经济中的所有购买行为，即便有些看上去似乎是过度的，但同样反映了消费者的真实需求，购买行为如果不达到一定数量，她们就无法被满足。

青少年根本不会想要追赶最新的流行趋势，在她们的头脑里，绝对必要的只是拥有时髦的衣服或装饰品；一位成年人不会单纯想要一套家庭影院，只是因为他所有的朋友都拥有一套，他就必须得有一套。

这是现代经济中购物的本质，在这种经济条件下，拥有某件商品不仅是一种渴望，也是一种需要。”

欲求可能会催生一颗非常强大的渴望之心，不论代价为何，它都必须被满足。

19 岁的时候，凯瑟琳对于漂亮鞋子的欲求似乎永远无法被满足。她卧室的柜子里摆满了各种款式、不同风格、工艺千差万别、颜色各异的鞋子。时装鞋、低跟宫廷鞋、凿子包头宫廷鞋、套脚尖头高跟鞋、细高跟凉鞋、鱼嘴鞋、尖头及膝靴、及踝靴，这些种类的鞋子凯瑟琳都有，而且式样与颜色一模一样的她常备有好几双。

当凯瑟琳购买她的第 100 双鞋子时，她的兴奋程度与第一次购买时相差无几。尽管每购买一双鞋子都会增加她的负债，但这并不会抑制她的消费冲动，也丝毫不会减弱她购买新鞋时兴奋到微微颤抖的愉悦感觉。

趁着凯瑟琳在英国湖畔购物中心（Lakeside Shopping Centre）买鞋子的机会，国际思维实验室的成员和我一起记录下了她的心理与生理反应。当凯瑟琳在寻找一双她极其渴望的鞋子时，心率马上就从每分钟 85 下加快到了 120 下，皮肤电导率的骤然上升表明她当时极其兴奋，而且她的脑电波从放松的状态转变成了高度亢奋的状态。

“她马上就会买下那双鞋。”当我们坐在商场外的车里观察这位年轻女性的购物过程时，我对身边的同事这么说。话音刚落，她就掏出信用卡准备付账了。

很重要的一点是，创造消费者欲求的不仅仅是广告商、营销人员与零售商，还有公关公司、互联网博主、广播节目、出版商以及社会媒体。神经营销学也在起作用，它能够帮助市场从业者确定如何调整产品以提高消费者的满意度。在一项典型实验中，受试者眼前的电脑屏幕上会出现关于一件产品的外形、颜色以及设计的不同描述，与她们身体相连的监测设备会记录下她们的心理与生理反应。为了抓住那些最容易被忽视的特征，我们还会用到眼动追踪设备。

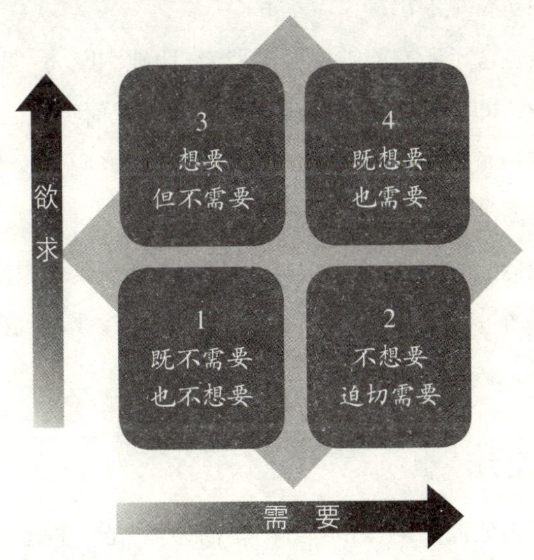

图 2.1　需要与欲求的关系矩阵图

借助数字科技，研究者可以迅速简捷地改变虚拟产品的外观，比如微调颜色、尺寸和外形，然后重新开始实验。通过分析受试者对于眼前图像的潜意识反应，研究者就能识别出什么样的产品可以激发消费者最强烈的欲求。

在图 2.1 中，第四象限中是那些人们普遍不想要，但是可能迫切需要的产品或服务。例如，几乎没有谁会想去看牙医，或是想去医院动手术，但他们可能会为了满足一些间接愿望，如拔掉一颗让他们饱受折磨的坏牙或是让身体恢复健康，而购买这些服务。

第三象限代表消费者目前既不需要也不想要的产品或服务，它们不太可能被购买，至少当下如此。不过这个方框中包含的内容对于不同的消费者与情境来说也各不相同。某位消费者不予考虑的商品，另一位可能会十分珍视，就像二手商品和慈善拍品一样。类似的，在一个情境中被视为毫无价值的商品，可能在其他时间或情境下会深受消费者青睐。例如，被古希腊人丢弃在垃圾堆中的陶瓷，现在正在博物馆和著名的拍卖行里展出。

第二象限包含了所有能够说服消费者，让她们以为“我要的就是它”的产品和服务，即使它们并不会满足消费者的任何实际需求。

最后是第一象限，一旦产品和服务被消费者归入这个类别，那营销人员和零售商就不用为它们操心了。

即便是较低层级的欲望与需求，即那些位于第三象限中的产品或服务，也能够通过市场营销与广告被转变成欲求。以下是实现转变的6种方法。

让他们出点儿力

让消费者为他们所购买的产品“出点力”是一种绝妙的方法，能够让他们对这种产品产生欲求，我们在第1章里提到的美国营销大师欧内斯特·狄希特博士，就是最早意识到这一点的先驱之一。

20世纪30年代，美国通用磨坊公司（General Mills）联系到了狄希特博士，想让他帮忙提升旗下产品贝蒂妙厨（Betty Crocker）蛋糕粉的销量。狄希特博士建议在蛋糕配方中停止使用鸡蛋粉，公司应该指导家庭主妇往蛋糕粉中加入鲜鸡蛋，并自行混合。这么做不是为了让蛋糕拥有更佳的口感，而是为了将一种家庭自制的品质加入这种工厂制作的混合物中。

这一策略收效极佳，贝蒂妙厨成了深受消费者信任的成功品牌。通过在蛋糕的制作过程中分派给消费者一件任务，不论这件任务多么不值一提，消费者都拥有了强烈的参与感，因此也会对成果更加珍视。

在一家时尚折扣店中，消费者的任务就是搜寻便宜货。零售商鼓励消费者通过讨价还价来获得折扣，争取到比定价更优惠的价格，从而让消费者相信他们比零售商更精明。这种迎合会大大刺激了消费者的购买欲望。有时候，零售商为了达成交易甚至会鼓励消费者明显的不诚实行为。

在罗伯特·西奥迪尼的有趣作品《影响力》一书中，他讲述了在纽约经营一家成衣店的一对兄弟的故事。在招呼一位新顾客时，两兄弟中的其中一人会假装自己有些聋。当客户询问一套衣服的价钱时，两兄弟中“聋”的那个就会向在店铺后方工作的另一人大声喊道：“这套衣服多少钱？”

店铺后方的兄弟会喊出一个价格，假设是 190 美元。发问者声称他没有听到，然后再问一次价格。后面的兄弟就会再说一遍：“我说 190 美元。”此时，装聋的那位会告诉顾客：“他说 90 美元。”

在大部分情况下，听到价格后顾客会很开心地立刻支付这 90 美元，然后在两兄弟发现自己的“错误”之前匆忙离开。

当佩戴监测设备的消费者获得了折扣或是成功砍价时，她们的心理与生理唤醒程度都有所提高，并且在交易达成时达到顶峰。不仅如此，我们也发现，成功获得折扣的消费者会更加重视那件商品。这种情况应当归因于“基本归因错误”（Misattribution Effect），当强化的情感从那种导致它们发生的情境被转移到另一件物品或是人身上时，这种效应就会产生。例如情侣在初次约会时乘坐可怕的云霄飞车，那么之后这对情侣可能会发现对方对于自己的吸引力增强了，这是因为这种刺激体验会导致双方肾上腺素分泌过多，而他们会将由此引发的紧张感觉错误地归因于身边这个人的存在。

获得“战利品”的过程越令人兴奋，消费者就会对这件商品越加重视。这也同样适用于当消费者在销售现场或是拍卖会上与其他人争相购买某件商品的情况。

创造稀缺性

1983 年圣诞节前夕的一个下午，我亲眼目睹两位衣着高雅的中年女士在位于纽约第五大道（Fifth Avenue）的施瓦兹传奇玩具店中动起了手。让这两位女士动手的原因是什么？因为她们俩都下定决心要买到最后一个由泽维尔·罗伯茨设计的椰菜娃娃（Cabbage Patch doll，美国流行一时的玩具，供人“领养”。——译者注）。在当时，人人都想拥有这样一件圣诞礼物。

当一项欲求的供给短缺时，消费者可能真的会为之流泪，甚至流血。制造商对此心知肚明，有时他们会限定首批商品的供给量，以此加强消费者在购买时体验到的兴奋感。

如果消费者在社交平台上发布某件商品短缺的消息，知名博主也会对此进行讨论，如果一切顺利的话，正当人们在网络上大声叫嚷要率先得到这件短缺的商品时，购物中心就会开始排起长龙。我们的研究表明，争抢一件商品的人越多，每位竞争参与者想要得到它的渴望就会越强烈。

我曾在一个寒冷的夜晚进行过另一项实验。那个晚上，许多年轻人在伦敦一家大型商场外排起了长龙，等候着第二天一早 7：30 开始的周年促销，届时游戏机将以半价出售，我的实验内容就是研究这些年轻人的心理与生理反应。

除了监测他们的心率、皮肤电导率以及脑电波，我还让他们填写了一份问卷，目的是观察他们对那台游戏机的态度会不会随着时间的流逝产生变化。当这些年轻人在寒风中冻得瑟瑟发抖时，他们想要得到那台游戏机的热情却越来越高涨。随着百货商店营业时间的临近，他们的心率、血压、生理唤醒以及大脑的活跃程度都在逐渐提高。

后来我问他们，当他们拿着战利品走出商店时感觉如何，许多人形容说好像体验到了一种令人眩晕的快感，这种感觉真是前所未有。

其中一名年轻人对我说："当我冲到柜台的时候，我的心在狂跳。那种兴奋感压倒了一切。我的呼吸变得急促，手心渗出汗珠。然后我看到了游戏机的盒子，它好像在向我招手！"

这些游戏爱好者的生理变化，以及他们对于自身欲求不断提高的重视程度，可以用认知失调理论（Cognitive Dissonance，当我们试图同时持有两种互相矛盾的想法时，内心所体验到的不适感。——译者注）加以解释。1957 年，美国心理学家利昂·费斯廷格研究总结出认知失调理论，如今它已经成为社会心理学领域中最具影响力，研究最为深入的理论之一。

想象你是一位想戒烟的人，但是你发现要戒掉这个习惯很难。有人警告你，无法戒烟将会对健康产生可怕的影响，可你却继续抽烟，这时候就会产生认知失调。为了将自己从这些令人不快的感觉中释放出来，吸烟者有两种选择：戒烟，或是使风险合理化。终生吸烟者常会说："我当然明白这是一种有害健康的习惯，但是开车、骑自行车，甚至是过马路还不是一样要面临死亡的威胁？还有，我三舅妈一天抽 100 支烟，还是健康快乐地活到了 90 岁。"这些方法都能消除认知失调，但是只有选择戒烟，才能真正地保护健康。

20 世纪 50 年代末，斯坦福大学的艾略特·阿伦森与美国陆军领导人类研究中心（US Army Leadership Human Research Unit）的贾德森·米尔斯合作进行了一项名为“加入组织时的严苛程度对于加入者对组织喜爱程度的影响”的研究。他们说服了 63 位女性志愿者从两场入会仪式中择其一参加，其中一场过程严苛，另一场相对轻松。

在那场严苛的入会仪式上，她们必须要把淫秽之辞大声朗读出来，她们也将朗读两段摘自当代小说的关于性行为的文字。对于 20 世纪 50 年代末的年轻女性来说，完成这项任务所承受的压力远比现在的女性要大，和如今相比，那个时代更加忌讳年轻的女性说出这种污言秽语；在另一场的入会仪式上，女性被要求朗读出没那么令人尴尬的词语；此外还有第三个实验对照组，成员不会被要求朗读任何东西，可以马上入会。

研究者发现，在评价社团对于自己的价值与吸引力时，经历了严苛入会仪式的女性给出的评价远高于其他人。她们会有一种更加强烈的归属感，并且更加珍视她们的会员资格。在邪教组织中我们也会发现类似的效应，邪教成员在被同意加入组织之前，必须要经历困难且令人尴尬的考验；在美国，大学兄弟会的成员为了加入组织，必须忍受老成员的欺负和通过“地狱周”的考验。

“那还不是全部”策略

TNA 策略（That’s Not All）的出现时间早于神经营销学几十年，它为心理学家和神经科学家开辟了一片成果丰硕的研究领域。TNA 策略有两种操作形式。其中一种是，零售商仅仅通过降低价格来让一件商品看上去更吸引人。例如，通常一罐速溶咖啡的标价是 5 美元，零售商会以 3.8 美元的价格出售。

为了测试降价的效果，来自阿肯色大学（University of Arkansas）的卡丽·波洛克与其同事在校园中进行了一次巧克力促销活动。他们把不同包装的巧克力摆到摊位上，到摊位前询问巧克力价格的学生被随机分配到两个组。

在第一组中，销售者会说小盒巧克力的单价是 1 美元，大盒 5 美元。在第二组中，销售人员最初会说小盒的单价是 1.25 美元，大盒 6.25 美元。这时一位同事会纠正他说，小盒的售价其实是 1 美元，大盒 5 美元。这种价格上的明显下降产生了十分显著的效果，即便只是区区 25 美分，售出率都会从 45% 上涨到 76%。

TNA 策略的第二种运用方法是，赠送附加商品或是帮消费者节约更多的钱。当我正写到这里的时候，我的面前就有一本杂志，其中整整一页的广告就是一个最恰当的例子。这一页上刊登了一位伦敦裁缝的衬衫促销广告，平常高于 70 英镑的衬衫价格降到了低于 20 英镑。但那还不是全部，作为杂志的读者，还可以再额外享受 15% 的折扣；那还不是全部，如果在某个特定日期之前购买，还能免费获赠一条真丝领带。

TNA 策略的应用范围很广，并且研究表明，要将一件“买不买都行”的商品转变成为消费者心目一定要购买的商品，TNA 策略的效果十分显著。买一赠一，买二赠三，或是一些人寿保险公司免费赠送的钢笔、收音机、闹钟或是餐具，都是应用这种技巧的实例。

TNA 策略之所以行得通，是因为相比于谨慎行事，它鼓励消费者在购物时采用一种不动脑子的方法，我将会在第 4 章中进行详细解读。

打造一个玩乐空间

当人们在嬉笑玩乐时，他们更喜欢消费。那就是为何当我们游览一个热门的旅游景点、一幢豪华古堡或是主题公园的时候，会花那么多钱买下一大堆俗气的纪念品。意大利哲学家安伯托·艾柯在他的作品《超现实旅行》(*Faith in Fakes*) 中表示：“迪士尼乐园给人的感觉就像我们能够在脑海中想象出来的奇异的过去。”

也正如他所指出的那样，当游客进入这个巨大的玩具屋里面时，他们会发现一个乔装打扮过的超市，在那里你会如着迷一般地购物，还相信自己只是在玩乐。在第 6 章中，我将具体讲述乐趣与幻想在诱导人们产生欲求方面所扮演的角色。

建立情感联结

机场正在从旅途的起点或终点转变成购物场所。这些拥有飞机跑道的巨型超级商场拥有一个天然优势：候机的乘客不像普通消费者那样自由，他们不能随便离开这个环境。

在候机大厅里，他们也更容易感到无聊，想要做点什么转移注意力，或是感到紧张并尝试找点事做来让自己安心。结果就是，他们常会把时间和金钱花在逛商店、买东西上。

与其说他们是在买一件东西，不如说他们在经历某种特别的友谊。在买东西的时候，他们内心的欲求不仅是那件买到的商品，也是与他人之间的接触与交流。

一位美国记者朋友向我讲述了她的一次“友情购买”经历。一个深夜，她满身疲惫地抵达了荷兰阿姆斯特丹的史基浦机场 (Schiphol Airport)。她告诉我：“由于航班延迟，我已经独自旅行了超过 10 个小时。距离我下一个航班起飞还有好几个小时。我既孤独又无聊，而且当时十分疲惫。”

于是，她开始在机场周围闷闷不乐地闲逛。这时候，她遇到了一个正在售卖化妆品的年轻男子，模样十分英俊。在她面前，这位男子表现得十分友善、谦逊，他乐于助人又充满绅士风度，并且准备好了要花些时间陪伴她。

最终，我的这位朋友从年轻男子那里购买了总价值超过 200 美元的化妆品。“我并不真的需要它们。”她说，“但是我感觉欠了他一笔大生意，他为我花了不少时间，也振作了我的精神。”

“你有 20% 的完美吗？”

20 世纪 20 年代初，美国人无忧无虑地工作，丝毫没有意识到自己身上存在一个问题。这个问题可能让他们失去结交新朋友的机会，失去自己的工作。它如此具有破坏性，就连他们最亲近的朋友都难以启齿。它是一种如此严重的个人缺陷，可能会伴随人们一生。这个问题就是：难闻的口气。

兰伯特制药公司（Lambert pharmaceutical company）敏锐地发现了这个新问题，还给它相应取了一个有医学范儿的名字：口臭（Chronic Halitosis）。不久，兰伯特制药公司就为口臭患者研发出了能确实起到治疗效果的产品：李施德林漱口水（Listerine）。它诞生于 19 世纪，是一种强效手术抗菌剂，最初的用途是清洁地板以及治疗淋病。

兰伯特制药公司为李施德林漱口水制作了一条广告：画面中是一对愁眉苦脸的年轻男女，他们非常渴望浪漫的爱情，但两个人都有非常难闻的口气，于是通往爱情的大门就此关闭。在兰伯特制药公司识别出这个商机之前，这方面几乎无人问津，因此兰伯特公司凭借这个产品赚得盆满钵满。7 年内，它的年收入就从原先的 11.5 万美元增长到了逾 800 万美元。

现代消费者每天都会接触约 4 000 条广告，其中有许多都在讲述个人缺陷。这些广告不断提醒着我们，你太胖、头太秃、脸上有太多粉刺、皱纹太多等；暗示着我们是糟糕的父母，差劲的情人，准备不周的主人，不受欢迎的客人。如果我们不加以改变，很快就会遭遇个人危机。广告告诉我们，人际关系可能会被许多自身因素摧毁，比如腋臭、头屑、皮肤太干或是太油、消化不良、胃痛或是牙渍。总之，如果我们不购买广告中推销的那种产品或服务，几乎所有可能存在的人类缺陷就都会出现在我们身上。

纽约自由工作室（Free Range Studios）的联合创始人兼创意总监约拿·萨克斯指出：自现代市场营销出现以后，职业传播工作者就一直在依赖“缺陷销售法”（Inadequacy Approach）。告诉你的观众，世界是危险的，他们缺少某些必需品，以至于很难适应周遭的一切，然后再拿出神奇的药方——你的产品。

人们接受牙科治疗、手术或是注射肉毒杆菌等服务不是因为想要，而是有这种需要。有一种方法能够把这种不情愿的需要转化成为人们的欲求，那就是把它们宣传成为改善外形，提升自信的好帮手。类似的例子还有人造烤瓷牙让你笑容更完美，隆鼻手术让你拥有更完美的面容，隆胸手术让你更性感等。

如今，“缺陷销售法”依然大行其道，但一些时事评论者认为，它已经与社会媒体所创造出的更具支持性与赋权性的风气不相协调。结果就是，人们正在隔离所有可能引起焦虑感的广告，转而接收来自家庭、朋友，甚至是陌生人的推荐。约拿·萨克斯表示：“未来的市场营销方法需要传递以赋权为基础的中心思想，让消费者成为英雄并感受到自身充满潜能。”

把任何东西卖给任何人的“GOG 原则”

《牛津英语大词典简编本》(*Shorter Oxford English Dictionary*) 将“销售”定义为“为了得到金钱而向另一个人交出或移交某样东西”。这条定义当然是正确的，但是它没能帮助我们进一步发现隐藏在销售背后的心理学或神经科学的奥秘。理解销售更有效的方法是将其视为“解决问题的方式”。制造商或是服务提供商为消费者提供的既非产品也非服务，而是针对需求或欲求所引发的问题提供一种解决方案。

不论一个问题有多么复杂，它都只包含 3 个元素，给定条件(Givens)、运算（Operations）以及目标（Goals）。这 3 个元素的发现者是美国俄勒冈大学（University of Oregon）心理学系教授韦恩·威克尔格伦，他是问题解决领域最知名的专家。这些元素到底由什么构成，取决于解决问题的人到底是供应商、市场营销人员还是消费者。

对于供应商来说，在产品制造或服务开发阶段，给定条件指的是针对一件产品或一项服务，消费者可以看到、听到、感觉到、触摸到、闻到以及可能尝到的所有特征。神经营销学能够协助辨别给定条件中的哪些方面最可能吸引消费者，吸引的又是哪一类消费者。通过借助大脑成像深入探索消费者的潜意识，研究者才能够明确建议商家对产品进行怎样的调整。我们曾为一个商家做过产品测试，受试产品是一种供孩子在洗澡时玩耍的小鸭子，研究结果表明，最好将小鸭子头顶戴的紫色帽子变成蓝色。当新产品进入市场后，相关测试表明，这种微小且看上去并不明显的变化，使销售额增长了逾 30%。

"运算"指的是各种产品的制造方法，"目标"实质上就是准确定位公司业务。这看似简单的常识，却是足以战胜精明商业头脑的真理。大部分公司的未来正取决于他们能够在多大程度上得出正确答案。

1960 年，西奥多·莱维特在《哈佛商业评论》（*Harvard Business Review*）上提出了一个问题：19 世纪的美国铁路大亨认为他们自己正在从事什么样的业务？他们把什么视为目标？如果直接向这些美国最富有、最具影响力的商业首脑们提出这个问题，他们一定会轻蔑地回答说："目标当然是运营铁路。"

不论这个答案看上去多么确定无疑，实际上它却是错误的。他们真正的目标是，以尽可能快且节约成本的方式，将大量的旅客运送到世界的各个角落。莱维特评论道，如果铁路大亨意识到这一点，他们一定会开始投资公路和空中运输，因为第二次世界大战导致许多铁路拥有者破产，战后其他两种交通运输方式正越来越受欢迎。

莱维特指出："实际上，根本不存在什么'增长性'行业，只有一些人组建公司，加以运作并利用发展的机会获利。那些想当然地认为自己正乘着某种自动扶梯不断上升的产业，将会不可避免地陷入停滞。每一段业已衰亡以及正在垂死挣扎的'增长性'行业的历史，都展现出了一种自欺欺人的循环，周而复始地不断重复着过度的扩张以及未被觉察的衰退。”

关于真正明确目标的公司，麦当劳是一个现代典范。那么这家出类拔萃的跨国公司到底在从事着什么业务呢？大部分人会回答“出售快餐和饮品”。非常正确！但那并非它最根本的业务。实际上麦当劳正在经营的是房地产业务，它查找定位并买下一些黄金地块，然后再出租给加盟商。出售快餐以赚钱支付租金是加盟商而非麦当劳公司的任务。只有当这些公司明确自己提供的解决方案的本质，它们才有资格参与全球市场竞争。

正如雅虎公司广告及出版解决方案总监迈克尔·贝文斯所说：“很多销售人员都像是在追逐网球的狗。消费者问他们一个问题，他们就跑去寻找与问题相关的信息，然后兴高采烈地带回给顾客。随后消费者又抛来一个问题，就好像又抛出一个可供追逐的球。然后这种追逐持续不断。更聪明的办法是不再被动反应，开始采取主动。他们应该停下来，后退一步，然后问客户想要达到什么目标。换句话说，他们正在为什么问题寻找解决方案？”此时，神经营销学就真正派上了用场。

对营销人而言，给定条件指的是一种沟通方法，以尽可能具有说服力的方式将商品的信息传递给客户。给定条件不仅涵盖了商品本身及其包装，也涉及陈列商品的货架、灯光、商品摆放的便利程度以及周围陈列的其他商品等。

我的实验室曾参与过一项研究，关于在户外广告牌上投放电影的相关宣传广告，业界把这种广告称为户外广告（Out-of-home Advertisement）。广告牌的租金价格不菲，因此投放广告的公司需要确定自己在最具宣传效果的地方投放了合适数量的广告。但他们也面临着一个问题，即如何确定他们进行的这种“选择目标客户可能出现的区域投放户外广告”的宣传方法是行之有效的？而且，宣传海报到底应该被悬挂在大楼侧面，还是张贴在公车后面或两侧？是否应该在公交站、火车站和地铁站都张贴海报？如果选错了位置，就意味着他们犯下了一个价格不菲的错误。

一家大型影视公司需要在法国巴黎投放电影宣传广告，为了解决广告投放的成本和到达率的问题，这家公司独创了一种巧妙的策略。首先，它拍摄了一部环巴黎观光短片，然后运用后期处理技术在影片中的许多地点增添上电影的宣传广告。随后实验室的工作人员会带一批受试观众进入放映室观看这部短片，并通过设备监测播放过程中观众的身体所产生的反应。

受试观众被安排观看的短片也各不相同。在这些短片中，所增添广告的密集程度为 15% ～ 45%，增添广告的位置包括公交站、地铁站，甚至是公共厕所。我们的研究重点是分析客户的反应，然后找出当广告以何种密度投放在什么位置时，才会在客户的潜意识中产生最佳效果，而非仅仅在意识层面发挥作用。

对于广告、市场营销以及销售阶段来说，“运算”包含了能够获取的所有广告与销售渠道。20 世纪初，广告只能通过各种纸媒进行投放。随后收音机问世，再然后是电视机，它们的出现显著扩大了广告投放载体的选择范围。现如今，数字设备与移动通信技术使广告投放的空间得到了更进一步的扩展。

尽管户外广告可能不是最激动人心的广告宣传形式，但实际上它是被预测在接下来 10 年里少有的能够有所发展的传统媒体渠道之一。在美国，户外广告一年能够创造 65 亿美元的收益，而且在未来几年里，收益目标是每年增长 4%。世界其他地区的商家在户外广告上的总投入甚至比美国的增长势头更为迅猛。户外广告的前景如此被看好，部分原因是如果人们乘坐汽车或火车出行，他们无法保证在每次遇到广告牌时都能加速通过，正如看直播时无法跳过插播的电视广告一样。结果就是，乘坐汽车或火车出行的人更有可能留意到户外广告牌上的信息，并采取相应的行动。户外广告越来越受欢迎还有另一个重要原因，那就是科技正在转变这种宣传媒介的表现形式。在过去几年里，户外广告牌上的纸质印刷海报正逐渐被电子广告屏和数码海报取代。广告商能够随意改变广告屏上显示的内容，信息也更具相关性与即时性。

例如，广告商会试图通过在电子广告屏上播放卡布奇诺咖啡的广告来吸引上班族们在上班路上购买咖啡，或者是在下班时段在同一块广告屏上播放宣传视频来吸引他们收看一档电视节目。我将会在第 11 章中详细介绍，借助电子广告屏呈现个性化广告的几种方法。

对于市场营销人员来说，“目标”就是尽可能以最有效的方式向客户解释，相比较其他竞争者，为何这种商品或服务提供了一种更加优质、快捷，性价比更高的解决方案。通过分析消费者在潜意识中对于不同的商品设计、使用方法或是销售过程所产生的反应，神经营销学所得出的结论能够对目标的达成起到十分重要的作用。

从消费者的角度来看，“给定条件”指的是一件产品或服务所提供的解决方案的完美程度。“运算”指的是各种不同的解决方案。一件商品所解决问题的范围越广，即使是暂时解决，消费者也会更有兴趣购买这件商品。

我把它称作“瑞士军刀效应”（Swiss Army Knife Effect）。一把小刀可以用来切割东西，可它的功能几乎就止步于此。然而一把瑞士军刀可能包含两种不同种类的螺丝刀（一字和十字）、开罐头器、钻孔锥、镊子、牙签、开瓶器、指甲锉、剪刀、锯子、多功能钩、圆珠笔、放大镜、钳子、钥匙圈、六角扳手、去鳞刀，还有一些不同尺寸的刀片。这些工具使瑞士军刀的使用范围比普通小刀要广得多。

关于一件产品在一开始只解决一个简单的问题，手机是个绝佳的例子。在最初，手机只能实现无线通话，现在它却能帮人们解决成百上千个问题。我的第一台手机被称为“Rabbit”，它是由哈钦森公司（Hutchinson）于 1992 年发明的一种定位设备。只有当使用者与 Rabbit

发射机的距离在 100 米以内时，才能够用它呼出电话。使用者无法用 Rabbit 手机接听电话，但是可以把它作为一台传呼机使用，它只比公用电话稍微实用了一点点。除了公用电话，使用者在办公室或家以外的地方，就只能通过这种手机来拨打电话，但显然 Rabbit 手机的用途有限。

世界上第一部真正的手机出自摩托罗拉（Motorola）的设计师马丁·库珀之手。1973 年 4 月 3 日，库珀用它拨打了全世界第一通出自手机的电话，电话那一头则是摩托罗拉的竞争对手贝尔实验室（Bell Labs）的约耳·S. 恩格尔教授。这部手机的外形比一块砖头稍微大一些，重约 1.25 千克，电量至多能保持通话 30 分钟，电用完后重新充满则需要花费 10 个小时。

如今的智能手机功能显然要多得多，它将照相机、摄像机、录音机、计算器、网页浏览器以及音乐中心的功能整合在一台小小的机器里。如果安装外部应用程序，智能手机还可以具有收音机、电视与视频播放器、放大镜、气压计、高度计、温度计、分贝计、镜子以及文件扫描仪等多种功能。

不过，让一件产品在竞争中获胜并不一定非要为其增添许多功能。许多电子产品将设计理念定位成“为使用者提供数不胜数的功能”，但这些功能可能会让产品变得过于复杂。设计师非常容易成为所谓“共识谬误”（Consensual Fallacy）的牺牲品。当一位专家假设每个人的知识水平都和他们相同时，共识谬误就会产生。结果是，根本没几个人能完全看懂他们的长篇大论。

大部分消费者既没有时间，也没有耐心学习如何使用一个新设备。柯达公司（Kodak）想出了一条广告语，宣传使用其胶卷拍照有多么便捷：“你只需按下快门，剩下的交给柯达！”这恰好就是消费者想要达到的理想状态。制造商相信会增加产品价值的那些功能，实际上可能会拦住消费者已经伸出的手。这并不意味着产品不应该具有这些功能，只是它们应该被隐藏起来。当产品外包装被打开后，消费者自然会尝试使用这些功能。换句话说，最好的产品在平时是隐形的，只有当消费者需要时它们才会出现。在总结归纳类似这种结论的时候，神经营销学的观点可能会起到至关重要的作用。

最后，对于消费者来说，“目标”指的是为问题找出最令人满意的解决方案，通常来说“目标”的发散性很强，解决方案往往不止一套。由此，网页、比价网站、专家博客和制造商自己的网站开始各显神通，他们试图让消费者充分了解产品的各项信息，这样他们就能选出最能充分满足自己需要的产品。

神经营销学在这类网站的设计过程中扮演着越来越重要的角色，因为其观点的运用能够确保这些网站不仅在理性层面吸引消费者，同时也会左右他们的潜意识。

价格营销力

众所周知，价格是市场营销中一个必不可少的要素。不过，当消费者面临价格判断时，大部分人依然是一头雾水，关于这一点，零售商早已心知肚明。

在 50 多年前，一位牙膏制造商遇到了一个声称可以将牙膏利润提高 40% 的人，而且不需要任何额外费用，但是要支付给他 10 万美元，在那时候这称得上巨款。牙膏制造商不愿意支付这笔钱，于是将其技术人员召集在一起开了一场紧急会议，试图自己想出提高利润的方法。不过他们终究一无所获，这位牙膏制造商极不情愿地给那个人签下了一张 10 万美元的支票。于是那个人递给牙膏制造商一张纸条，上面只写着五个字：“放大牙膏口。”

公司当即决定把牙膏管体的开口直径从 5 毫米调整为 6 毫米，那意味着被挤到牙刷上的牙膏量会增加 40%。这样，消费者就会更快用完家中的牙膏，牙膏的销售额也会因此大幅提升。没有消费者意识到这个变化，而且即便有人意识到了，他们也不会找到任何抗议的理由。

如今，各家公司还在频繁使用另一种策略，即不改变定价，但要减少净含量。这样一来，他们就能够在降低成本的同时保持甚至提高利润率。这种价格操纵手法之所以能够成功，是因为一旦消费者已经熟悉某种产品，他们就会默认产品的净含量不会改变。

投资网站 MarketWatch 的撰稿人查克·杰夫阐述道："如果你问那些站在两侧摆满橙汁的过道里的人，他们买的是什么，他们会回答说'半加仑（约 1.9 升）橙汁'，即便他们正拿起的那瓶橙汁的净含量其实并没有那么多。那就是为什么人们会购买一盒标示净含量为 1 品脱（约 473 毫升），但实际容量只有 14 盎司（约 420 毫升）的冰淇淋。

"容器的容量可能真如净含量所示，但其中注入了更多空气，也可能更换了花哨的新包装，但是容量却比原先小了。问题是制造商已经确定了每毫升产品的价格，如果竞争者按照一品脱的价格实际销售一品脱的产品。消费者在迅速对比价格之后，要得出哪一件产品更划算的结论就有些难了。"

为了从每件商品中挤出最大的利润，同时让消费者认为其产品相比较其他竞争品性价比最高，零售商会雇用接受过高级训练的专家，他们被称为价格咨询师。这些专家通常都会建议在保持价格不变的同时，缩小外包装。正如哈佛商学院的市场营销教授约翰·T. 古维尔所述："一般来说，消费者对于价格的变化会比对于净含量的变化更为敏感，因此商家会用一种你察觉不到的方式提高利润：他们可能保持外包装的尺寸不变，但是悄悄改变容量。有时候他们会往薯片袋子里注入更多空气，或者是让花生酱的瓶底向内凹一块，这样包装的大小看上去就和原来一样了。"

全球知名谷物早餐和零食制造商家乐氏公司（Kellogg's）运用的就是这种策略。这些年来，它旗下早餐谷物食品的外盒正在逐渐变"瘦"，包括苹果谷物麦圈、蜂蜜麦片、可可脆麦片以及玉米片。不过差异很小，小到消费者至今似乎还没发现。家乐氏谷物产品的销售量巨大，这一招对于利润的提升效果十分显著。美国卫生纸制造商 Quilted Northern 也采用了相似的策略，它将其产品，超舒适双层卷筒卫生纸的宽度减少了约 2.5 厘米。

再举一个例子，四季宝（Skippy）花生酱更换了一种新的塑料瓶，旧瓶底是平的，新瓶子底部却有一个凹陷。有些消费者没有留意到这种变化，有些则是看到了也没当回事，但四季宝节约的成本却相当可观：旧瓶子里装了约 510 克花生酱，新瓶子里只有 460 克。

美国一家消费者决策研究公司麦格雷戈 - 贝茨的负责人唐纳德·麦格雷戈对此评论道："如果一家公司把某件产品的价格降低了 5%，但是给你的产品却少了 10%，这时你盯着价签，思忖着自己捡到了一件便宜货，但其实它已经悄悄地把利润抬高了。这看起来是笔划算的买卖，但实际上你付出的多了，得到的却少了。"

借助眼动追踪设备和内隐联想测验（Implicit Association Testing），我们会监测消费者阅读价签的方法，以及当他们发现价格相同，得到的产品却变少时的反应。由此，上述观点就能得到证实。这些发生在外包装上的变化通常如此微小，意识几乎无法察觉。

说实话，你真的知道那个装着你最爱的谷物早餐的盒子有没有缩水吗？这可能不会立刻对购物习惯或是购买偏好产生负面影响，但是随着时间的流逝，固定用户对这种产品的不信任与怀疑会逐渐累积。尽管这种感觉可能会永远潜藏在潜意识之中，但它还是会日积月累地破坏消费者对品牌的感情。

正如威廉·庞德斯通在《无价》（*Priceless*）一书中说的："尽管价格只是一个数字，但它可以激起复杂的情感涟漪。在不同的情境下，同样的价格可能会被视为一笔划算的买卖或是一次敲竹杠，又或者它根本不会产生任何影响。"

特殊价格的影响可能会极端复杂。试想，你走进家附近的咖啡店，发现你最喜爱的拿铁咖啡已经从一杯 3.5 美元上涨到了 3.8 美元，你还会购买吗？现在试想一下它的第二次涨价。这一回，这种你喜爱的饮品不会如你预料上涨到 4.6 美元，而是更高的 5.1 美元，你还会在这家咖啡店买拿铁吗？还是会转而寻找另一家价格实惠些的咖啡店？

加州大学伯克利分校（University of California at Berkeley）的研究员莉迪娅·阿什顿的观点是，当价格同样都上涨 10% 的时候，绝大部分消费者会接受第一次涨价，但会在第二次涨价时选择放弃。

这是因为，第一次涨价后，价格数字里最左边的那一位保持不变，依然介于 3 美元与 4 美元之间，但是在第二次涨价后，价格直接跳到 5 美元以上。这才是第二次价格上涨对消费者的冲击如此显著的真正原因，与价格上涨的比率有所提高无关。

1936 年，哥伦比亚大学（Columbia University）的伊莱·金兹伯格首次对“左位偏见”(Left Digits Bias，经济学中非理性行为的一种，人们更关注数字的左位而非右位，从消费心理学角度来看，人们愿意买 0.99 元的东西，而不买 1.00 元的东西。——译者注）进行了研究。尽管左位偏见对消费者购买意愿的影响早在 75 年前就已经被发现，但直到最近它才真正受到了学术界的重视。标价为 9.99 美元的商品永远会让大部分消费者觉得要比 10 美元的商品便宜很多，而且已经有研究表明，在所有商品的价格中，有 30% ～ 65% 的价格以数字 9 结尾。

而且左位偏见不仅适用于价格，还适用于任何与交易相关的数字。例如，在分析了超过 2 200 万笔二手车批发的交易数据以后，凯斯西储大学（Case Western Reserve University）的经济学家妮可拉·莱塞泰勒与她的同事们发现，当已行驶里程超过 10 000 公里这条临界线时，二手车的销售价格呈现出了阶梯性的下降。这意味着在许多消费者眼中，一辆行驶了 28 999 公里的二手车会比一辆行驶了 30 000 公里的汽车的价值高很多。

尽管引发左位偏见的原理尚未被探明，但最有可能的解释是，消费者只关心最左边的那个数字，对于后面的其他任何数字都充耳不闻。在对购物网站上的交易进行研究之后，我们发现，消费者对于如运输成本与隐性税收这样的额外费用存在一个与左位偏见类似的盲区。

货架与购物篮之间的“拦路虎”

到目前为止，我已经在这一章中概括介绍了一些方法，我们可以借助这些方法辨认出新的需求，然后通过对消费者心理学与神经科学中一些知识的应用将这种需求转化为强烈的欲求。现在，让我们来了解一下全脑营销的几只“拦路虎”，即那些存在于消费者潜意识中的购物障碍。

再干净的尿不湿旁边都不能放食物

试想在一个炎热的夏日，你为了参与一项神经营销学研究造访我的实验室。有人为你端来了一杯冰冻橙汁，你欣然接受。正当你拿起杯子要喝的时候，你发现一只大蟑螂正在杯壁外侧爬动。那人对此表示抱歉，然后把蟑螂放回原本存放它的容器中。现在，你确定不存在任何需要担心的理由：那只蟑螂是为了研究饲养的，是完全干净的，而且它不会对你造成伤害。尽管你对这些都很确定，但你还会想喝那杯先前看来诱人的橙汁吗？

在这个实验的 10 位参与者中，有 8 位拒绝喝那杯橙汁。此外，当看到那只蟑螂时，他们的心率、皮肤电导率以及脑电活动强度急速飙升，而且在很多例子中，哪怕这种令人生厌的生物被拿走，远离受试者的视线范围，他们身体的这些指标依然会处于较活跃的水平。

有一个简单的实验，你可以独自对这种“令人反感”因素的影响进行探索：从一个玻璃杯中喝一小口水，在嘴里含一会儿，然后把这口水吐回玻璃杯中。重复这个过程，直到你感觉已经再也无法战胜那种喝含有自己唾液的水所引发的厌恶感。大部分人会在喝了第三口或是第四口后终止实验。

为什么我们会对一种对身体没有任何害处的东西感到厌恶？答案就是，我们生来就害怕致污物（Contamination），同时我们拥有一种很容易被理解的渴望，即避开任何具有潜在危害性的事物。大部分让我们感到恶心的东西就携有这样一种危险，这就是为什么令人反感的因素对于生存来说是一种重要辅助，而且也正因如此，零售商必须在设计商品陈列时将其纳入考虑范围。

尽管你不太可能看到蟑螂公然在超级市场的走道里爬行，店内还是存在许多可能让你对购物望而却步的致污物来源。在消费者的潜意识里，经常被购买的家居用品，例如垃圾袋、猫砂、香烟、卫生棉以及尿不湿，是那么令人生厌，以至于摆放在它们周围的商品吸引力都会明显下降。这就是众所周知的“传染效应”（Contagion Effect），消费者不愿意购买与尿不湿摆放在同一个货架上的食物和饮料。当令人反感的产品采用透明的外包装时，消费者对于致污物无意识的抵触情绪就会上涨。采用不透明的包装，消费者就不太容易联想到包装里面的产品，对其附近商品的反感情绪也会降低。

亚利桑那州立大学（Arizona State University）的营销学助理教授安德烈亚·莫拉莱斯，以及杜克大学（Duke University）的营销学与心理学教授格万·菲兹蒙斯对他们关于这个课题的研究进行了总结，他们记录道：“即便没有真正的接触，而且消费者明白只有接触才会传染时，传染效应依然存在。此外，我们发现这种效应并非暂时的，它会长时间存在，还能够影响当事人的决定，这反映了评估模式的一种深刻变化。”

他们得出的结论显示，消费者大多不愿意或无力承认对致污物的抵触情绪已经影响了他们的判断，这表明传染效应发生于潜意识之中。

大脑成像研究已经能够识别人脑中管理这些情绪以及与之相关的厌恶表情的区域。其中有一个区域被称为杏仁核（Amygdala），当这个区域受到小强度电流刺激时，人会产生恶心或生病的感觉。

曾有人对正在经历大脑手术的病人进行过研究，这些研究者称此种手术会刺激病人的喉咙与嘴巴产生一种“难以忍受”的感觉。

这种刺激也催生了一些身体反应，一位病人对此评论道：“我的胃就好像呕吐时一样上下翻腾。”我会在第 7 章中对这个重要的大脑区域进行更详细的介绍。与恶心这种感觉第二相关的大脑区域是前扣带皮质（Anterior Cingulate Cortex），它也在处理疼痛刺激方面扮演着重要的角色。

此外，这些研究也揭露了厌恶感在何种程度上会传染。如果我们看见身边的一位消费者在表达即便是轻微的厌恶，我们就可能体验到与其相似的厌恶感。借用来自认知神经科学与生理学研究所（Institut de Neurosciences Physiologiques et Cognitives）的布鲁诺·威克及其同事的话：“理解他人的情绪，并且自己产生相同的情感，这是一种普遍机制。

最重要的是，这些发现表明有一种类似的机制让我们能够理解他人的行为与情感，也因此提供了一种使我们拥有理解他人行为的神经机制的统一视角。”

当原始人类身为“采集狩猎者”搜寻食物时，这种古老、基本的进化反应能够保护他们不去吃下腐烂或有毒的食物。在零售业中，那意味着即便消费者只是在潜意识中感觉到了其他人的厌恶情绪，也很容易触发类似的厌恶感。这种消极情绪常常会在消费者的潜意识中兴风作浪，阻止他们购买那件商品，甚至使他们提早离开商店。

借助神经营销学的研究，对消费群体中的厌恶效应进行深入探索，我们就能够识别出许多触发厌恶感的因素，并将这种对于购物来说荒谬却依然影响广泛的障碍逐步消除。

字体“可口”，食物才美味

对于商品外包装或是标签上字体的选择看似不太重要。但我们无法确知，将外包装或商店招牌上的字体印成黑体、宋体、楷体还是等线体会产生怎样的影响，实际上影响确实存在。

一位消费者感知销售信息的迅捷程度，被称为认知流畅性（Processing Fluency，对完成一项意识任务的难度的主观感受，它指的不是意识过程本身，而是人们与此过程相关的感觉。——译者注）。当消费者在决定是否要购买某件商品时，认知流畅性通常会在潜意识中发挥重要作用，尤其当消费者不太熟悉眼前产品的时候更是如此。如果商品包装上的字体有些难以辨认，消费者的购物节奏就会放缓，因为他们为了看清并明白文字所表达的含义需要投入更多努力，因此消耗的能量也随之增加。

正如我将在第 4 章中阐述的那样，大脑在使用能量时非常节约，还会使用多种心理策略来保存能量。如果想通过使用难以辨认的字体来让一件商品看上去没那么熟悉，那么这也会导致消费者在潜意识中认为商家不够诚实。耶鲁大学商学院的营销学助理教授内森·诺万姆斯基阐述道：“认知流畅性所产生的影响中，与决策关联性最高的是其对于真理判断的影响。人们会把熟悉感与真理联系起来，高度的流畅性会引发一种推论，即某种状况是熟悉的。处理一项给定任务的过程越简单，它就越可能获得积极的评价。”

在一项研究中，诺万姆斯基与他的同事询问受试者，他们是想要购买两台无绳电话的其中一台，还是更倾向于思考一下该如何决定。关于无绳电话的商品信息用两种类型的字体打印了出来，一种是标准字体，另一种是难以辨认的字体。实验呈现出来的结果是：在字体易于辨认的情况下，只有 17% 的人选择推迟购买，继续考虑；在字体难以辨认的情况下，有 41% 的人选择推迟购买。

后来，我的实验室进行了另一项研究，将这项研究结论推进了一步。

我们对一种号称能够提高产品吸引力的字体进行了研究，求证其是否真的能让食物看起来更加可口，以及提高再次购买的可能性。令人惊奇的是，在某些情况下，事实确实如此。

我们将受试者分成两组，让他们评估一碗番茄汤。每个人会拿到一份菜单，上面对这碗汤的形容都是“浓郁香滑”，区别在于其中一种菜单使用的字体是 Courier，看上去是这样的：

Rich and creamy tomato soup.

另一种菜单使用的字体是 Lucia BT：

Rich and creamy tomato soup.

品尝过汤以后，受试者被要求对这碗汤的味道、喜爱程度以及鲜度以满分为 7 分的标准进行打分。他们也会被问及购买这种汤的可能性有多大。尽管两组人品尝的都是同一种汤，拿到后一种字体菜单的受试者中有 64% 的人对这碗汤的可口程度、鲜美程度，以及自己的喜爱程度的评价比拿到前一种字体菜单的受试者的评价更高。同样的，拿到后一种字体菜单的受试者表示一定会购买这种罐头汤的人数是前者的两倍。

我将在下一章中解释出现这种现象的原因，另外还将为大家解读，神经营销学家如何监测消费者的想法与情绪，以及广告商、营销人员、零售商如何利用这些发现来促进销售，增加利润。

第 3 章

“我能看到你在想什么！”

探秘隐性记忆

怎样像读一本书一样不费吹灰之力看到消费者的所思所想？并借此查明他们在购物时兴趣与注意力的转移过程，从而准确预测出哪些信息会被记住，哪些会被遗忘？

不论是有意识还是无意识，人们购物时的每个想法和每种情绪都会使脑电波出现一种相应的电流特征，正是这些特征让消费者在心理学家面前“一丝不挂”。

大脑的不可侵犯性正如裸体，皆只是社会契约的一种。

——何塞·德尔加多（José Delgado）

《大脑的物理操纵》（*Physical Manipulation of the Brain*）

“我知道你在想什么。”一位年轻人对我说，“我只需要把一些电极附着在你的脑袋上，然后我就能像读一本书一样不费吹灰之力看到你脑袋里想的东西！”

这位年轻人的公司在纽约一家酒店的多功能厅里举办了一场轰动的展览。我和他站在一起，边喝咖啡边聊天。一场营销会议正在进行，与会代表中有很多人对神经营销的新方法很感兴趣。这也难怪，因为他们被明确告知，这种革命性的市场调查方法能够帮助他们“窃听”消费者的大脑，探明他们的想法，深入潜意识，并在他们的大脑中装上一个“购买按钮”。他们得到了保证，神经营销学很快就会让其他所有市场调研方法失去光彩。

那是 2003 年，我对这一说法持非常怀疑的态度。如果要说，二十多年来我在神经科学领域的研究只教会了我一件事，那一定是理解人类大脑比理解这位激情澎湃的年轻人正在阐述的观点要复杂得多。

自那次会面以后的十年中，大脑成像技术已经获得了长足的进步，科学界掌握的大脑运作原理也几乎在呈指数增长，我的看法也被改变了。现在有一点很清楚，尽管营销人员无法阅读任何人的思想，但他们能够监测人们对品牌与商品的潜意识反应。他们可以查明消费者在购物时兴趣与注意力的转变过程，并且相当准确地预测出哪些信息会被记住，哪些会被遗忘。他们能够辨别，某位消费者的情绪反应是积极还是消极，积极性有多高，购买的可能性有多大。

在开始探讨相关的技术细节之前，让我们来思考一个更加基础的问题：为何要通过监测设备来探索消费者的所思所感？我们为什么不能直接向他们发问？

给消费者的记忆编程

了解消费者对商品与品牌看法的传统方式是问卷调查与访谈。遗憾的是，即便研究机构非常小心谨慎，整个操作过程也煞费苦心，研究结果依然会存在明显的偏差。这种研究方法遇到的主要难题是，出于各种原因，人们会在受访过程中说谎或是掩盖真相。特别是当谈到敏感话题时，受访者会给出他们认为道德规范下较容易被接受的答案，或是尽可能展现最佳的自我形象。随之而来的结果就是，他们的答案常与事实相去甚远，甚至可以称这种研究结果最具误导性，而且价值很低。

在问卷调查或是访谈中，提问和陈述的顺序及方式也可能会对搜集到的答案产生十分显著的影响。甚至问卷调查或是访谈小组负责人的性别与种族都可能会对结果产生意义深远的影响，尽管这种影响初看起来极其微小。

在一项研究中，来自得克萨斯大学奥斯丁分校（University of Texas at Austin）的丹尼尔·吉尔伯特与J. 格雷戈里·希克森证实了这种影响确实存在。这项研究需要让一些女学生将单词中间的空缺字母补全，比如P_ST，可以填成POST（邮寄）和PAST（过去），或是PEST（瘟疫）。其中有两个词POLI_E与S_Y，研究者会播放一段视频，视频中可能是一位白种女性，或是一位黄种女性，视频中的女性会向大家展示卡片上的这两个词。当视频中出现白种女性时，这两个词分别被填成POLICE（警察）与SKY（天空），而视频中出现黄种女性时，这两个词则分别被填充成了POLITE（礼貌）与SHY（害羞）。

产生这种差异的原因是，社会对白种女性与黄种女性的个性存在刻板印象（Stereotype，个人受社会影响而对某些人或事物持稳定不变的看法。——译者注），前者的个性被视为张扬与强势，后者则是顺从与忍让。研究者解释道："关于女性角色的刻板印象可能会让人准确地看出昏暗房间中的女性正在穿针引线，而不是串鱼饵。但是这种印象也可能导致某人想当然地错认为，她穿针引线的目的是刺绣，而非为了心脏外科手术做准备。"

诸如此类的假设可能在潜意识中严重扭曲访谈和问卷调查的结果。尽管研究者已经开发出将这些偏见最小化的技巧，例如通过雇佣训练有素的指导者来推进访谈，或者是运用统计方法来识别调查结果中的异常项，但是他们无法克服一个最严重的障碍，即理解存在于消费者头脑中的记忆。这不是因为人们无知或是不合作，只是对方的记忆出现了偏差。

我们通常倾向于认为，记忆提供了对过去所发生事件以及被激起情绪的近乎准确的记录，但事实上这并非记忆的运作方式。记忆是对过往事件的重建，每当我们重新触碰记忆的时候，它就会被重建，而且通常重建后的记忆与上一次的回忆有所不同。如果说我们的记忆中存在一个断裂带（通常会存在许多），我们就会通过一种被称为“虚构”的心理进程对这些断裂带进行填充。即便是生动的记忆，那些人们从心底真正相信是事实的东西，事实上也可能来自不由自主的创造，让我们来看一个关于一艘伟大的新英格兰飞艇的奇怪故事。

1903 年，莱特兄弟制造出了第一架飞机，并且完成了持续滞空不落地的飞行。我们的故事开始于 6 年以后，即 1909 年 12 月 12 日一个清晨，英国伍斯特城的一位著名商人华莱士·蒂林赫斯特电话通知《波士顿先驱报》（*Boston Herald*）的记者，他也造了一艘机体比空气重的单翼飞机。不仅如此，他与他的全体工作人员已经乘坐这艘单翼飞机从波士顿飞行了约482公里抵达纽约，在返回之前还绕着自由女神像飞了一圈。

蒂林赫斯特的故事轰动一时。在接下来的几周里，成千上万的新英格兰人都声称自己亲眼看到了那场具有历史意义的飞行，其中不乏警察、军官、医生、律师以及受人尊敬的商业大亨。其中一位目击者是马萨诸塞州的一位航空工程师，亚历克斯·兰德尔·里维尔。他不仅栩栩如生地回忆说看到了蒂林赫斯特的那场飞行，还对那架飞机进行了详细描述："我看到飞机的框架相当平坦，而且似乎尺寸很特别。应该说，机翼足有21米长，飞机尾部和螺旋桨似乎有13米那么长。我可以清楚地听到马达的嗡嗡声，而且根据发动机发出的巨大声响可以判断，它一定有6个或者8个汽缸。"

听到这段描述的人可能会认为这是一段清晰且生动的回忆。但事实上，除了在蒂林赫斯特的脑袋里，那艘飞机从未出现在这个世界上。

关于记忆如何欺骗我们,这算是一个极端的例子。这种无恶意的"被创造的"记忆很常见,所以任何人对自己和他人的记忆都最好保持谨慎。

在第4章中，我将会对此进行更加详细的解释。记忆可以被分为两类，显性记忆与隐性记忆。显性记忆是那些我们能够在清醒状态下描述出来的记忆，通常真实性无法确知，描述不太准确，研究价值很小；隐性记忆则无法在清醒状态下反映出来，而且通常只能通过考察它们对行为的影响，而将它们间接地推断出来。这对于市场研究人员来说是个不幸的消息，因为消费者只会在已经购买了某件商品后才清醒地意识到他们做出的购买决定，但到了那时他们常会努力向自己与他人证明，做出购买这件商品的决定有其道理，于是做出决定的真正原因就这么被扭曲了。

在传统市场研究访谈中，消费者所描述的正是这些理性的理由。正如已故英国广告大师大卫·奥格威所说：“市场研究的问题就在于，人们，不会说出自己的所思所想，而且做不到言行一致。”

但是，如果借助“读脑”技术，例如定量脑电图与功能性核磁共振成像，我们就可以找出记忆被储存与读取的准确时刻，同样的，我们也可以识别出在执行某些任务时，大脑中最活跃的区域。例如，来自美国埃默里大学医院（Emory University Hospital）下属布莱特豪斯思想科学研究院（Brighthouse Institute of Thought Sciences）的神经科学家们已经确认，大脑内侧前额叶皮质的活动与一件物品对当事人产生的吸引力有关。“如果前额叶皮质活动剧烈。”科学研究院的院长克林特·凯尔茨说道，“消费者就更可能会购买，他们会认为那件商品与自我形象相一致。”

> 在一项关于决策的研究中，来自密歇根大学的威廉·格林与阿德里安·威洛比使用定量脑电图来监测当受试者坐在电脑屏幕前时，其脑电活动的状态。他们面前的电脑屏幕上会出现两个盒子，选择其中一个盒子代表了下一注 5 美分的赌，选择另一个盒子则代表了下一注 25 美分的赌。
>
> 受试者需要从两个盒子中挑出一个，目的是赢得这场赌局。在选定了一个盒子以后，它的颜色会改变：呈现出红色表示输掉了这个盒子所代表的赌注，呈现出绿色则表示赢了。研究者发现，当受试者第一次发现他们赢了或是输了之后，在第二次下赌注时，25% 的受试者大脑内侧前额叶皮质的活动活跃程度会有所下降。输的频率越高，下降的幅度越大。

格林与威洛比认为，这直接证明了所谓的“赌徒谬误”：在连续输了多次以后，人们会产生一种错误决策，他们会越来越容易相信自己就快要赢一回了，所以会继续赌下去。研究者证实，这种决策在本质上必定是情绪化的，因为它出现得太快，不太可能是经过深思熟虑得出的结果。他们的研究还证实，定量脑电图拥有揭示大脑真正运作状况的强大力量。

解密购买的脑电波

请先允许我讲述一下自己在神经营销学领域的工作。在此之后，我将会向大家详细解释，定量脑电图测量的都是些什么，以及这种大脑成像方式将如何发挥作用。20 世纪 80 年代初，我在英国萨塞克斯大学实验心理学系工作。那时候，我实施了一项关于生物反馈（Biofeedback）的研究。

生物反馈的意思正如其名，就是将与个体心理与生理反应相关的信息反馈给他们，然后他们就可以学着开始按照自己的意愿进行改变。例如，当一个人学着放松的时候，研究者可能会将他的身体与一种皮肤电阻监控器相连。当紧张感慢慢消退的时候，机器会以某种方式显示出一种变得更加放松的趋势。它可能会发出一种嗡嗡声，随着一个人越来越放松，声音会变得越来越轻，也可能是亮起一排灯光，随着受试者越来越放松而逐渐熄灭。

当我获得一种名叫心镜（Mind Mirror）的新设备时，我就开始对运用生物反馈训练大脑产生了兴趣。心镜是世界上第一台便携式脑电图描记器（缩写为 EEG），它被设计用于训练个体对其大脑进行控制。按照如今脑电图描记器的标准来看，这台设备有些落后，因为它只会用到 5 个电极，而且脑电波只能被储存在盒式磁带上，如今的脑电图描记器电极数量会多达 16 个，甚至超过 200 个。为了创造出一种可操作的研究工具，我的首要任务是将这台设备进行改造，然后把数据转化成数字形式并储存在电脑上。

下一个挑战就是编写分析数据的程序。我借助这种设备设计了一些治疗方法，训练人们对他们的脑电波进行控制，以体验到深层的放松与冥想，也开发出了一些改善心理状态与提高注意力水平的方法。我甚至开始对孩子身上某种类型的注意力缺陷过动症（Attention Deficit Hyperactivity Disorder，简称 ADHD）进行了一些早期研究。

我需要在研究中加入一种能够产生适度引人注目以及情绪唤醒效果的刺激物。我找出的答案是使用 30 秒长的电视广告。这种电视广告的优势在于，商家已经进行了精心的制作，为的就是吸引并抓住人们的注意力，同时也要唤起多种情感上的共鸣。我联系了几家广告机构，它们为我提供了超过 100 条广告研究案例。

有相当多的媒体对我的研究工作产生了兴趣，英国广播公司的一个非常受欢迎的电视节目《明日世界》（*Tomorrow's World*）就是其中之一。

广告与市场营销类出版物，以及全国性报刊中也出现了一些介绍这类研究的文章。一部分人表示对这种技术十分感兴趣，同时其他人也在担心这种研究对我们而言到底意味着什么。甚至有一位新闻记者认为，我正在冒险制造一场“奥威尔式”的噩梦。尽管有些公司对我的发现兴趣浓厚，但诸多广告与市场研究公司都显得漠不关心或是不屑一顾。

明略行（Millward Brown）是世界上首屈一指的市场研究公司之一，其发言人罗西·韦尔看不出发展这类技术的意义何在。

“它没有在我们已有成就的基础上增添任何东西。”罗西这样对《明日世界》的记者说，“你无法借助那些研究结论做成任何事。”现如今，明略行已经组建了一个活跃的神经市场营销部门，可见这位发言人所说的并不成立。然而我当时对于将研究成果应用于商业没有丝毫兴趣，于是继续投身于单纯的精神领域的研究。

直至 2001 年，我初步意识到了这类技术的潜力，而且与他人共同建立了货真价实的英国首家神经市场营销公司，在世界范围内我们应该也是独一无二的。

到 2012 年，全球已经有约 250 家为客户提供各类神经营销服务的公司，他们的客户包括零售商、广告商、设计公司、快速消费品公司、电影与电视制作公司，甚至是政治党派。

由于我入行比较早，记者朋友把我称为“神经营销学之父”。但严格来说这并不是事实。1971 年，在我开始研究的 1 年前，一位名叫赫伯特·克鲁格曼的美国心理学家就曾使用脑电图描记器来了解一个看电视的人大脑中正在发生的变化。

克鲁格曼的受试者是一位 22 岁的秘书，他在这位受试者的后脑勺上粘连上了一个电极，记录下当她看电视或是阅读杂志时大脑中发生的脑电活动，然后对其进行分析。

克鲁格曼在报告中记录道，在开始看电视后的 30 秒之内，这位女性受试者的脑电波从原本多数是与集中注意力相关的快速波动的 β 波，转变成了缓慢的 α 波，这表明她进入了一种漫不经心的状态。但当她开始阅读杂志的时候，β 波再次占据了支配地位，专注取代了放松状态。在后续的研究中，克鲁格曼也发现，当受试者正在看电视时，她右脑的活动比左脑要活跃得多。

人类右脑负责对信息进行情感层面的不加判断的处理，而左脑负责对信息进行逻辑分析。

克鲁格曼解释道：“研究显示，人面对电视时所产生的反应常常保持稳定不变，大脑的基本电波反应明显地始终保持在中等水平，不会出现很大变化，这与他们翻看印刷品时的反应截然不同。电视是一种能够毫不费力地将大量在出现时不会被人们仔细考虑的信息传递出去的媒介。”

在克鲁格曼之后，其他美国研究者也进行了类似的研究，但是直到 30 年后，营销界才对其产生了浓厚兴趣。

QEEG：窥见大脑的一扇窗

大脑细胞之间的沟通交流涉及诸多化学物质，如钠、钾、氯和钙。因为这些元素携带一种电荷，一种细胞内外之间产生的电势。这种电荷能够以脑电波的形式被探测发现。它们活动频率的测量单位是赫兹（Hz）或用每秒钟的周期性变动以及振幅来衡量。随着受试者心理状态以及环境的改变，这两种特征也会发生变化。

尽管全球尚未就电波如何依照频率进行分类达成一致，但大部分神经科学家都按照如下方式对不同频率的电波进行命名：

- δ 波（0.5 ~ 4 赫兹），主要与睡眠相关；
- θ 波（4 ~ 6 赫兹），与放松的心理状态以及白日梦相关；
- α 波（8 ~ 12 赫兹），与放松的觉醒状态以及注意力不集中相关；
- β 波（13 ~ 40 赫兹），是一种不规则的微振幅波，当某人处于警觉状态或是正在完成一项需要投入脑力的任务时，这种波最为常见；
- γ 波（40 ~ 100 赫兹），与记忆的形成和巩固有关；

神经科学家证实了，不论是有意识的还是无意识的，我们的每个想法以及体验到的每种情绪都会使脑电波出现一种相应的电流特征，而且至少从理论上来说，这些特征是可被侦测的。

一位为了理解在电脑屏幕或长纸条上呈现的波浪线原始数据而接受过专门训练的专家，为了临床的目的，他需要解读一份脑电图中的各种脑电波。

以图 3.1 中的脑电图为例，左侧表明了电极位于头皮上的位置，根据这幅脑电图的特征，医生能够识别出神经障碍的迹象，原因可能是癫痫或是大脑里长了一个肿瘤。

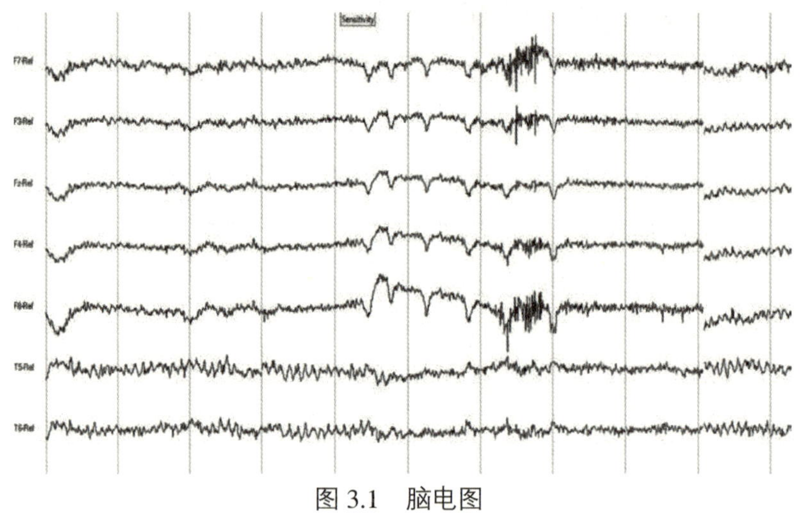

图 3.1　脑电图

为了进行神经营销以及其他的非临床目的，研究者会将结果进行数字化处理，定量脑电图中的“量化信息”就由此得来，因此搜集到的信息就更容易被理解。借助他们拥有的关于不同频率电波分布的知识，神经营销学者会对类似问题给出解答：

- 观众会对那条电视广告做何反应？
- 那种新的品牌设计会唤起何种情绪？
- 消费者对不同的商品陈列架分别投入了多少注意力？

在工作过程中，同事与我对一些人的脑电波记录进行了分析，他们有的正在购物，有的正在电影院看电影，有的正在阅读畅销书，有的正在开车，还有的正在驾驶轻型飞机，甚至还有正在接受防暴训练的警察。当结合其他专业设备使用时，研究者能够记录下某人视线每秒移动的轨迹，也能够准确地发现当某个人的脑电活动发生一些变化时，他正在看些什么，或是听些什么。

脑电图能够实时展示某人大脑中的情况。例如，在分析一则电视广告时，我们可以根据广告中的不同情节将其分成若干个片段。这样，我们就能够评估与比较不同情节产生的影响，以及该情节与广告其他部分之间的关系。类似的，当消费者正在一家超级市场里浏览货架上的商品时，我们可以监控他们的注视方向与大脑活动。

举例来说，当电视广告播放至 1 分 37 秒时，脑电图描记器上的 β 波激增，那就意味着这一刻屏幕上的场景引发了观众的兴趣与注意力。如果在其他时刻观测到左脑额区的活动变得比之前活跃，就表明受试者正在体验积极的情绪；如果右脑额区活动变得更加活跃，则象征着一种更加消极的情绪反应。

定量脑电图是一种用于探索大脑运作的技术。另一种方法是功能性核磁共振成像，它是一种更加复杂，成本更高的研究方法。

fMRI：透视消费者思想的“棱镜”

不论何时，只要大脑中某个区域的活动变得特别活跃，那部分的血管就会扩张，更多血液就会涌入，从而为神经细胞带来了更多氧气与养料（葡萄糖）。

这种富含氧气的血液会使无氧血红蛋白的数量减少，磁场会因此产生微小的改变，并最终导致核磁共振成像信号特征发生变化。脑电图描记器能够探测到这些变化，并识别出大脑的哪个区域正处于活跃状态。例如，如果在受试者面前突然打一束光，其大脑后方视觉区域的活动就会变得活跃，血液流量就会增加，而核磁共振成像信号特征也会相应地发生变化。

功能性核磁共振成像揭示了大脑运作的秘密。这种非侵入性脑扫描技术的首次实现要追溯到 20 世纪 90 年代初期，它的出现使医学取得了巨大进步。

功能性核磁共振成像为我们提供了一个窗口，帮助我们了解人们推理、做决定、形成记忆以及体验情绪的方式，也帮助我们在研究消费者大脑运作模式时，得出了一些极具商业价值的结论。

在瑞德·蒙塔古的带领下，来自休斯敦贝勒医学院（Baylor College of Medicine）的一个团队向我们展示了，大脑扫描技术具有成为市场营销工具的潜力，他们再现了著名的“百事可乐盲品挑战”（Blind Taste Challenge）。

在演示时，受试者身处扫描器内，同时被要求喝下一些可乐。当受试者未被告知所喝的是百事可乐还是可口可乐时，他们大脑中的那个与奖励体验有关的腹侧被壳区域（Ventral Putamen），在他们喝百事可乐时的活跃程度是喝可口可乐时活跃程度的五倍。但是，当志愿者被告知自己喝的是哪一种可乐时，结果就大不相同。蒙塔古博士解释道：“不仅几乎所有志愿者都会说他们更喜欢可口可乐，而且在他们的大脑中，另一个位于大脑前方，与思考和判断相联系的区域，即内侧前额叶皮质，会与腹侧被壳区域一起呈现出活跃的状态。这表明受试者正在调动自己对饮料的记忆与其他印象，也就是品牌形象，来得出他们喜好的结论。”

脑部扫描也能揭示有关潜在经济价值的其他一些细节。例如，当那个我们称之为“躯体感觉皮质”（Somatosensory Cortex）的区域开始活跃时，表明这个人正在想象自己拥有并使用眼前的那件商品。“脑部扫描展示了我们能够对大脑中的相应区域进行测量并总结出受试者的偏好，你能够亲眼看到。”神经科学家贾斯廷·莫克斯说道，“我们可以根据观察结果来指导我们决定对人们使用何种市场营销策略。”

定量脑电图与功能性核磁共振都已证明自己是非常强有力的神经市场营销辅助手段，有些实验室会将两者结合运用，但它们并非完美无缺。最重要的是，定量脑电图可以准确地告诉你一种大脑活动何时发生，却无法准确地指出这种活动发生于大脑中的哪个区域。而功能性核磁共振能够相当准确地告诉你这个活动发生在哪个区域，却无法确知其发生的时间。我在表 3.1 中详细列出了更多特征。

表 3.1 大脑成像技术的问题

定量脑电图
QEEG 只能探测到靠近大脑表面的脑电信号。这种技术对于探测发生在大脑结构更深处的脑电活动来说还不够灵敏，而情绪活动就发生在大脑深处
QEEG 能够确认信号出现的准确时刻，但无法指出其发生的准确位置
由于时间与成本压力，参与实验的人数有限。一项研究的参与者很少会超过 40 人，而且通常来说会比这个数字少很多
在现实生活环境中记录下的大脑信号可能会被“噪音”污染。“噪音”的一个主要来源是频率在 50 ~ 60Hz 的交流电波，几乎每种电器或电子设备都会制造这种电波，比如日光灯、空调、电梯电机等，扫描仪自身也可能产生“噪音”
其他人为现象也会发出错误的干扰信号，来源有人体内部、设备本身以及周围的环境等，包括眼球运动以及头皮底层的肌肉以及脖子上的某些肌肉的运动
功能性核磁共振
大脑扫描仪器会发出噪音，受试者必须保持静止，而且有些受试者患有幽闭恐惧症
fMRI 不是一种廉价的技术。这种扫描器的价格大概是 200 万美元，而且每年的维护成本高达数十万美元。它们的贬值速度也十分疯狂：一台扫描器在五年之内就会或多或少有些过时
受试者必须在扫描中心进行测试，而且每次只能针对一个人测试
受试者需要仰面躺在扫描仪器中，研究者可以借助镜子或是微型电视屏向他们发送商业信息，这几乎已经是对品牌进行评估或对商品进行比较的最自然的环境了
记录影像的时间约为 10 分钟，在这段时间里，机器会对大脑的反应情况拍摄快照。举例来说，要用这种仪器对电视广告中快速变化的影像进行分析就是不可能的
扫描仪器需要专业技术人员来操作，并对结果进行解读

当需要在真实的生活情境中阅读脑电波的时候，人为的难题会非常多。正如调查机构 Acuity Intelligence 的主管乔恩·沃德告诉我的那样 ：“如果你进入一所大学的脑电信号扫描系统，大部分情况下你会发现自己身处一个单调无生气的房间，房间有着空白的墙面、压抑的灯光，没有窗子、没有任何声音。后来你又尝试在一个超市里进行一项脑电信号扫描的研究，超市里有上百个孩子，有背景音乐，而且你的手机铃声在响。你会一直被这些噪音围绕，永远也无法接收到纯净的数据。”

监控“生理唤醒”的大数据

在神经营销学发展初期，对这种营销方法的批评接二连三地出现，其中有一些合情合理。例如享有盛名的期刊《自然神经科学》（*Nature Neuroscience*）于 2004 年刊载了一篇标题为《大脑的骗局？》（*Brain Scam*？）的社论，文中将神经营销学形容为“只不过是流行一时的新玩意儿，科学家和营销顾问们想用科学蒙住企业客户的双眼。”

其中一个难题来自于保护客户隐私的需求。由此，神经营销公司无法公开他们的数据，而这常常是他们进行同业互查（Peer Review，由另一家会计师事务所或职业团体指定的检查人员对一家会计师事务所质量控制系统的健全性及其执行情况进行调查和评估，据以确定该家会计师事务所是否严格执行了审计标准，从而保证和提高整个审计行业的执业水平。——译者注）的方法，学术界人士认为同业互查对于新方法的验证以及防止欺诈来说十分必要。

畅销书《脑影响》（*Brainfluence*）的作者罗杰·杜利告诉了我一个公司保持沉默的更深层的原因 ：“在有些情况下，数据的质量并没有那么好，或者是有些互相矛盾，又或者是需要经过太多人的评判才能真正得以发表。我认为也存在一种趋势，如果你的公司提供的是神经市场营销的服务，而且如果你感觉自己已经破解了解读数据的密码，你就会更希望把解读后的结果变成自己的秘密配方，而不是将其公开，接受外部的详细审查，并且让竞争者有机会窃取你的劳动成果。”

不论从商业的角度来看保守秘密有多么正当的理由，许多科学家依然对这种行为持怀疑态度。2008 年，一位笔名为 Tzramsoy 的博主总结了目前的情况，他诉说道：“理解神经营销学的真正意义必定是一件令人沮丧的任务。因为不论你去哪里，各类公司都会在人们面前不断展现他们的品牌标志、精致的广告词以及销售差异点。神经营销学似乎确实适合成为一种商业神经成像的工具，用以测试消费者的偏好。”

不过，现在有人正在努力提高这种营销方法的科学可信度。

2011 年，美国科研基金会（American Research Foundation）启动了评估神经营销学可信度与商业价值的项目。基金会邀请了 8 家世界领先的神经营销公司，其中包括了我的实验室，来分别对 8 则电视广告进行分析。分析报告将由一小组专家进行复审，这个小组的成员包括最著名的定量脑电图与功能性核磁共振成像专家。在经过了漫长的评议之后，这些专家总结道：“神经市场营销中使用过的一些方法与构想已经在现有的神经科学著作以及期刊论文中得到了验证。即使科学可能尚无法为这种方法的解读提供准确的依据，其他供应商已经通过与其高度相关的市场信息，验证了这种独特方法的有效性。”

国际思维实验室的所有同仁都对专家的建议表示完全赞同，即这个产业必须承担更多的科学研究以及对神经营销学研究方法与结果的验证工作。

尽管对于对神经营销感兴趣的人来说，定量脑电图与功能性核磁共振成像是他们最为熟悉的两种技术，但神经营销从业者借以探查消费者潜意识的方法远不止这两个。

眼动追踪

眼动追踪设备使用红外线来探测眼球的移动，这种技术能够揭示一个人在仔细察看某件物品时视线的方向。例如某个人正在浏览刊登在杂志上的广告，同时该技术也能显示那个人察看这则广告的某个特殊部分花了多长时间。研究者可以借助终端设备跟踪观察。图 3.2 展示了呈现这类信息的一种方式。圆圈中的数字显示了女性（白色圆圈）与男性（黑色圆圈）目光的移动顺序。圆圈的大小分别表明这些位置被注视了多久。圆圈越大，投入在那个位置的注意力越多。

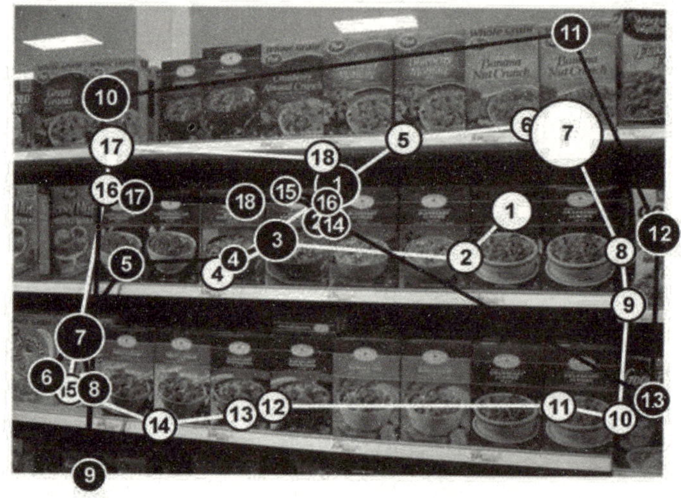

图 3.2　眼动追踪设备监视到的视线图

心　率

通过在受试者胸口附着传感器，或是用手指脉搏计的方法，能够很容易地监测到因为生理唤醒水平的提高而造成的心率变化。这可以对生理兴奋程度提供一种实际的指示。

皮肤电导率

随着人们的生理唤醒程度越来越强，其身体携带电流的能力会产生变化。我们可以将电极粘连在手指上对这些变化进行监测，而且监测结果能够为我们提供一种对人体潜意识反应非常灵敏的指示。

在一项研究中，我们记录下了受试者对于丢失不同类型物品的记忆，从钥匙到手机，再到看到书中或电影中虚构角色的死亡。除了测试受试者皮肤电导率的变化，我们也让他们在一定范围内对自己的情绪进行评价。其中一个情境是迪士尼卡通片《小鹿斑比》中小鹿斑比的妈妈被枪杀。所有的受试者都记得看过这部电影，有一些女性受试者说她们被那一幕场景打动；男性受试者中没有一个人承认感受到了哪怕一点点的沮丧，但是针对他们皮肤测试的结果却很不一样。当他们回忆起这段记忆时，所有人的监测结果都显示他们进入了突出的情感唤醒状态。

内隐联想测验

除了进行一些生理方面的测试，有些神经市场营销人员，包括我们在内，也会采用一些心理测试。最常用的一种心理测试就是内隐联想测验（Implicit Association Test，简称 IAT）。通过这个测试，研究者能够在不进行大脑成像的状况下研究个体的潜意识反应。在一次内隐联想测验中，要对受试者将词语或图像分类的速度进行精确的测量，例如按照“接受”和“拒绝”来区分。因为意识要进行干预的反应出现得太快，最终得出的分类方式对于解读大脑潜意识的运作方式来说非常重要。

像读书一样读脑，可行吗？

我们已经在国际思维实验室中研发出了能够在网络上追踪潜意识决定与情绪的软件。用这种方式，我们就能对成千上万的消费者进行测试，而非仅仅局限于那些置身于实验室环境下的受试者。

我们会使用一种技巧，即在受试者面前展示一幅某个知名品牌的模糊图像，然后让其逐渐变得清晰，并让受试者指出他们在何时能够明确辨认出这个品牌。在这个过程中，研究者就能对不同的品牌进行比较，并且评估某个特定广告活动的有效性。

所有这些方法都使得广告商、营销人员以及零售商能够在高速公路旁，也能在网络上创造出比之前更为精确、复杂的营销手段。

十多年以前，大脑成像研究的先驱乌塔儿教授曾发出过警告："对脑电图描记器进行更多具有想象力的应用会得出一些结论，最后它们看上去通常就像是科幻小说中的情节。没有哪位心理学家能够证明，具体的想法与这些不规则变化着的头皮电势之间存在可靠的联系。"

在乌塔儿教授发表这条声明之后，我们对于大脑功能的理解已经取得了巨大的进步，正如我在本章开头时所说的那样，这些进步有助于将那些"科幻小说情节"转化成为科学事实。虽然我们现在依然只处于真正理解人脑，或者说完全理解那些"不规则变化着的头皮电势"的边缘地带，不过研究者正在不断取得进步。

这一章呈现出了一幅反映神经营销学全貌的肖像，突出了这个新兴学科在当下所面临的一些问题。要做到像那位年轻的神经营销人员那样，自信地喊出"我只需要把一些电极附着在你的脑袋上，然后我就能像读一本书一样不费吹灰之力地看到你脑袋里想的东西"，我们可能还有很长的路要走。

尽管如此，神经营销学已经成为一项具有商业价值的技术，能够提供一种用其他方法无法获取的关于消费者潜意识的洞见。我将会在本书剩下的章节中更加深入地解读该领域的一些发现。

第 4 章

没有大脑，一样是你的“上帝”

身体语言的决策力

聆听信息时，向右转头的消费者对信息的关注度更高；购物时，提购物篮的消费者买东西的意愿比推购物车的消费者更强；谈判时，坐在沙发上的人比坐在板凳上的人更愿意采取变通的态度。身体语言上的微小差异可能引发完全不同的情绪，进而促成或毁掉一笔交易。

身体与心灵之间的关系比先前所知的更加复杂。具身认知领域出现了新证据，证实身体对思想的影响比我们先前的认知更深。

——艾里斯·洪（Iris Hung）

市场营销专家

离开了身体，你的大脑还能存活下来吗？如果它被浸放在某个盛有营养液的容器里，那么在你身体的其他部分已经死亡之后，你的大脑还能如常运作吗？

在我上人生第一堂解剖课时，初次萌生了这个有趣的想法。当时我面对的解剖对象是一个 22 岁的男人，病理学家已经把他的身体剖开。他的离世是因为在骑摩托车的过程中遇到了一小片油迹，轮胎打滑撞上了停在路边的货车。

病理学家们早已学会客观看待人的身体，他们不会把它看成一个人，而只是视为一些器官，一个有待他们找出其死亡原因的智力难题。可是作为一位上第一堂尸体解剖课的年仅 20 岁的学生，我还没有形成这种心理保护机制。也许正因为毫无心理准备，几十年过去了我依然能够清晰地回忆起那个老式地下停尸间的模样、声音与气味。

尸体解剖过程的第一阶段，需要划破表面的皮肤，然后是皮下组织，最后是较厚的纤维组织，即连接头皮与头骨的帽状腱膜（坚韧的致密腱膜）。病理学家从那位年轻人的左耳后方开始切入，刀子沿着头部轮廓稳定而深入地划至头顶，然后继续向下，到右耳后方停止。然后像剥橙子皮一样把附着在头骨上的头发、皮肤以及组织慢慢剥离。

接着他要用一把骨锯将头骨切开，他需要十分小心，要避免因切得太深而损伤脑组织。在熟练地切开颅盖骨之后，他就能把头顶的骨头移除，这时候就能看见在其大脑与外层保护组织硬脑膜之间有一大片血块。这处创伤在医学上被称为硬脑膜下血肿，就是它导致这位骑摩托的年轻人早早离开了人世。为了从头骨中取出大脑，这位病理学家需要切断视神经，控制眼部活动的第三颅神经，以及脑干。最后他把那个血淋淋的器官从头颅中取出，放在称重器上。

当我盯着这个黏沾满黏液的，结构复杂的器官看的时候，我能够充分理解，为何在古埃及，对尸体做防腐工作的人要用钩状的青铜针把大脑捣成糊状，然后让液体从鼻孔流出。古埃及人认为大脑唯一的功能就好似一种血液冷却器。他们只会把一种器官留在木乃伊的身体里，那就是心脏。因为他们相信，心脏中含有个体的实质，或者说灵魂，而且那就是一个人所需要带往来生的全部东西。我还记得当时，我好奇地问自己："这团由脂肪、蛋白质和水组成的不怎么讨人喜欢的东西，真的就是让人之所以为人需要的所有东西吗？"

在这一章中，我想尝试站在一位神经科学家的角度来回答这样一个问题，然后我会向你们解释，为什么把大脑看成一个独立的器官，而不把它视为我们的身体、周围环境、社会以及文化中的一部分，是个错误。

当大脑离开人体

大脑与人体分离之后继续存活的设想，长期以来一直使小说家、哲学家以及科学家们深深为之着迷。

在短篇小说《威廉与玛丽》(*William and Mary*)中，罗尔德·达尔讲述了一位名叫威廉的哲学家的故事：威廉死后，他的大脑被摘除，在缺少大脑指挥的情况下他存活了下来。为他身体供血的是一个人工心脏，而他仅剩下一只眼睛，漂浮在盛有营养液的容器中。透过这只眼睛，威廉能观察到周遭的一切。当然，现在他只能观察，无法再与这个世界进行任何互动。如果你想知道威廉与他的妻子玛丽都遇到了些什么事，你可以读一读这篇简短而有趣的故事，达尔将这个故事收录在 1960 年的短篇小说集《亲亲》（*Kiss, Kiss*）中。

美国哲学家希拉里·普特南创造了著名的“缸中之脑”（Brain in A Vat）思想实验，作为一种对形而上学实在论的抨击。形而上学实在论认为世界是由一些独立于心智之外的实体组成。普特南让人们设想一种可能性，他们本身只是一个个与电脑程序相连的大脑，这种电脑程序能够完美地模拟真实生活的体验。怀疑论者可能会主张，如果我们无法确定我们不是那个缸中之脑，就没办法排除这种可能性，即所有我们关于外部世界的看法都是虚假的。普特南的论点“关注那种可能性，即一个邪恶的精灵有计划有步骤地为我们设下了一个骗局”构成了科幻电影《黑客帝国》（*The Matrix*）的基础。

如今，出于伦理原因，显然没有哪位医生会考虑去做这样一个恐怖的实验，但其实早在 19 世纪末就曾有人尝试在人死后维持其大脑的运作。1884 年，法国研究者琼·巴普蒂斯特·文森特·拉柏德试图让刚在断头台上被处决的罪犯苏醒，这是所知的在这方面的最早尝试。一个世纪以前，这种行刑方式的发明者，约瑟夫—伊尼亚斯·吉约丹医生曾声称，这种“断头机”提供了一种比绞刑更加人道与仁慈的死刑执行方式。在随后的几年里，越来越多的医生与解剖学家对这种观点提出了质疑，他们报告说在罪犯的头颅离开身体后的那极度痛苦的几分钟里，他们的大脑依然保持着清醒与活跃。

早在 1795 年时，德国解剖学家塞缪尔·托马斯（Samuel Thomas）就在一封寄给巴黎期刊《通报》（*Moniteur*）的信中写道：“只要大脑保持着生命力，死刑犯就会意识到他生命的存在。”

为了平息争议，消除公众的担忧，法国政府委托拉柏德医生开展一项研究，还为其提供一些近期在断头台上被行刑的罪犯的头颅。为了使它们苏醒过来，拉柏德尝试往其中几个头颅里注射一些充了氧的奶牛血。还有一次，他把一颗头颅的颈动脉与一只狗的颈动脉相连，

然后记录道 ："大脑的部分功能得以恢复，那颗头颅的眼睛睁开了，后来又合上，看上去好像在留意周围正在发生些什么。"

另一位名叫加布里埃尔·博里厄的医生记录道 ："有一位被斩首者名叫朗吉耶，他的眼皮和嘴唇发生了 5 ～ 6 秒不规则的节律性收缩。"当他大声喊出那位囚犯的名字后，那张脸开始松弛下来，然后眼皮开始合上 ："我用洪亮而尖锐的声音喊道 ：'朗吉耶！'我看到他的眼皮缓缓抬起，过程中没有发生任何痉挛性收缩，但是眼皮的动作连贯平稳，看起来清晰且寻常，就像在日常生活中，当人们被叫醒时或是被人从沉思中拉回现实时，就那样睁开了眼睛。我十分确定，朗吉耶的眼睛看向了我。毫无疑问，当时看向我的是一双有生命的眼睛。"

直到跨入 20 世纪，医学才足够进步，让这样一个令人毛骨悚然的研究项目终于有了成功的机会。20 世纪 60 年代，克里夫兰大都会医院（Cleveland Metropolitan Hospital）的神经外科医生罗伯特·怀特进行了一系列研究。

在这些研究中，他将一只猴子的大脑摘除，然后把离体的大脑与一套人工循环系统相连。怀特在一份工作记录中描述了猴子的眼睛如何追踪着房间中的人和物体的移动而移动。当他们把食物放进猴子的嘴里，它会进行咀嚼，然后尝试吞下去。尽管如此，实验中的所有猴子都在 3 天内死亡了。当怀特被问及他是否会考虑用人类的大脑做这个实验时，他毫不犹豫地回答说 ："当然，如果用人来做这个实验，我看不出任何它无法取得成功的理由。"

具身认知 ：身体才是消费行为的主宰

如果从物理角度看，大脑能在活体之外生存，那么从心理角度也能实现这一点吗？据美国威斯康星大学（University of Wisconsin-Madison）的哲学教授劳伦斯·夏皮罗所说，许多科学家坚定地支持心灵的计算理论，该理论认为“认识始于向大脑的输入，终结于大脑的向外输出”。结果就是，他们相信自己可以把研究范围限定于大脑中的运作上，而对这个有机体以外的世界不予考虑。

如果这种观点是正确的，即我们的感官只是向大脑“输入”信息的设备，而我们的骨骼和肌肉只是“输出”的手段，那么，至少大脑确实能勉强做到像一种不受环境影响的生物计算机那样持续运行。

但是，这种“标准认知模型”受到了一种被称为“具身认知”（Embodied Cognition）的新理论的极大挑战。“具身认知”的支持者表示，只有借由了解大脑与身体之间的关系，才能理解大脑的运作。例如，鹿特丹伊拉斯姆斯大学的布拉姆·范登堡及其同事认为：“从根本上来说，认知活动产生于某种物理情境。身体与大脑维持着认知活动的进行。因此，我们的身体能够影响消费者的行为。”

其他神经科学家把这个论点向前推进了一步，提出大脑不仅会被实体化，也会得到延伸，它能够延伸至超越其周边环境，如家庭以及朋友圈，进入社会与更宽广的文化领域。所有环境之间都存在着密切的联系，并且像一个生生不息而紧密结合的整体一样持续运作。沟通专家威尔逊·布赖恩·基曾说道：“我们是自身所知现实的一个组成部分。目前人类还没有找出一种方法，能够帮助我们免受自己的观念，以及那无数固有偏见的影响。我们所认知的现实是无意识社会经济政治条件的产物。随着时间的推移，这些观念会聚合形成我们的文化。”

那么，这对于全脑营销来说意味着什么？如果这种观点是正确的，那意味着消费者的思想与情感会被他们周围环境中的一切所影响，只不过程度各不相同。由此可见，通过对环境进行微小的改变，我们就能让消费者的所思所感如我们所愿，即我们能够分别从意识与潜意识两个层面，对消费者如何看待各个品牌，以及他们要如何才会被说服购买一件商品产生影响。

如果需要举例说明，我们可以首先看看自己与“大脑们”的关系。很多人会很惊讶地发现，我们所拥有的大脑不止一个，而是两个。

如何挑起身体的欲望

第一个大脑位于我们的头颅中，而第二个大脑则存在于我们的腹腔内。这两个大脑都深深地影响着我们的思考与感受方式。

肠神经系统（ENS）中含有约1亿个神经细胞，和猫大脑中神经细胞的数目大致相同。尽管大脑皮层中的神经细胞数目是肠神经系统中的千万倍，但我们绝对有理由把肠神经系统称为第二大脑。事实上，肠神经系统能够自动运转，持续对消化道内的物理与化学状况进行监测。它利用超过30种神经传导物质，控制着肠道组织的蠕动与酶的分泌，这些神经传导物质中的大部分和存在于神经中枢系统中的物质相同。

我们的两个大脑之间存在着广泛的联系，为了满足人体的各种能量需求，它们协同工作，共同控制着人体的消化过程。因此，任何会影响到我们“腹腔”大脑的因素，也会对我们的“头颅”大脑产生作用，反之亦然。焦虑会降低人临场表现的水平，也会让人急着想上厕所，那些曾在考试或是工作面试中体验过急性焦虑症的人，对此一定深有体会。

在产品与服务的销售过程中，两个大脑对于个人而言的意义就在于，只要这两个大脑中的其中一个被吸引，消费者就会受到影响。但为了发挥其最佳效果，应该把影响的程度扩展并限定在能够对第一与第二大脑同时产生影响，但是对心灵与思想作用不大上。

当我们发现自己实际上不是由一个，而是由两个恰好位于同一层皮肤下的有机体组成的，也就是说“你其实是两个你”的时候，大部分人会感到惊讶不已。

这个“第二自我”是由活在每个健康成年人肠道内的约100万亿

个细菌组成。这些肠道菌群与我们身体中许多器官的重量大致相当，约重 1 千克。它所包含的细胞数目大约是受精卵的 10 倍。后者提供了约 2.3 万个不同的基因，肠道菌群提供了约 300 万个不同的基因。

这两种有机体在一种紧密依赖的状态下共存，两种有机体的健康息息相关。为了获得温暖、保护与营养，肠道菌群提供了一种消化多种复杂碳水化合物的能力，缺少了这些菌群，肠道就对这些碳水化合物束手无策。

一位普通成年人日常所需能量的 15% 就是通过这种方法生成的。我们的第二个自我也在体重增加或减轻的过程中起到了十分重要的作用。通常，人们体重增加会被归咎为在饮食上不节制，但真正的原因可能和大脑的自控力无关，而是腹腔中有“小鬼”在作祟。

2006 年，来自密苏里州华盛顿大学医学院（Washington University School of Medicine）的鲁思·利医生与她的同事，发表了一项关于对体重过重与营养不良的美国人肠道菌群状况的研究结果。他们记述道，这两个群体的肠道菌群状况存在显著差异。这个研究发现可以说明为何两个群体间的体重差距会如此之大。

每当人们前去采购食物时，都能亲身体验到身体需求对消费选择所产生的强大影响力。消费者是否在购物前不久吃过东西，会对所购买食物的数量与种类产生很大影响。有一项专门针对这种影响而设计的研究方法。在研究中，我会给两组受试者每人 10 美元，供他们在一家超市购买午餐。这两组人之间的唯一差别是，其中一组整个上午什么都没有吃，而另一组则吃了约含有 370 卡路里的健康点心。

每个人都可以随喜好从超市的货架上自行挑选食物。当购物完成后，我们查看了他们的购物篮，发现两组人所选择的食物存在很大差异。“饥饿组”所购买的食物中大部分都是垃圾食品，也就是那些脂肪与糖分含量很高，能够快速补充增加能量的食物。平均每个人购买了约含有 2 840 卡路里的食物，其中脂肪含量为 141 克，糖含量为 118 克。早上吃过健康点心的小组所购买的食物比“饥饿组”富含更多营养，而且更不容易发胖。这一组平均每个人购买了约含有715卡路里的食物，其中脂肪含量为28克，糖分含量为48克。

换句话说，如果人们在饥饿时前去超市或蛋糕店购买食物，那么所购买食物的卡路里含量就会是非饥饿时的4倍，脂肪含量是5倍，糖含量则是2.46倍。

如果我们在牙疼得厉害时还要努力集中精神完成一项任务，或者要在头痛欲裂时做一个决定，抑或是要在患感冒期间保持开朗乐观，我们的大脑和身体就会形成一个不可分割的整体，同时让我们感到痛苦无比。与之类似，人的想法可能通过多种方式影响我们的健康，例如制造身心痛苦，让我们自我忽视或自残，引导我们吃得太多或是太少，或者是降低我们的免疫力，让我们在面对传染病时更加脆弱。

我们站、坐、行走以及其他行为方式丝毫不比我们两个大脑与两个自我之间的持续相互作用所具有的影响力小。即便是我们所做的最微小的身体移动，都能对我们的思考与感受产生重要影响。销售人员掌握了许多对消费者施加轻微潜意识影响的方法，这提醒我们需要对大脑的具体表达形式加以注意。

制造“强有力的”荷尔蒙

消费者对待他们所购买的产品与他们所喜欢品牌的态度，以及他们的购物方式，都将决定哪位制造商与零售商将会生意兴隆，而谁又将铩羽而归。初看来，态度和情绪可能是两种截然不同的事物，那么它们之间存在着哪些联系?

“态度”（Attitude）这个词来源于拉丁语apto（意思是聪明或健康）和acto（意思是身体的姿势），它们的词根都是梵语单词ag，意思是“做”或者“行动”。19世纪中叶，这个词首次被引入心理学领域，那时它被用来指代一种为行动做准备的内心状态。

弗朗西斯·高尔顿爵士是最早提出人的姿势与态度之间存在联系的心理学家之一。他指出，晚宴客人之间的相互态度可以通过观察他们将身体朝向哪个方向来判断。从那以后，许多研究都证实了行动、态度与行为之间有着紧密的联系。

例如，研究者发现，简单地紧握拳头就可以让我们有更强的利他精神（Altruistic）。在许多国家，伸出拇指是一种代表赞许的手势，对一个虚构角色含糊不清的描述会让女性更积极地评价这个角色，但对男性并不适用。

此外，假设两个人阅读了同一段文字，其中一个人在阅读的同时伸出了他的中指，这个手势在西方文化中代表着敌意，另一个人未伸出，那么伸出中指的那个人对于其中某个角色的评价会比未伸出中指的人怀有更强的敌意。

一项关于消费者的研究表明，放松地坐在有软垫的凳子上的人与那些坐在硬木头凳子上的人相比，在购买一辆汽车进行谈判的谈判中，会更愿意采取可变通的态度。

即使是相当微小的姿势改变，也可能影响消费者对销售人员所传递信息的关注程度，以及他们记住这些信息的可能性。在一项有关聆听姿势与信息传递效果的研究中，受试者被要求在聆听销售信息的同时将他们的头向左转或者向右转。

按常理你可能会假设，转头的方向对于他们听到了什么，以及后期回忆的准确度所产生的影响微乎其微，但实际上影响确实存在。那些边听边将头向右转的人相比那些将头向左转的人，对信息的关注程度更高且回忆得更加准确。

哥伦比亚大学的达纳·卡尼博士与她的同事随机指定实验参与者摆出一种高自信或是低自信姿势。如图 4.1，被指定摆出低自信姿势的参与者中，有的人低垂着头坐在凳子上，同时双手交叠放在大腿上，有的人站着双臂抱胸，同时双脚交叉。

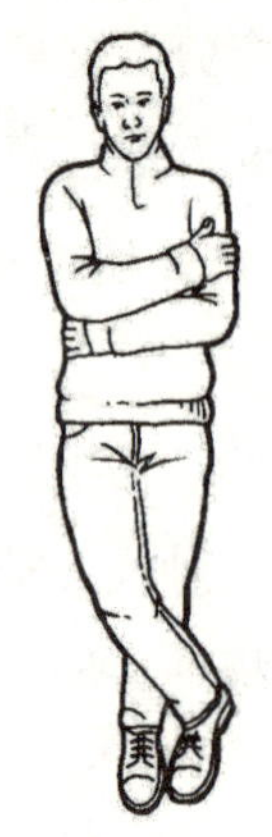

图 4.1　低自信姿势

如图 4.2，被指定摆出高自信姿势的参与者中，有的人背靠椅背，双腿伸展，脚搭在桌子上，双手交叉放在脑后，有的人身体前倾，双臂打开，手扶在桌子上。

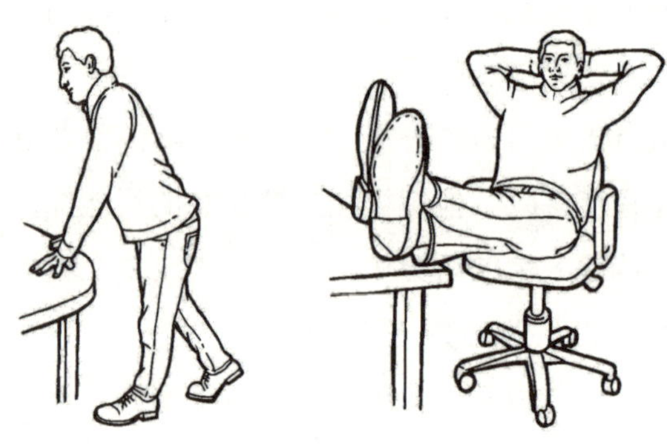

图 4.2　高自信姿势

双方都需要将各自的姿势足足保持 60 秒。然后研究者会搜集两组人的唾液，接着安排他们接受一场赌博任务的测试，并在测试结束后询问他们的感受。

在那些摆出高自信姿势的人中，有 86% 的人准备好了要冒一次险，有 14% 的人选择了尽量将风险降至最低；而在摆出低自信姿势的人中，有 60% 的人准备好了要冒险，40% 的人选择了风险回避。报告显示，高自信受试者比低自信受试者更明显地产生了“强有力”与“在掌控下”的感受。

分析受试者唾液中占据支配地位的荷尔蒙睾丸激素以及压力荷尔蒙皮质醇时，研究者发现，摆出高自信姿势的参与者唾液中荷尔蒙睾丸激素的水平较高，压力荷尔蒙皮质醇的水平较低。

这种对于不同自信程度姿势所进行的简单操控足以显著地改变实验参与者的生理与心理状态。值得注意的是，即使我们只是看着这些人的姿势，也会在我们身上产生相同的效果。

例如，如果电视节目中的发言人摆出一种高自信的姿势，他们就更容易被视为过分自信，甚至会被认为具有攻击性；当他们展现出一种低自信姿势时，则与之相反，他们传递的信息可能会被视为更加友善。

当然，我们更适合摆出哪类姿势取决于所需传递信息的本质及其目的。关键在于，不使用语言的说服者会在潜意识层面对他人的印象产生非常显著的影响。如果走进商店的消费者看到销售员身体前倾靠着柜台，双手放在柜台上面，那这位消费者就会潜意识地把这种姿势和统治联系在一起，因此不愿意走过去；如果站在柜台边的销售员摆出一种低自信姿势，可能同样会让消费者退避三舍，因为他们会认为销售员缺乏能力、可靠性与产品知识。这样看来，即便是身体语言上的微小差异也可能令消费者感到满意或是不满意，进而促成或毁掉一笔交易。

点头增强好感

来自德国维尔兹堡大学（University of Würzburg）的延斯·福斯特博士进行了一项实验：让受试者眼前的电脑屏幕上出现一些不断移动的知名商品，有的电脑上持续呈现横向移动，有的是纵向移动。受试者被要求头部随着视线转动，眼前产品横向移动的受试者持续摇头，眼前产品纵向运动的受试者持续点头。在控制条件下，屏幕上的商品不会移动。福斯特博士发现，点头的受试者对所展示的商品表现出了更加积极的情绪，也更加可能会购买它们；相反的，摇头的受试者对所展示商品的评价比较低，也没有太大兴趣购买。

点头与积极情绪之间的潜意识联系或许可以追溯至人类的婴儿时期。达尔文观察到，婴儿在寻找母亲的乳房时，典型动作是上下点头，而当他们喝完奶水之后，则会左右摇头。这可能也解释了为什么在大部分人类文化中，人们会用点头来表示同意，摇头表示拒绝。

这些发现表明，如果我们能够在销售过程中引导消费者频繁地点头，那就能显著增强他们想购买那件商品的意愿，同样的，如果消费者不断摇头，不论出于什么原因，都会让销售达成的希望变得渺茫。

“右撇子”法则

每个人的身体都会略向一侧倾斜。因为大部分人会惯用一只手，通常是右手，因此我们会更加习惯用身体的其中一边与外界互动。这会导致我们在潜意识中把惯用的那一边和积极情绪联系起来，而把非惯用的那一边和消极情绪联系起来。在大部分人都是“右撇子”的世界里，这意味着右边会被视为好的，而左边则会被视为差的。

我们几乎能在所有语言和文化环境中找到这种联系。举例来说，在英语文化中，“左撇子”被称为 Sinistral，这是一个拉丁词，同时有阴险和邪恶的意思。“右撇子”被称为 Dexter，也有灵巧或熟练的意思。与之类似的，如果上司说你“往左走了很远”（Out in left field，不靠谱，不着边际），或者是“有两只左腿”（Have two left feet，十分笨拙），那预示着你的职场前景不是很美好；而如果你被告知“刚好击中目标”（Right on target），或者说你是他的“右手”（Righthand man），这就表明你即将晋升。

在购物时，我们更喜欢摆在我们右手边，而非左手边的商品；事实正是如此，这种偏好被称为“不变的右手法则”。不过，更偏好哪边可能要取决于这位消费者是“右撇子”还是“左撇子”。在一项研究中，受试者被要求浏览印在纸上的关于两件商品的简短描述，一段描述位于纸张的左侧，另一段位于右侧，他们需要根据这两段描述来判断要购买其中的哪一件。那些惯用右手的人更多地选择了描述位于纸张右侧的商品，而惯用左手的人则刚好相反。

世界上大部分人都是“右撇子”，所以零售商常会在设计商品陈列时将这点纳入考虑范围。为了阻止消费者——特别是那些新顾客——在踏入商店大门之后自动向右拐，设计者可能会在商店入口附近的右侧用一些消费者可能购买的低价商品拦住他们的去路。这种障碍会让消费者的脚步慢下来，从而浏览更多的商品，同时也能引导他们走进那些两侧陈列有高价商品的通道。在下一个章节中，我会讲述更多关于商店设计的门道。

Make it easy，**增加流畅度**

为了理解为何惯用左手或右手会对大脑的运作方式产生如此强大的影响，我们需要了解大脑流畅度以及理解信息的主观难易程度的概念。普林斯顿大学的丹尼尔·奥本海默如此阐述道：“流畅度的形容对象不是理解过程本身，而是理解者所感受到的理解过程的难易程度。例如，如果事物频繁地被人们看见，最近曾被看见，或是很久之前就已经被看见，那么它就是流畅的。”

正如我将会在下一章里说明的那样，大脑总是试图对其能量进行最充分的利用。显然，那些能轻松进行的活动，比那些需要投入更多时间、精力与脑力的活动，所需的能量更少。一项研究发现，在一家公司上市后的最初几个星期，那些名字读起来更容易的公司股票会被投资者判断比那些名字难读的公司股票更具价值。这种取向会推动投资者购买其股票，最后帮助它胜过那些竞争者。

在耶鲁大学商学院，内森·诺万姆斯基与他的同事已经展示了，当一件商品被制作得令人难以理解，比如外包装采用了一种难以读懂的字体，或者是消费者被要求思考购买这件产品的诸多理由，那么这件商品就不太可能被购买。对于流畅度的需求导致人们不喜欢，而且常常会避免在拥有许多候选项时做出一个选择。一家商店提供 100 种洗发水，或者是 24 种牙膏以供消费者选择，看上去这似乎对消费者来说更加贴心，但有研究表明，事实恰恰相反。在这种情况下，消费者会为了恢复流畅度而选择熟悉的品牌。

弯曲手臂增强欲望

如果消费者要从货架上拿下一件商品，他们就需要弯曲手臂；为了把商品放回原处，他们就需要向外伸展手臂。到目前为止，一切都显而易见。但由于大脑的本质特性，这些简单的动作会在潜意识层面影响这件商品对消费者所产生的情感吸引力，自然会影响到他们想要购买这件商品的意愿。重复这些动作成千上万次的结果就是，我们会迅速地把弯曲手臂和想要得到联系在一起，同时也会在伸展手臂时联想到拒绝。举例来说，当我们被另一个人吸引时，我们会把他们向自己拉近（弯曲手臂），同时我们会推开那些自己不喜欢的人（伸展手臂）。

这也同样适用于我们拥有的物品。在人的一生中，因为想要获得或是缺乏兴趣，我们会把这组肢体动作重复无数遍，由此我们就在这些简单的动作与想要获得或拒绝一件产品的意愿之间创造出了一种潜意识的联系。这个研究发现意味着，超市中手提购物篮的消费者（弯曲手臂）想要获得某种东西的意愿要比那些推购物车（伸直手臂）的消费者的意愿更加强烈。此外，如果消费者只要弯曲手臂就能拿到某件商品，那么他们会比那些必须伸直手臂（比如商品被摆放在较高的货架上）才能拿到这件商品的人更可能为其买单。

这就是伊拉斯姆斯大学鹿特丹管理学院的助理教授布拉姆·范登堡与同事研究超级市场中的消费者行为时发现的规律。在其中一项研究中，他们对一家大型超级市场中的 136 位消费者进行了观察，发现相比推购物车的消费者，提购物篮的人更容易买下那些打折商品，例如巧克力。还有研究发现，只是观察另一个人弯曲或是伸展手臂，也会对观察者产生类似的效果。

在另一项研究中，女性大学生受试者被要求喝水喝到不渴为止。研究者会递给她们一杯一定容量的饮料，她们会被告知这是一杯高能量的运动饮料，然后研究者会邀请她们在观看一个视频时，想喝多少就喝多少。视频有两个，内容都是一位运动员在练习举杠铃。在第一个视频中，运动员表现的是弯曲手臂的状态，他站在地面上，弯曲手臂把杠铃从腰部的位置拉到胸前；在第二个视频中，运动员表现的是伸展手臂的状态，他平躺着，伸展手臂把杠铃从胸前举起。一如研究者的假设，那些观看“弯曲手臂”视频的受试者比那些观看“伸展手臂”视频的受试者喝下了更多的饮料。

这意味着，那些电视广告演员的动作，即便十分简单且很少被发觉，也会对广告观看者对该产品的评价产生显著的影响。此外也有人提出，像任天堂（Nintendo）和微软这样的公司正在利用消费者的肢体动作悄悄地影响着他们的大脑。那些体感游戏机，比如任天堂 Wii 游戏机，微软 Kinect 以及索尼 PlayStation Move 体感控制器，它们所取得的巨大商业成功可能要归功于游戏时必须做出的肢体动作触发了消费者的积极情绪。

适当调情

长期以来，商家一直在利用带有性暗示的图片来影响消费者行为。零售商与广告商认为，在汽车展览或是商品促销活动中雇佣衣着暴露的模特十分重要。

正如我将在第 8 章中说明的那样，有时候，商家会以微小到难以察觉的方式展示这些能够引起性唤起（因性刺激而产生性驱动力的整个过程。——译者注）的图像，企图借此潜移默化地影响消费者。

麻省理工学院的丹·艾瑞里与卡内基梅隆大学的乔治·卢文斯坦经过研究发现，这种性唤起会在某种程度上影响男性的决策。这项研究肯定已经吸引了不少学者的目光，研究者需要说服一组男性大学生自慰，使性唤起程度升到极高，达至临近高潮的程度，同时要完成一项调查；另外一组的男性大学生受试者则会在一种没有性唤起的状态下完成调查。

艾瑞里与卢文斯坦发现，性唤起状态不仅会致使人们做出更冒险的关于性的决定，例如进行不施加任何保护措施的性交行为，而且也会导致兴趣的关注点缩小，即“创造出一种隧道视野效应（Tunnel-vision），对于性交的兴趣会压倒任何与性满足无关的目标”。他们也在报告中描述道，受试者对于性唤起状态对判断力与行为的影响了解非常有限。

他们指出，性唤起会对人们的判断产生影响，也容易导致人们做出带有偏见的决定，但现状是人们对于这种影响如此缺乏了解，这对于个体本身以及社会而言都存在重要的意义。

他们宣称：“当下的研究表明，性唤起状态以非常深刻的方式影响着人类，绝大部分有过性唤起体验的人应该不会对此感到惊讶，但这种影响的程度依然十分惊人。在面对由性唤起引起的戏剧性认知与动机的变化时，自我控制方面的努力，包括原始意志力，可能会不起作用。”

特别是对于零售商来说，这项研究暗含的意义是，即便是低水平的性唤起也可能让男性消费者在做出购物决定时更加冲动；当女性消费者面对相同的状况，例如面对肌肉健硕的半裸男模特时，也会产生相同的效果吗？

据我所知，目前还没有专门的研究项目对这个问题进行过验证，不过已经有研究表明，相比女性，性唤起对男性的影响更加强烈和绝对。艾瑞里与卢文斯坦说：“这至少意味着性唤起对女性的影响没那么强，因此女性在做决定时不会像男性那样受到性唤起的很大影响。”

最为人熟知的就是，为了达成一笔更划算的交易，人们可能会利用他们自身具有的性吸引力，而且这通常会被视为是正当的。来自加利福尼亚大学哈斯商学院的劳拉·克赖与她的同事进行了一项研究，结论是，男性会认为那些在商业谈判过程中卖弄风情的女性比正襟危坐的女性更加自信。克赖解释道：“在谈判中运用女性的魅力是一种能够将说服力与热情相结合的技巧。”

为了确认女性魅力到底拥有多么神奇的功效，他们组织了 44 位男性与 49 位女性参与一项研究。在研究中，这些受试者需要阅读一段假想的情境，他们被要求想象自己正在销售一辆价值 1 200 美元的汽车，潜在购买者是一位名叫安娜的客户。研究者将其中一段情境称为“魅力版本”，其中安娜的行为被描述如下：

> 你们见了面并握了握手，安娜对你亲切地微笑，并对你说：“很高兴见到你。”安娜脱下外套并坐下。你谈到了天气，她上下打量了你一下，然后身体向前倾，轻轻触碰了一下你的手臂，然后说：“你本人甚至比电话里更有魅力。”然后，她有些暧昧地对你眨了眨眼，说道：“你能给出的最优惠价格是多少？”

第二段情境是“中性”版本，其中安娜的形象远没有第一个版本中的暧昧，而且实际得多：

> 你们见了面并握了握手，安娜微笑并对你说道：“很高兴见到你。”她脱下外套并坐下。你谈到了天气，安娜直视着你的眼

睛说道："我一直期待着能和你详细探讨一下价格的问题，希望今天能达成交易，让我们开始讨论吧。"然后，她有些严肃地说道："你能给出的最优惠价格是多少？"

当面对一位男性销售人员时，魅力十足的安娜经谈判达成的平均交易价格是 1 077 美元。而严肃的安娜获得的最优惠价格是 1 279 美元；你或许不会感到惊讶，当销售员是女性的时候，调情起不到任何作用，反而使成交价格提高了一些。严肃的安娜从女性销售员那获得的最优惠价格是 1 189 美元，而爱调情的苏则是 1 205 美元。

"关键是用你头脑中的天然特质来调情。"克赖建议道，"真实一些，开心一些，那将让你看起来充满自信，这对于获得好的谈判结果非常重要。"

肢体接触的说服力

有时候，销售人员会蓄意侵入消费者的个人空间，借此优化其购物体验，并鼓励女性消费者重复购买。如果一位销售人员在接待一位女性消费者的时候，轻轻地、不引人注目地，而且似乎是在无意间触碰到了她的手，那么不论这位销售人员的性别如何，这位女性消费者都将会对这次购物和这家商店抱持更加积极的态度。

1976 年，来自康涅狄格大学的杰弗里·费希尔及其同事进行了一项具有里程碑意义的研究，通过这项研究他们证实了上面这条结论。受试者是那些从大学图书馆借书的学生。研究者要求图书管理员在把书递给其中一些学生的时候，让自己的手轻轻擦过那些学生的手。尽管并没有意识到这种接触，那些触碰过图书管理员的手的女学生，对于图书馆服务的评价要比那些没有被触碰过的学生积极得多。但是，男性学生对于这种触碰所怀有的情绪更加矛盾。

还需要强调的一点是，这项研究是在美国进行的。世界其他地区对于不同形式触碰的认知存在文化上的差异，所以如果在其他地区进行这项实验，结果可能大不相同。

一个晴朗的消费空间

最后，让我们将视线转向零售商无法控制的因素：天气。零售商都知道，消费的意愿在天气恶劣的时候会下降。在寒冷潮湿的冬天，或是闷热的夏天，人们会更加忧郁，而晴朗的天气不仅会使人们更愿意走进商店，也会让他们更愿意消费。

来自马萨诸塞大学会计与金融系的小爱德华·桑德斯在一篇名为《股票价格与华尔街天气》（*Stock prices and Wall Street weather*）的论文中比较了纽约证券交易所股票价格的涨与跌，发现城市上空的云量和平均收益率之间存在显而易见的联系。他在报告中说道：“天空中的云量越少，股票的平均收益率越高。”

零售商无法改变云量，至少现在看来是这样，不过在商店内的可控环境中，他们却能操纵消费者身处的环境，以创造出他们享受购物所需要的心理与生理状态，当然也只有利润很高的商店才会这么做。商店内的关键因素是温度与湿度，零售商需要小心地控制这两个因素，创造出一种让消费者舒适感最大化的环境，才能延长他们逗留的时间，从而促进销售。如何做到这点，就是我们将在第 6 章中探讨的话题。

如果大脑是计算机，显示器在哪里?

在试图理解大脑方面，哲学家和科学家长期以来都诉诸于比喻。17 世纪，法国数学家与作家笛卡尔把大脑比喻成凡尔赛宫的精巧喷泉与液压式自动机，他相信那种存在于大脑和心室空隙之处的液体会借助神经管道让肌肉活动；20 世纪 40 年代，研究者把大脑比喻成那时候最复杂的科技产品：电话交换机；到了 20 世纪 60 年代初期，他们挑选的比喻对象是一种开始被更加广泛使用的设备：数字计算机。

如今，对大脑的认识不断受到神经科学家的挑战。正如我们已经在这一章中了解到的那样，神经科学家提出，我们的思想与情绪不仅是由位于我们双耳之间，眼睛之后的那个器官所产生。这种将心理功能具体化的认知模型指出，大脑运作时所处的环境会对心理过程产生显著的影响，这些环境包括了大脑所在的躯体，也包括了文化、社会以及家庭等因素。

显然，这种将人类思想与情绪概念化的方式对于神经营销学来说具有重要的启示意义。要想获得对消费者思想与感觉的全面理解，除了大脑运作之外，也要把身体的运作考虑进去。他人的故事被父母、兄弟姐妹、亲戚、朋友、邻居、老师以及传教士口述出来，同样的，一整套说服理论也被广告商、营销人员、零售商、公关人员以及媒体讲述出来。

我将会在下个章节中更加深入地阐述，我们对于操纵消费者大脑方法的了解正在不断提高，因此为了获取商业利益而讲述一段动人故事也将变得越来越简单。

第 5 章

顾客为什么购买

理性与感性的一念之隔

怎样勾引女人天生的购物瘾？怎样满足男人直接的现实欲？怎样给消费者创造幻想，让他们相信眼前这件产品跟自己存在莫大的关联？

为了提高销售额，保证客户满意度，零售商必须想办法使消费者处于放松但略兴奋，冷静但感兴趣，关心而非注意力分散的状态。

大脑运作五个小时需要耗费约一美分，运作一天需要略少于五美分，真是一台高效率的机器！

——瑞德·蒙塔古（Read Montague）

《为什么选择这本书？》（*Why Choose this Book*？）

经过了数百万年的进化调整，如今你的大脑几乎可以对它遇到的任何外界刺激迅速而高效地做出回应，而且其回应刺激所需要的能量只有点亮一个家用灯泡所需能量的三分之一。

就是这一丁点的能量，维持着大脑进行一系列的活动，例如推理、做决策、解决问题、执行计划、做美梦、体验情绪等。大脑每秒钟都会接收来自二十多种感官的约为数十亿字节（Byte）的数据，它会不断对这些数据进行评估，从而实现对周围环境的持续监控。我们的大脑负责调节人体的血流与血压，监控体内的化学组成，控制我们呼吸的速度与深度，管理消化系统，保持身体平衡，并通过全身六百多块骨骼肌与外部世界互动。

为什么有些人欲望低，有些人欠考虑?

如果我们把人脑和世界上最先进的计算机进行比较，结论肯定是，人脑与之相去甚远。大脑的运转速度是每秒 2.2 亿亿次，需要 20 瓦特能量，能够被放置在一般大小的鞋盒中；目前世界上运转速度最快的计算机是 IBM 的“红杉”（Sequoia）超级计算机，它的运行速度是每秒 16.325 千万亿次，需要 790 万瓦特的电能，大概和一台大型冰箱一般大小。

正如计算神经科学家瑞德·蒙塔古所指出的那样，不论一个人在神经计算活动中如何进行能量分配，他都会不可避免地得出一个结论：进化神经系统拥有着近乎超自然的高运算效率。

要对能源进行如此惊人的充分利用，大脑的大部分运作需要借助思维自动化进程，方法有三种，都对人们的购物方式有着重要影响。

第一种方法是在潜意识中做出大部分的购买决定；第二种是分门别类；第三种是利用一种既快捷又简单的思维规则，名为启发法(Heuristics)。

那么这些感知世界的方法将如何影响人们的购物选择？它们怎样左右消费者被外部影响与商业劝说说服？我将在这一章里对上述问题做出解答。让我们先来看一下两个明显的购物群体。

克丽丝是一位37岁的公司律师，她是一位理性的消费者，在购买任何高价商品之前都会花大量的时间和精力思考。克丽丝会借助网络来比较价格，确认品质，并浏览正在出售的诸多商品。从开始考虑购买一件商品，到将那件商品买到手，克丽丝一般要花上约3个星期的时间。如果克丽丝已经下定决心，就意味着她已经非常确定钱已经花在了刀刃上，这种确定感让她十分安心。大多数人只在极少数情况下才会选择这种理性、合乎逻辑且经过仔细思考的购物方式，更多的时候人们只是基于直觉与情感来购物。

伊芙今年27岁，是一位典型的依靠直觉与情感做判断的消费者。当她看到一件心仪的商品时，她就想要立刻拥有它。她的购物流程是，看到了，想要，然后购买。尽管有时伊芙会在买下某件商品不久后就感到后悔。

克丽丝在搜寻商品时会保持冷静与理性，而伊芙则会变得非常感情用事。当监测像伊芙一样的消费者购物时的生理反应时，我发现，当她们发现一件"必须拥有"的商品的那一刻，她们的心率与皮肤电导率会骤然升高。这种兴奋状态会一直持续到购物结束，一般长达 10 分钟。

对于像克丽丝那样经过深思熟虑再行动的消费者来说，最初产生的兴奋感会温和得多，而且会随着购物进入搜寻与比较阶段而迅速减弱。这种深思熟虑的购物方式常常会使购物结果更令人满意，但这类消费者在购买过程中所投入的时间与心理能量要比那些直觉型消费者高出许多。理性的消费者会用抽象的逻辑推理来计划她们的购物，并且计算她们将会从中获取的价值。因此，当她们做出购买决定的那一刻，她们就能对这次购买行为做出解释，并证明其动机的合理性。与之相比，直觉型消费者则常常发现，很难解释清楚隐藏在自己某些购买行为背后的逻辑。

有关大脑成像的研究已经表明，理性的购物决定主要产生于大脑皮层。大脑皮层是一个只有几毫米厚的结构，上面布满了神经，构成了大脑的外膜。更多直觉性的购买决定产生于大脑深处，在一个位于大脑皮层与脑干之间的区域，被称为边缘系统（Limbic System），它是大脑中最古老的部分，不仅负责产生情绪，而且其中的一个名为丘脑（Thalamus）的区域负责处理来自我们的感觉器官、肌肉、循环系统、消化系统以及免疫系统的数据。丘脑将这些数据与存储在记忆中的信息相结合，然后赋予语言和行动感情色彩。

如何破解大脑的"双进程"？

请以尽可能快的速度回答以下问题：

- 可口可乐的常用缩写词是什么？
- 我们把青蛙发出的声音称为什么？

- 我们把一则喜剧演员所说的有趣故事称为什么？
- 我们把鸡蛋中白色的部分称为什么？

当被问及这些问题的时候，大部分人会毫不费力地快速说出答案：可乐（Coke）、呱呱（Croak）、玩笑（Joke）与蛋黄（Yolk）。但最后一个问题的答案是错的，鸡蛋中白色的部分应该被称为蛋白。这个游戏表明，我们的大部分思考是快速且无意识的。如果那些落入最后一个问题所设陷阱的人能够停下来思考一会，我想大家都会给出正确的答案。

正如德国哲学家亚瑟·叔本华所评论的那样："人们可能会相信，我们的思考中有一半发生于潜意识。我已经对一些关于理论与实践问题的真实资料非常熟悉。我并没有再次进行思考，但问题的答案通常会在几天之后自动出现在我的大脑里。不过，得出答案的机制对于我来说始终是个未解之谜，它就好像是一台附加的机器，对我说这是发生在我头脑中的无意识沉思。"

这种灵光一闪的时刻与神经科学中最非凡、最惊人的发现之一密切相关：我们每天进行的大部分思考都是在潜意识中进行的，而且在我们的大部分日常行为中，根本没有先思考的过程，此时我们采取的只是一种欠考虑的方式。

1975 年，两位率先对大脑"双进程"思考进行研究的现代心理学家迈克尔·波斯纳与斯奈德，把这种快速且无意识的思考方式命名为"自动激活"（Automatic Activation），把那种速度稍慢，经过深思熟虑的思考方式命名为"意识加工"（Conscious Processing）。这里，我用系统 I（Impulsive，情感驱动型）与系统 R（Reflective，深思熟虑型）来指代这两种思考方式。

系统 I 是一种无意识的思考系统，人类在这方面与其他动物一样，包拥有一套具有一定程度自主性的子系统。它在事物之间建立联系，发展出各个门类，然后自动将事件、人物、行为与情境归入不同类别。正如其名字所表明的那样，它的运作速率快，而且永远无法被关闭，它也非常容易被愚弄。

系统 R 是一种有意识的思考系统，它理性、富有逻辑，而且喜欢质疑。它会不断提出问题并寻找答案。它会努力控制系统 I，试图组织某些话语与行动，但通常不会成功。系统 R 的运作缓慢且重视逻辑分析。它的处理容量较低，在相当程度上要依靠记忆，而且它的能量需要比系统 I 高得多。但是，也唯独系统 R 才具有反思自身思考方式，以及对我们下决定和解决问题的心理过程进行分析的能力。

心理学家丹尼尔·卡尼曼在他的作品《思考，快与慢》（*Thinking, Fast and Slow*）中指出，内省式思考中的各类心理进程拥有两个相同特征：第一，它们都需要集中精神；第二，当注意力撤回时，它们就会中断。他解释道："我们经常用到的那个词'留心'（Pay Attention）是恰当的。你分配给各项活动的注意力是有限的，如果你试图超越自己的注意力预算，就一定会失败。我们在各项活动上投注的注意力会互相干扰，那也是为什么我们很难，或者说不可能同时做几件事的原因。"

有时候，系统 I 与系统 R 会同时运行。它们可能相互矛盾，也有可能完美地融为一体。因一时冲动而产生的念头，后来可能会继续演化成为经过深思熟虑的想法。乍一看像是认真思考过的结果，但经过仔细检查，可能会发现其根基就是一种冲动。

我们可以把这两种思考模式比喻成两种不同的呼吸方式。大部分时候，我们的呼吸过程与思考过程类似，会毫不费力地自动发生。我们的肋骨扩张又收缩，我们的横膈膜（人或哺乳动物胸腔和腹腔之间的膜状肌肉。——译者注）升起又降下，我们的肺吸入与排出空气，人类从不需要对这些维持生命所必需的动作进行思考。不过，借助几种方法，我们就可以在任何选定的时刻非常轻松地有意识控制我们的呼吸。我们可以改变每一次呼吸的深度和幅度。

同样的，尽管大部分思考是在潜意识中自动进行的，我们也能选定在任何时刻接管我们的思想，然后用一种看上去最适合的思考方式将它们引导上一条特殊的道路，这种思考方式可能是抽象推理、逻辑推论，或是凭空创造。

当人们购物时，会基于两种不同类型的记忆来选择商品。法国哲学家曼恩·德·比朗是这个领域的先驱。他很早就对这个领域进行了探索，但成果几乎已经被人们遗忘。在其作品中，他将有意识记忆系统与无意识记忆系统做了区分：一种是隐性的“敏感的记忆”，负责给予情感回应；另一种是显性的“基于习惯的记忆”，负责做出肢体动作。从那时起，已经有成百上千项研究证实了，我们可以在没有意识到自己正在记忆的情况下记住东西，而且即便是那些无法清楚回忆起来的经历，也能对我们的行为产生重要影响。

显性记忆是那种人们能够描述出来的记忆。当他们被要求解释为何选择某种品牌或是购买某件商品时，就需要借助显性记忆。显性记忆非常容易受到外界因素的影响，而且准确度有限。例如，提出问题的顺序、方式与陈述内容可能对我们给出的答案产生重大影响。有的研究已经证实了显性记忆不大可靠，随着时间的推移它可能发生变化。而且显性记忆容易产生虚构的问题，即人们会想象出一些事件来填满记忆中缺口，从而创造一个更加连贯的故事。

隐性记忆存在于潜意识，也因此无法用语言表达。人们只能通过隐性记忆间接探测到它对行为产生的影响。我将会在第 8 章中探讨潜意识信息的作用。

当消费者面对超市货架上林林总总的品牌，要决定购买哪一种时，隐性记忆会起到非常重要的作用。相比较更容易获得的显性记忆，隐性记忆可以为消费者提供更为准确的关于购买行为的观点。营销人员的任务之一就是对这一层层丰富的隐性记忆进行深度探索，以了解消费者对于品牌、产品以及整个购物体验的真实想法。心理学家约翰·巴奇认为，系统 I 型思考遍布心理与社会生活的方方面面，他认为类似伽利略所说的“把地球赶下其处于宇宙中心的宝座”，我们也应该把意识从它的宝座上赶下来。

给商品贴上“隐形标签”

看一下图 5.1 中的图案。这幅图描绘的是什么？

图 5.1 你能从图中看到什么？

假如你以前没看过这张图，那么它看起来可能就是一些无意义的黑点与白点。如果你见过，或者一旦你读了接下来的描述，出现在你眼中的形象就再也不会是那样了。这张图里有一头正在嗅着地面的豹子，它的头位于图片中部偏右的位置。

因为我们的大脑中存在许多并行的处理器，以及大量相互连接的神经网络，因此我们拥有一种能够建立模式的惊人能力。大脑能够在物体、话语、事件、物品以及不同的想法之间建立联系，这就涉及分门别类的过程。情不自禁，连续不断以及毫不费力地，大脑会将感知到的数据转化成为有意义的想法，然后把它们存放在记忆的“盒子”里。

“分门别类法运作起来就像是用一个凿子把感觉世界划分开来。”哈佛大学医学院的莉萨·费尔德曼·巴雷特说道：“这个过程引导我们关注某些特征，同时忽略其他特征。把某些东西归入某个类别是为了使它变得更具意义。”

分门别类法通过把不同的人、产品和体验放入大脑中不同的认知类别，来帮助人们理解这个世界，它也让人们变得更容易被外界影响。正因为大脑以这种寻找、匹配的方式运作，我们就都能很容易找到原本不存在关联的两件事之间的因果关系。

在一项研究中，研究者让受试者简单看了一眼一张女学生的照片。照片有两个版本，拍的都是同一个人，只是背景不同，受试者只会看到其中的一张。在第一张照片中，女学生站在一个显然十分富裕的中产阶级社区；在第二张照片中，女学生走在贫民区的路上。

然后，受试者会拿到一份已经填好的问卷，并被告知这份问卷由照片中的女学生填写完成。这份问卷的功能是评估这个小女孩的智商水平，答卷中刚好有一半的问题回答正确，另一半则回答错误。尽管问卷中没有提及他们先前看过的照片，研究者还是发现，那些看到中产阶级背景照片的人凭直觉评估她的智力水平在平均水平之上，并且预测她拥有光明的前途；那些相信她来自于贫民区的人判断，她的智商低于平均水平，而且这辈子不太可能取得很大的成功。

购物时，幻想出来的相关性会使人们在思考时带有偏见。广告业与市场营销行业已经广泛利用这种现象超过一个世纪之久。例如，消费者可能更偏爱两种运动饮料的其中一种，只是因为它的代言人是某位体坛传奇人物；或者他们会决定花费超过 3 000 美元购买一个路易威登牌手包，只是因为他们记得，在该品牌的一段广告片中，有一位名人就拿了一个相同款式的手包。其他明显的例子包括，法国时装品牌纪梵希请美国影、视、歌多栖明星贾斯汀·汀布莱克来宣传其旗下的玩酷女性淡香精；劳力士手表请“网球天王”费德勒拍摄广告；以及化妆品牌欧莱雅邀请西班牙女星佩内洛普·克鲁兹来进行品牌宣传。

广告商清楚，这种联系会在许多消费者的潜意识中唤起一种信念，即只是购买这些名人代言的产品，他们也能享受和名人一样的优越感。分门别类法能帮助人们对那些不熟悉的产品产生熟悉的感觉，这样就能增强他们对于自己行为的控制感，而且能减轻焦虑或压力的感觉。把产品分门别类的过程能够训练消费者以更快的速度，更轻松地做出购买决定。

有一点很重要，所有的类别都是正反两面相对应的，因为当人们在潜意识里构想其中一面的时候，不可能对它的反面完全不加以了解。例如，假设人们把一个心理文件夹标记为“健康”，就会把所有自己认为对健康有益的产品自动归入其中。这意味着，人们也拥有另一个标记为“有害”的文件夹，尽管大多数人可能没有意识到这个分类的存在。由此带来的一个结果就是，制造商、营销人员、广告商以及零售商可以使用简单的策略来说服人们把产品归入“健康”类别。

我曾进行过一项研究，目的是探索广告词与图像会以何种方式对消费者的选择产生影响。在研究中，我为两组受试者提供了同一种低脂胡萝卜蛋糕，但给两组的蛋糕分别贴上不同的商品描述标签，所述内容都属实。第一组的标签上插入了迷人的乡村景色图片，巧妙地暗示着健康，上面的文字是：

> 选择有机胡萝卜蛋糕，享受更加健康的饮食。蛋糕里加入了新鲜胡萝卜汁、葡萄干，以及美味的山核桃，还有特制的香料以及新鲜的鸡蛋。每 100 克含有 370 卡路里。

第二组的标签回避提及蛋糕是低脂的，而是集中描述吃蛋糕时享受到的满足感：

> 如此顽皮，却又那么美味。犒赏自己一大块诱人的胡萝卜蛋糕吧！加入了红糖、鸡蛋，以及覆盖有绵软芝士与山核桃的蛋糕甜美可口，令人无法抗拒。每100克含有370卡路里。

虽然两个标签上所标示的卡路里含量相同，但第一组标签如此描述是为了确保受试者会立马把蛋糕归入“健康”类别，而第二组标签的描述是为了引导受试者把蛋糕归入“放纵”类别。

结果饶有趣味。第一组受试者比第二组吃下的蛋糕多40%。当受试者已经把蛋糕归类为健康食品后，他们感觉自己能够毫无顾忌地大吃大喝，而无视标签上已经清晰标明的卡路里含量，他们不认为吃得越多，摄入的热量一定会更多。“享受更加健康的饮食”这句话并没有解释或限定比什么更健康，它只是授予了消费者一种控制感，这样他们就能理直气壮地吃更多。

来自伦敦商学院的埃娜·伊内西解释道：“权力与选择是支配许多人类行为的两种重要力量。已经有研究证明，获取权力，或者说对社会关系中的其他个体或是有价值的资源所进行的控制，会影响个体的决策，影响他们的行动能力，会使人们集中关注个人目标，拒绝顺从。类似的，拥有选择，或者说拥有选取更有效的行动方案的能力，也会对个体心理产生基础性的影响，主要包括增加积极影响与满意度，提高完成任务的毅力与认知能力等。”

即便很少有人意识到，但实际上这种根深蒂固的想要控制生活中每一件事的需求，几乎对消费行为的各方面都产生了非常重要的影响。在认识到这种基本的人类需求之后，制造商与零售商会采取措施来确保消费者正在控制，或者让消费者认为自己已经掌控了购物过程的方方面面，不论是在网络还是在实体店里。如果消费者决定提高我在前文中探讨的“认知流畅性”，还是有必要抱持着自己能够控制购物事件的信念。为了提高销售额，保证客户满意度，零售商必须想办法使消费者处于放松但略兴奋，冷静但感兴趣，关心而非注意力分散的状态。这些理想的心理与生理状态会受到消极情绪的严重干扰，如烦躁、愤怒、失意、悲伤，或者一种通常伴随有压力与焦虑的认为自己不够好的感觉。

让她做一个不会思考的女王吧

当人们去购物，而不只是买东西的时候，实际上他们所购买的远远不止产品本身，还包括权力感与控制感。当他们带着现金或信用卡在商店里购物的时候，可能是那一天或是那个星期中第一次感到自己完全掌控生活的时候。尽管这么想是错误的，但人们总是相信，做出购物选择的时候，其实是在行使自由意志，因为是他们客观地决定了走进哪间门店，购买哪件商品，花多长时间购物，以及何时离开。这些使人飘飘然的控制感会诱惑人们一次又一次地走进商店。

但是，消费者对公众服务机构的感觉通常来说都是虚假的。正如我将会在后文中讲述的，在一个现代零售环境中，消费者所走的每一步，所做出的每一个购物决定几乎都已经被秘密或公开地记录了下来。正如一位魔术师会让某位观众“随便”挑出一张牌，他显然允许他们做出自由的选择。同样的，即便广告商、营销人员与零售商对消费者的购物进程了如指掌，他们也能够说服消费者相信，购物进程仍在消费者掌控之中。

然而，当消费者遇到一件不常见的商品，无法将它归入任何预定的类别，或者他们看到一件自己熟知的商品，但这件商品在某些方面和他们的预期不同时，他们就不会觉得自己掌控了购物的进程。超市常会因为拒绝售卖那些超出他们严格界定的特性范畴之外的水果而受到批评，这些特性包括颜色、形状与尺寸。超市的这种做法可能被称之为保守，但有些消费者就是不愿意接受无法轻易被分类的产品。用于对产品进行分类的特性越少，消费者就越可能拒绝接受，这种拒绝通常植根于对失控的惧怕。

零售商还有一种行为可能会在无意中挑战消费者的控制感与权力感，那就是迫使他们浪费不必要的时间来排队。被滞留在收银台，或是当消费者想要获取某位销售代表的帮助时被拖延，都会触发许多消费者产生无能为力的感觉。

购物是调控压力的一种重要方式。消费者可能不会清醒地意识到压力的存在，但是它肯定会对消费者的行为、心情以及他们对购物体验的评价产生潜在影响。

适用于现实世界的规则在网络世界里也同样重要。亚马逊之所以能取得卓越的商业成就，原因之一就是它能够做到让网站上的所有事务以尽可能迅速、简洁、自然的方式来进行。结果可以说明一切。亚马逊创建于 1995 年，这家公司花了两年时间让销售额突破百万。又过了半年，销售额达到了 200 万。6 年之内，它成为了首家能够证明“通过网络可以获取丰厚利润”的企业。

尽管亚马逊的高管不愿意说明公司凭借其个性化推荐算法赚取了多少收益，但他们曾多次指出这种算法是公司获取成功的关键。亚马逊创立的“一键下单”购物模式让消费者能够在最短时间内完成交易，亚马逊也借此证明了自己深谙赋权之道。

虽然许多零售商认为有必要为消费者提供充足的选择，但当诸多的选择导致消费者在下决定时需要投入过多认知能量时，实际上这相当于剥夺了人们的选择权。

这些选择会导致消费者停下潜意识驱动式的购物，而不得不进行理性的、有意识判断。

节省心智能量的六个购买捷径

大脑也会通过应用潜意识经验来节约能量，我们称之为启发法。这个意为“决策捷径”的词是从意为“发现”或“寻找”的希腊词汇那引申而来。

人们通过经验习得其中一些捷径，其他捷径则由基因决定。大脑中存在一些遗传密码，反映了远古时代人类祖先的生存需要。当人类正在非洲东部的热带草原上进化时，草原上存在许多致命的物理威胁，因此人类的人脑发展出了一些能够让个体非常迅速地做出判断与下决定的机能。“惊跳反射”（Startle Response）就是其中的一种，它能使我们从一种放松的状态立刻转入高警觉状态。在每个灌木丛背后都可能隐藏着危险的环境中，这种能力有时能够决定生死，它能够让人类以最快的速度和最节约能量的方式做出反应。

尽管启发法被广泛使用，且常被视为与常识无异，但它也可能导致错误的发生。例如，如果你刚才抛了 30 次硬币，每一次硬币落地时都是正面朝上，你就可能会认为下一次抛硬币的时候背面朝上的概率会比一开始的概率大得多。假设那是一枚普通的硬币，抛硬币的过程也符合规则，实际上抛第 100 万次时背面朝上的概率依然和第一次时背面朝上的概率相同，都是 50%。

据丹尼尔·卡尼曼与阿莫斯·特沃斯基所述，当大脑需要处理大量信息和不确定性，且时限短暂的情境中，人们尤其可能使用启发法，因此这种方法会在当今这个快节奏社会中持续对消费选择产生深刻的影响。以下是 6 种消费者会在做出购买决定时广泛使用的心理捷径。

温暖即安全，安全就会放松

为了生存与成长，每个婴儿都需要食物与安全舒适的环境。通常来说，他们通过贴近母亲的身体来满足这些需要。这种行为创造出了一种联系，发展成为两条思想规则：一，如果靠近母亲，就会感到温暖，如果感到温暖，就会觉得安全；二，如果远离母亲，就会感觉到冷，如果感觉到冷，就会觉得不安全。随着婴儿逐渐长大成人，这些思想规则会简化为：

- 温暖即安全，安全就会放松；
- 冷就是不安全，不安全就紧张。

到 5 岁的时候，我们会在头脑中把温暖与社会包容，以及寒冷与孤单紧密地联系在一起，以至于再也无法清楚区分情感和身体的感觉。例如，我们会说，某个人给我们一种温暖的感觉，但是对于那些不喜欢的人，我们就会“给一个冷肩膀”（Give a cold shoulder, 意指表现冷淡。——译者注）；我们不喜欢的人会被称为“一条冷鱼”（A cold fish），这个人会因此受到冰冷的对待（A frosty reception）；我们喜欢的人可能会被形容成为“热力人物”（Hot Stuff）。我们可能会在开始第一份工作时内心燃烧着熊熊烈火，然后遇到了冷若冰霜的同事，最终被冷落。并不只有英语对这些生理与情绪之间的联系进行了描述，法语、意大利语和德语都有相应的说法。

研究发现，我们对他人的判断不仅仅是根据表面看来他们在情感上有多么温暖，也会根据我们感受到的真实温度。换句话说，如果我们和某个人第一次会面的场所是一个温暖的房间，那么我们可能会更喜欢那个人。甚至是手里拿着一杯温暖的饮料，也会即时增加陌生人之间的好感，不论那种好感存在的时间有多么短暂。

零售商会确保商店内的温度恒定在一个让人感觉舒适的水平。既要保证消费者所处的环境足够凉爽，以利于让他们保持充沛的精力，同时又不能太冷，这样消费者才会有“温暖”的购物体验。我将在下一章探讨购物时温度与湿度的重要性。

应该指出的是，加入某个群体会让我们在生理上感到温暖，而被排斥则会让我们感觉冷一些。这就是人们追随时尚，并被某些品牌吸引的一个主要原因，即为了让自己与某一个他们认为特别想要加入的社会群体产生身份认同，并因此被接纳。从这层意义上说，消费者使用什么品牌的产品，就代表自己是这个品牌的代言人。对奢侈品来说尤其如此。约翰·兰彻斯特是小说《资本》（*Capital*）的作者，这部作品讲述了引起 2008 年金融危机的道德风气："我们知道，奢侈品是一种国际语言。价格是为那些超级富人定下的，他们并不真的在乎买一样东西需要花多少钱。实际上，他们希望这些奢侈品的价格更高些，因为高价格意味着只有少数人才能消费得起。"

以能够承受的价格获得了进入高级俱乐部入场券的感觉，使得那些搜寻折扣名品的消费者产生了生理上的兴奋感。

熟悉的就是好的

人们在决定如何购物时，习惯的作用十分强大。他们倾向于以一种可以预测的模式在熟悉的商店内移动，那也是为什么大部分人会讨厌改变商品陈列位置的原因。人们也会选择熟悉的产品，而且常常很不愿意偏离一份已经非常周全的购物清单。

这里使用的启发法主要是一种识别规则，它与信息处理的难易程度或流畅度相关。我们曾在谈及内森·诺万姆斯基关于字体的研究时提到过这一点。如果消费者面前放着两件商品，一件是他们熟悉的，另一件是不熟悉的，那么这条规则会使消费者认为，前者比后者更合适。例如，当人们购买一种洗涤剂时看到了一个熟悉的品牌，它的旁边摆放着一个新品牌出产的洗涤剂。启发法会促使消费者把能立刻识别出的品牌放进购物篮，同时忽略旁边那种更便宜、更好用，但是没那么熟悉的产品。启发法代表了系统 I 的思考模式，因为根据习惯购物，相比权衡不熟悉产品的优缺点，能够为消费者节约不少心智能量。在理解与评估一件产品时，消费者所需要花费的心智能量越少，就越有可能选择它。

这就解释了为什么某个品牌在电视广告中重复出现，虽然会让大部分电视观众恼火，但这实际上是一种非常有效的营销方法。口水歌也是一样的道理，“耳虫”（Ear Worm）会挖出一条通往我们大脑的通道，一经进入，就很难被赶走。在接下来的章节中，我会以一位神经营销学家的视角，对电视广告和口水歌的力量给出更多解读。

群体思维，有样学样

简而言之，所谓的“有样学样”就是：看别人正在做什么，然后做同样的事情。这种状态深深根植于大脑中，它源自一种与生俱来的想要被他人接受，并被视为正常的需要。

从很小的时候开始，人们就会把自己定义为各类社会群体的一员。起初是我们的直系亲属组成的家庭，我们在那里习得并完善了赢得关注与获得赞许的策略，例如微笑、大笑、流泪、发脾气。随着我们逐渐长大，我们所属的社会群体扩展至老师和同学，工作中的雇主与同事，以及朋友与邻居。我们倾向于想要表现得和那些人一样。“猴子看见了，猴子就会照做”（Monkey see, monkey do），也被称为模仿启发法，它解释了人们想要追赶潮流以及接受新事物的愿望。与他人同步会让人感到比独自行动时更加强大、勇敢与自信。

应用这种启发法可以减轻压力与焦虑，增强消费的欲望，而且人们会因为感到安全而做出更冒险的决定。它也会在心理上培养一种群体思维，在这种思维下个体既可以放弃个人对自身行为所负有的责任，也可以更加确定他们正在做正确的事情。如今军队依然把大量的时间与精力用于训练新兵齐步前进上，宗教会把反复吟诵与歌唱圣诗加入固定宗教仪式中；消费者会彻夜排队购买刚发布的游戏机、平板电脑或手机。这些现象的原因之一就是每个个体都拥有强烈的群体思维。

为了探索隐藏在与“同步性”相关的广泛存在的文化仪式背后的原因，斯坦福大学组织行为学系的斯科特·维尔特姆与奇普·希斯进行了一项研究，让一些志愿者参与几项提高“同步性”的测试。测试内容包括：保持统一步伐在校园里行走，以及边随着乐曲打拍子边齐声唱歌。另有一批志愿者会参加相同的活动，但不会让自己的行动与他人呈现同步性，例如在校园里悠闲散步，或是各自安静地听音乐。

研究者发现，相比行为没有保持同步的小组，“同步性小组”在协同工作时效率更高，而且组员的想法会更加接近。维尔特姆解释道：“这种当人们与其他人同时移动时所产生的肢体同步，已经被证明能够引发积极的情绪，弱化个人与群体之间的界限，导致‘集体欢腾’（Collective Effervescence，一种在人群聚集时激起的情感能量。——译者注），这种感觉能够让群体保持凝聚力。”

对于广告商、营销人员以及零售商来说，模仿启发法具有非常重要的意义。Facebook 上的大量用户只是因为看到了某个好友的推荐，就被说服去购买一件商品、阅读一本书、看一场电影、下载一首歌、推荐某条微博，或是为某个帖子点赞，然后更多的人就会紧随其后。

但是，这里面隐藏着一个诡计。购买并使用那件产品的人肯定会被购买了相同产品的消费者视为同类。如果“非我族类”也在使用那件产品，其销量可能会受到影响。通过他们对广告媒介以及商铺位置的选择，品牌营销人员努力把销售的“利剑”直接指向目标人群。同时，他们也会采取措施限制那些被视为异类的消费者接触到这些产品。

我在多年前就已经感受到了一些公司想要管理他们客户的积极程度。一家奢侈品生产商曾委托我进行一项研究，试图发现在图像、台词以及音乐方面，何种设计对于蓝领工人的吸引力最低。

品牌经理解释道，他们会利用这些信息来制作一系列广告，设法把蓝领工人群体和购买他们产品的群体区分开来。我们按其要求找出了一长串“拦路虎”，包括黑白摄影，长镜头配合慢节奏的剪辑，以及无调性音乐（现代主义音乐创作手法之一，无调性是指音与音之间缺乏调性感。——译者注）。不过这些信息是否曾被用于创造世界上首个“反宣传”广告，我就不得而知了。

有一次，我的一位记者朋友在休假期间前往英国东海岸一个过时且有些穷困的海滨度假村，在那里，她遇到了一个销售管理的实例。她走进了位于主干道旁一条分岔路上的连锁零售药店，想要购买一瓶昂贵的名牌香水。“恐怕我们没法提供这种香水给您。”销售助理表示非常抱歉，“曾有过一些顾客想要购买它，但是生产商不对这条街供货。”

“我们两个形成了一个群体。”古罗马诗人奥维德在《变形记》（*Metamorphoses*）中写道。感谢社交媒体，如今个体所认可的东西有时候可以形成一个群体，从而让一个人成为明星，或是确保一种新产品大卖。

锚　定

正如我在第1章中提到的，锚定是一种重要且意想不到的经验法则，由丹尼尔·卡尼曼与阿莫斯·特沃斯基于20世纪70年代末发现。为了理解锚定，下次当你和一群朋友在一起的时候，你可以尝试进行这项简单但富于洞察力的实验。让其中一半人按照升序，把以下数列中前8个数字全部相乘，例如1×2×3×4……，另一半人则按照降序，把以下数列中前8个数字全部相乘，例如8×7×6×5……。分别给两组人5秒钟的时间来算出答案。

显然，在时限这么短的情况下，两组人都只能猜出一个答案。令人觉得奇怪的是，升序组给出的数字要比降序组明显小很多。在其中一组实验中，升序组给出的平均结果是512，降序组的是2 250，而正确答案都是40 320。

为什么两组人猜测的数字会出现如此大的差异？我们可以在锚定启发法中找到答案。当人们被要求在仅有的几秒钟内得出一个答案，人们必须对结果进行估算。将数列中从左至右的最初几个数字相乘，升序数列的结果（例如 1×2×3=6）肯定比降序数列的结果（8×7×6=336）要低，因此升序组所估计的最后结果也会比降序组要低。

来自德国维尔茨堡大学的比尔特·恩利希进行了一项研究，对这种心理捷径使绝大多数人，甚至富有经验的专家在判断时产生偏差的方式进行了详尽的说明。他让一群拥有 15 年经验的初审法官在一种假设情境下进行判决。提交给所有法官的证据与关于被告的背景信息都一样，然后法官们被指示掷一个骰子。研究者事先已经对骰子进行了加工，能掷出来的点数不是很小就是非常大。

结果发现，法官所掷出的点数对于他们的判决结果影响显著。当某位法官掷出了一个很小的点数时，他判决男子在监狱服刑的时间显然要比那些掷出很大点数的法官要短。这说明了，即便当数字与所做决定完全不存在任何联系时，依然会对结果产生影响。

零售商将锚定启发法视为一个隐藏的说服者，用于影响消费者判断一家商店是否提供了与商品价格相当的价值。影响方法之一就是利用所谓的“目标商品”或是“价值已知商品”（KVIs）。价值已知商品包括一些基本食品，如牛奶、面包、 豆以及香蕉。超市把这些食品称为“客流制造者”，因为消费者需要频繁地购买它们，而且他们对这些商品的价格最为敏感。

尽管一般消费者对于价格的觉知容易被限制，但大部分消费者确实知道这些需要定期购买的商品的价格，并且能够与其他商店的价格进行比较。超市通过把基准化的“价值已知商品”按照其原价值，或是低于其原价值销售，确保价格被人为地保持在一个比较低的水平，这样就能够运用锚定法来说服消费者，超市里所有商品的价格与价值之比都与之类似。这有助于让消费者相信，商店和消费者站在同一边，正在努力降低人们的生活成本。

乐购超市（Tesco）的口号“点滴皆有助益”，这是一个最佳的承诺例证。这家“物美价廉”的超市之所以多年来深得英国人信任，零售商与广告商都认为这句承诺功劳甚大。

毫不费力地被想起

许多购买决定的做出都基于消费者对相关商品或信息的获取程度。这源自于一个事实，即消费者假设他们最容易想起来的事物一定是重要且值得注意的。销售人员都知道，最容易买东西的消费者是提供了实践这条规则的人。一位消费者的脑海中越是准备好了浮现起某个品牌的名字，他就越可能选择这件商品，而且相比较一个不那么容易被记起的竞争对手品牌，消费者会对这个容易记起的品牌更加珍视。

人是社会性动物，遗传密码决定了人们对故事的反应，特别是那些能够激起强烈情感的故事。创造一个以产品为主题，且能够唤起强烈情感的故事,然后把故事浓缩为一句简单而容易记起的广告词,如“每天吃一块玛氏巧克力，保你工作、休息、娱乐随心意”“吃了鸡蛋工作真带劲儿”“黑啤酒益处多多”“埃索的标志意味着快乐驾车”等，广告商会想方设法让人们毫不费力地想起他们的产品。

有钱才任性

用你花了几个小时赚到的100美元去买一件商品，和用别人送给你的100美元去买东西，你的感觉会有所不同吗？研究者认为，尽管大部分人想要确保他们辛苦赚来的钱都被用在刀刃上，同时大部分人也会乐意把一笔天上掉下来的收入用于更加无关紧要和任性放纵的购买行为上。

正如我在本章开头时提到的那样，有些消费者即便在日常购物时都会思虑很多，但大部分消费者既没有时间，也不愿意如此深思熟虑。当购买汽车、照相机或是电脑时，有些消费者可能会获取一些能够指导购物选择的专业知识，但多数购物活动是在消费者几乎对产品一无所知的情况下进行的。只有极少数人充分了解物质的组成，从而能够评估不同品牌的香皂或是牙膏；也只有极少数人拥有丰富的营养学知识，能够在诸多加工食品中做出区分与选择。结论就是，大部分消费者没有多少选择权，他们只能依赖于不断被扩展的启发法，或是一些其他的心理捷径。

我将会在下一个章节中介绍，零售商是如何通过利用与操纵这些潜意识，来鼓励消费者在商店里停留更长时间，当然，目的是为了让消费者在停留的时间里花掉更多的钱。

第 6 章
血拼天堂“刷”机四伏
购物环境的说服力量

当灯光明亮时，消费者更愿意在主色调为蓝色的商店里消费，当灯光柔和时，他们却更喜欢在橙色的商店里花钱；公交车上的甜甜圈广告里会夹杂着咖啡的醇厚香气；书店里喷洒巧克力的香味时，美食类书籍和言情小说的销售量竟然提高了 40%。

通过对建筑、设计、照明、音响以及气味的精心设计，零售商创造了一种让人欲罢不能的购物环境。

消费者得到的总会比他们期待的多，因为产品或服务总会伴随着某种体验。

——L.P. 卡蓬（L.P. Carbone）S.H. 黑克尔（S.H. Haeckel）

《塑造顾客体验》（*Engineering customer experiences*）

7 月中旬的伊斯坦布尔烈日炎炎，这天我计划前往举世闻名的土耳其最大室内集市大巴扎（Grand Bazaar）购物。出发前，我和同事在一家传统咖啡店待了一小会儿，为的是给自己提提神。这家灯光昏暗的咖啡店里烟雾弥漫，空气中混杂着水烟与甜咖啡的馥郁香气。侍者手托装饰华丽的铜盘，铜盘上紧紧挨放着一杯杯土耳其黑咖啡，还有水烟以及烟管。侍者在低矮、排列紧凑的桌椅之间熟练地迂回前进着。

倚靠在舒适的扶手椅里，我们边小口喝着手中的热饮，我的朋友以及国际思维实验室的伊斯坦布尔同事，亚武兹·巴伊拉克塔尔和乌尔·埃尔多安博士边为我们概括大巴扎的漫长历史。修建于 1455 ~ 1461 年的大巴扎正如其名字在土耳其语中的含义，是世界上最大的以及最古老的室内市场之一。这个市场是由“征服者”马哈穆德苏丹（Sultan Mehmed the Conqueror）下令修建，为的是贮存与销售每天由欧洲与中东的马队与骆驼队运载而来的商品。大巴扎拥有迷宫般令人眼花缭乱的 61 条街道，约 4 000 间商店，4 处喷泉，两座清真寺以及数不清的咖啡店、酒吧与餐馆。如今，共有 26 000 人在大巴扎工作，在生意繁忙的一天，大巴扎的访客数量会超过 500 000 人次。

大巴扎里的许多通道都有着拱形圆顶，走进其中的一条，你就仿佛回到了那段古老的时光。阳光穿透嵌于高高屋顶上的狭窄的拱形窗户，空气中弥漫着醉人的异国香气。迷宫般的狭窄街道与曲折小巷令人眼花缭乱，其中许多街巷用精心制作的马赛克拼贴进行了装饰，蓝色、白色与赭色随机排列在一起。大部分商铺直接把商品堆放到了拥挤的街道上，从地板到屋顶堆满了五颜六色的地毯、丝绸、刺绣、陶器与珠宝。如果一位腓尼基商人从公元前2500年乘坐时光机来到大巴扎，那么他可以即刻在这里开始做生意，不会感觉到自己身处于另一个时代。大巴扎拥有的独特氛围是一种趣味、惊奇、神秘与发现的混合体。

几小时后，我在伊斯坦布尔的市中心体验到了另一种非常不同的购物环境。西瓦希尔科（Cevahir）购物中心，名字的意思是钻石或珍贵的宝石，它建于2005年，耗资2.5亿美元，是欧洲最大以及装饰最奢华的购物中心之一。西瓦希尔科购物中心的总占地面积约为41.8万平方米，拥有343间商店、34家快餐店、14家世界一流的餐厅、12家电影院、一家儿童餐厅、一家保龄球馆、一架过山车、一个戏剧表演舞台、一个主题游乐区，以及2 500个停车位。购物中心在其玻璃屋顶上安装了世界第二大的时钟，最长的指针长达3米。中庭的设计就好似一个绿洲，里面种植着高大的棕榈树，还有流水穿行其间。远处的地面上铺设着白色的大理石地板，宽阔的街道上耸立着一根根镀金柱子，上方还有宽敞的玻璃露台。

西瓦希尔科购物中心的氛围与大巴扎截然不同。这里空气凉爽，没有旧市场里那种醉人的芳香。这个像大教堂一样的消费场所里弥漫着用以调节空气的香氛，还夹杂昂贵奢侈品与金钱的气味。西瓦希尔科购物中心当然是一个为公众建设的场所，但它并不是一个公共场所。在这里，大巴扎街道上熙熙攘攘的混乱被秩序与控制所取代。要进入这个购物中心，所有消费者必须首先经过一个和机场类似的安检区域。手提包和随身行李都要通过X光扫描仪的检查，每一位来访者都要经过金属探测器与武装守卫的仔细检查。整个购物中心的安全等级很高，在我刚拍下几张照片后不久，一位身着制服的安全警卫就来到我身旁，警告我这里不允许拍照，让我把相机收好，否则就要没收它。

我喜欢大巴扎的独特氛围，喜欢那里的热闹、嘈杂与熙攘；喜欢那里刺鼻的芳香，涌动的人潮，以及一束束灿烂的阳光；喜欢它雕梁画栋的石头拱门，精心制作的马赛克装饰，拱形天花板以及色彩鲜艳的各类商品。我曾游历过中东以及远东的类似集市与露天市场，发现它们的这种独特的、无法预测的，有时候混乱无序的购物体验也正是其魅力所在。遗憾的是，它们注定成为零售业的一页历史。

就像世界上其他地方的现代购物中心一样，西瓦希尔科购物中心可能代表着零售业的未来：为了大量制造“超真实”的体验，零售商进行了详细的规划。通过对建筑、设计、照明、音响以及气味的精心设计，零售商创造了一种鼓励消费的氛围，在这种氛围中，购物变得尽可能简单、放松、舒适、安全、可预测以及从零售商的视角来看有利可图。

把乏味的采购变成绝美的体验

30 多年前，美国西北大学的市场营销学教授菲利普·科特勒创造出了“氛围”这个词。他将其定义为：“对于空间的有意识设计，用以在消费者的内心产生特定的情感效果，从而提高其购买的可能性。”

科特勒的观点是，用科学设计的多感官购物体验来取代像伊斯坦布尔大巴扎那种市场的随意性与特殊的自发性。尽管科特勒的观点曾引起一些零售商的兴趣，但是他们无法改变自己的大部分行事方式。直到 20 世纪的最后几年，零售商才幡然醒悟，对此西肯塔基大学（Western Kentucky University）的 L.W. 特利与罗纳德·明德如此表述：“如果消费者在购物时会受到物理刺激的影响，那么，创造有影响力的环境应该成为大部分交流环境下的一种重要的市场营销策略。特定元素的氛围并不总是会对消费者产生明显的影响。有时候，零售环境中一些微小的变化，就足以改变消费者在购物场所内的表现。”

零售商的态度之所以最终会改变，部分原因是因为大多数零售商意识到需要通过让自己变得与众不同来吸引更多消费者，部分是因为科学家越来越多地认识到，消费者做出购物决定主要是被潜意识与情感所驱使，而非理性的选择。大多数零售商越来越多地认识到，为了培养消费者的忠诚度，同时保持盈利，他们必须设法把购物从一种无法避免的家庭杂务转变成为一种有益且有趣的体验。

早在20世纪80年代，就有一些研究者提出，消费者真正想从购物中获得的是愉快与兴奋。1982年，来自哥伦比亚大学的莫里斯·霍尔布鲁克与来自纽约大学的伊丽莎白·赫希曼证实了一个论点，即消费者真正想要的是“有趣的休闲活动、感官愉悦、白日梦、审美享受，以及情感回应，一种由我们所谓的‘经验观’所产生的幻想、感觉以及乐趣的稳定感”。但是，科特勒的关于氛围的阐述以及将购物定义为一种改善情绪状态的娱乐体验的观点，直到21世纪初才最终进入大型零售商的视野。

英国蓝水购物中心（Bluewater Shopping Centre）位于伦敦以南，它的设计初衷应该是想创造一种环境，使消费者身在其中时感到既放松又活跃，既安心又略兴奋，既舒适又很感兴趣。零售专家尼克·桑顿是蓝水购物中心的设计者之一，他在全球购物中心开发方面拥有丰富的经验。他解释道：“顶级零售场所有三个共同点，它们都提供完美的商品、环境与购物体验。在过去，零售行业把商品和环境视为关键因素，而体验只被视为偶然事件。零售商认为，如果在商品与环境上做到极致，良好的购物体验也会随之而来。”

多年来，世界上所有购物中心的商品与环境水平都在不断提高，要在竞争中凭这两点脱颖而出变得难上加难，因此购物体验突然变得重要了许多。

体验的线索可能是微小到难以察觉的印象，也可能是极其明显的印象；它们可能是偶然发生，或是有目的设计的；也可能作为孤立的事件存在，或是作为管理下的群组存在。在传统商店中，体验的线索大部分以一种随意的，无组织的方式存在；而现代购物中心则对体验进行了精密的设计。体验的线索有两个来源：人和技术性细节。

“人”指的是消费者在购物过程中遇到的及与之发生互动的人，包括销售人员与其他消费者。技术性细节包括购物场所内的所有景象、声音、气味、口味以及材质，建筑景观的修建方式，购物中心内部商店的布局，以及店内的商品陈列。

首先，让我们来考察一下氛围控制中最棘手的部分：人的态度与行为。

迪士尼与“白苹果”：极致的款待

在消费者体验方面，迪士尼公司是世界公认的大师。我曾多次前往几家位于美国佛罗里达与加利福尼亚的迪士尼乐园进行过专业调查，每次都会对其员工的乐于助人感到印象深刻。如果考虑到奥兰多迪士尼世界拥有超过 55 000 名员工，你会发现他们的服务具有惊人的一致性。迪士尼公司成功的秘密在于，谨慎的招聘与密集的培训。这种培训如此具体，以至于一位前迪士尼乐园的雇员在向我描述这种训练时将其称为一种精细化的“行为控制”。

迪士尼乐园的工作人员在公司内部被称为剧组成员而非雇员，他们不大像是去工作，而像是上舞台表演。就像一出戏剧中的演员一样，他们要为自己的角色进行试演，身穿戏服，手持道具，在出演角色之前精心排练。为了确保他们能一直处于表演状态，许多人不仅会记下一个剧本，例如那些在幽灵公馆（Haunted Mansion）中扮演女佣与管家的人，也会对其中诸多迪士尼角色背后的故事进行了解。为了避免因看到参演人员身着他们的日常服装而使游客对角色的幻想破灭，这个魔法王国为其员工配备了一条长达 3 000 米的隧道，既能保证他们迅速到达表演场地，又能避免他们在非工作时段与游客接触。

另一个极其看重员工培训的零售巨头就是苹果公司。从某种角度来看它是幸运的，因为至少在我写作的这个时刻，各个年龄段中聪明且善于表达的人都已准备好排队争取一个在这家公司工作的机会。有个人半开玩笑地对我说："要获得一份苹果公司的工作比被哈佛大学录取还要难。"

在通过严格筛选，穿上苹果公司神圣的蓝色T恤，接受那份职位名为"天才"的工作之前，这些准员工会被送去参加一个为期两周的心理训练营，着力教导他们如何确保每一位踏入商店的消费者确实感受到了自己正在度过美好的一天。天才培训手册上全面列出了所有苹果员工该做与不该做的事，包括禁止说出的词汇及一些训练课程，教授他们如何识别与引导顾客的情绪。永远不该说出的词汇包括"崩溃"与"故障"，因为苹果电脑永远不会崩溃，它只是暂停响应，软件也永远不会出现故障，而只是遇到了一个问题，一种特殊状况，或者是一个困难。

在Gizmodo.com网站上，萨姆·比德尔把天才训练手册描述为"一份用于理解消费者并且让他们感到快乐的详尽指南"。几乎整本手册都致力于讲述如何做到同理、安慰、使顾客高兴以及平息各种天才吧(Genius Bar，苹果零售店里的一项独具特色的品牌服务，以一对一的方式为顾客提供技术咨询和售后服务。——译者注）里的矛盾。其假设似乎是，消费者感到高兴就会购物。不论苹果零售店的表现有多么像某种微笑着的志同道合的电脑公社，它归根结底也只是一家商店，一家把许多精力用于了解消费者的脑袋里在想些什么的商店。

比德尔认为，手册中表达的基本观点是，要表现得既有同情心又坚定，既不强势又要发挥说服力，通过感同身受进行销售。当一位"天才"实行"五步服务法"时，销售进程就开始了，手册中将其总结成为接触、探查、呈现、倾听与收尾（原文是Approach, Probe, Present, Listen, End，5个首字母相连即APPLE。——译者注）。在最初的接触之后，工作人员就会以一种放松与友好的方式，与消费者共同探查其需求与关注点，并向消费者呈现一些建议，仔细倾听消费者心中的任何问题或疑虑。他们常会在推进这些步骤的同时使用一种非常古老，但积极有效的销售技巧，他们将其称之为“感知、感受发现法”。以下对话演示了它是如何发挥作用的：

消费者：“我很喜欢这台新的 iPad，但是我一直都把鼠标连接在电脑上使用，没有鼠标我会不习惯。”

工作人员：“我明白你的感觉，我刚开始使用平板电脑的时候也有同样的感觉。但是我很快就习惯了没有鼠标的状态。”

交易通常会在那个时候达成，销售进程也因此收尾。“每一位苹果用户都有很强的权力感。”比德尔说，“但实际上一切尽在工作人员的掌控之中。”

所有的销售人员都有能力通过相当微小的非言语行为将一次不错的服务转化为很棒的服务。开放式的肢体语言、适当时候的轻微肢体接触，或是一个简单的微笑都可能完全转变消费者的购物体验。这些表现会让人们感到自己被包容和接纳，因此会在潜意识中感到被赋权。这种表达同理心的方式通常可以触发同样积极的回应。

韩国学者金尤金与尹大卫曾在韩国首尔的一家大型购物中心进行了一项关于消费者与销售人员互动的研究。他们发现，销售人员状态越积极，消费者的状态也会越积极，而且会给予善意的回应，从而让双方都对这次交流感到愉快。

随着信息的全球化，消费者也越来越国际化，零售商很有必要去理解不同的文化需求、期望与要求。为了解这对于 21 世纪的人类学来说意味着什么，我与两位世界领先的专家进行了交流，他们是拉加代尔集团（Lagardère Services，世界旅行零售业先锋，在全球各大机场、火车站、地铁站等交通枢纽经营最大的书店、便利店、纪念品商店的零售集团。——译者注）服务业务部负责人的达格·拉斯穆森与文森特·罗迈特。这项专门为旅游人士服务的业务年营业额超过62亿美元，在四大洲的20多个国家拥有零售店铺。拉加代尔巴黎总部位于拜伦勋爵街2号，距离香榭丽舍大街不远。在那里，达格与文森特向我讲述了集团面临的挑战，即为来自世界各地的客户服务，同时确保每一家位于机场的零售店内供应本地产品，创造出一种名副其实的当地氛围。

文森特阐述道："我们制订了许多不同的经营方案，其中一些结构性非常强，像是努力与机场交涉，确保获得最佳的店面位置等。关于这方面一个很好的例子是，近期我们已经在一个候机楼创造了一家通道式商店，那意味着，基本上你可以保证100%的乘客都会直接与产品进行接触。要创造出这种将旅客转化为消费者的能力，我们需要对员工进行培训。你需要确切地知道当销售人员走近一位日本客户时他会如何反应，以及当销售人员走近一位美国客户时他心里会怎么想。"

达格概括讲述了公司是如何为大量中国客户提供服务的："他们在国外时的消费表现与在国内消费时不太一样，而且他们肯定和法国消费者或是意大利消费者不同。来自亚洲的消费者希望获得更多的服务，来自欧洲的消费者通常不希望被人打扰，并且不希望有一位非常积极的销售人员跟着他们，但当他们想要寻求销售人员的帮助时，却希望销售人员就在不远处。亚洲消费者想要和销售人员更亲近，因此我们会用一种非常具体的方式来培训我们的员工，这样才能给各种类型的客户提供令他们满意的服务。"

文森特点头表示同意，并指出对细节的关注十分重要，例如如何问好与告别，销售人员如何表现自己。"对于所有的环节来说，接待不同国家顾客的具体细节都不尽相同。"他说道。

拉加代尔公司会非常努力地让每一家机场零售店都给人一种很强

的根植于民族文化的感觉，公司也知道客户更愿意接受本国同胞的服务。达格指出："我们的出手阔绰的客户是亚洲人、俄罗斯人以及英国人，所以我们会雇佣来自这些国家的员工。如果商店里来了一位俄罗斯客人，那位来自俄罗斯的店员就可以与他互动。如果来的是中国客人，中国店员就可以登场，因此我们需要的是能够与顾客完美互动的员工。"

这种对于细节的关注可以收获高额回报。达格微笑着回忆道："曾有一位中国店员与一位中国客户成交了有史以来金额最高的订单。24 瓶上等葡萄酒，总价值 18.7 万美元。"

怎样切换到“机械地购买”状态

迪士尼公司也很擅长把控技术性细节。例如，从游客驶离 4 号州际公路，进入迪士尼世界的时刻起，接下来他们所体验到的方方面面，即便是最微小的细节都在工作人员的掌控之中。当游客进入迪士尼乐园的时候，他们会发现自己走进了一个三维的幻想世界，但通常它们自己不会意识到这一点。从入口向前，眼前是一条长长的，热闹非凡的林荫大道，街道两边满是五彩缤纷，引人注目的景点。然而，外观是具有欺骗性的。街道可能是热闹非凡的，但其实它并不长。

尽管主街看上去是水平的，但实际上它是一个微微向上倾斜的缓坡。主街的缓坡与外立面轻微倾斜的建筑一起创造出了一种被称为“强行透视法”的视觉效果，它会人为地创造一种对深度与距离的错觉，导致物体看起来比其实际状况更远更小，或者更近更大。因为好莱坞的电影普遍运用这种方法，因此它也被称为“好莱坞透视法”。这种错觉会让游客在第一次到来时把主街看得更长，但是当他们玩了很久，满身疲惫地将要离开时，主街又会变得比其实际长度更短。灰姑娘城堡（Cinderella Castle）也使用了“强行透视法”，那已经足够令人印象深刻的约 57 米的城堡也因此看上去更高。顶部尖塔实际上只有它看上去的一半大小，建筑其他部分所呈的角度与比例都是为了制造一种更远，更高的错觉。

人群管理是确保游客拥有愉快消费体验的另一个关键点，迪士尼也对此进行了专业规划。公示在每个景点门口标牌上的排队时间都特意计算得比实际等待时间稍长一些。如果标牌上写明你需要排队等待15分钟，那就意味着你可能会在10分钟之内进入景点。如果标牌上写明排队时间是10分钟，而你等待了15分钟还没有排到队伍的最前端，那么许多“来宾”将会感到愤愤不平。感谢这条简单的人群心理学原理，让每个人都感到心情愉快。

迪士尼对于技术性细节投入了大量的时间与金钱，其“幻想工程师”，即那些负责想象与设计迪士尼景点的设计师，也拥有非常高超的技艺。能够与迪士尼乐园旗鼓相当的购物中心和超级市场寥寥无几，但是许多公司确实在发展自身的技术性细节时把它视为榜样。完善的技术性细节能够提高购物流畅性，从消费者踏入迪士尼乐园的那一刻起，这些技术性细节就已经开始发挥效用了。

正如我们会根据外包装来评判一件产品那样，零售商明白店铺的外观会给消费者提供第一条暗示，据此消费者可以对店内商品进行推测。在蓝水购物中心，尼克·桑顿让我留意观察栽种在停车位两侧的大量绿色植物。在建造购物中心时，他们在那里栽种了超过100万棵矮树丛、灌木丛以及乔木。他阐述道：“我们想要确保酒店附近一整年都有色彩，但是我们也想创造一个安全感十足的绿色环境，希望妈妈和孩子在天黑以后身处停车场时感到安全与放松。矮树丛不会高于你的腰部，乔木的树冠则不会低于1.83米。这意味着，在全年的任何时候，不论人们看向何处，他们都会看到绿色植物与其他色彩，同时他人不会有任何机会躲藏在他们的视线之外。”

为了将人与技术性细节相结合，共同发挥他们在销售方面的说服力，公众必须首先拥有正确的心态。这种转变从他们踏入购物场所的那一刻就已经开启，通常会在 30 秒内构建完成。人们以现代购物中心的创造者，奥地利建筑师维克托·大卫·格鲁恩的名字为这种转移命名，称之为“格鲁恩转移”（Gruen Transfer），它指的是当你走进一家购物中心时，在你身上发生的微小的心理或生理变化。

在转变的过程中，消费者的轻快步子会变成缓步闲逛。当他们正在适应光线的变化时，瞳孔会相应地扩张或收缩，各种芳香会飘进他们的鼻腔，多种声音会侵袭他们的耳朵，他们全身都会感受到周围环境中温度与湿度的变化。我们用一些设备对消费者经历这些变化时其大脑与身体中的变化进行监测，结果发现他们的心率与皮肤电导率普遍降低，大脑活跃程度的变化表明消费者的心态会变得更加放松，警觉性也会降低。

这意味着消费者原本理性而专注的思考状态变得更加冲动。转变的原因不难琢磨。不论消费者沿着拥挤的人行道还是热闹的停车场走进购物中心时，他们都别无选择，只能时刻保持警觉；相反的，一旦消费者进入购物中心，他们就能根据环境改变认知。随着他们从疾走变成从容的闲逛，他们的目光会被橱窗里衣着诱人的模特所吸引，此时他们能够安全地切换为精神上的“自动驾驶”状态。

由此可见，把人的因素与技术性细节相结合能够使人产生放松与安全的感觉，而这种心理状态会鼓励消费者在购物中心停留更长时间，购买更多商品。

灯光色调：一种独占的直接印象

除了建筑风格与设计，灯光与颜色也能使商品具有更强大的视觉吸引力。如果你准备过烛光晚餐，或是带家人去快餐店吃过饭，那你一定十分了解灯光与颜色对人的心情与行为的影响。想营造浪漫气氛的餐厅需要设置柔和的灯光与主色调，而快餐店通常拥有明亮的灯光与原色装饰。

类似的，如果零售商想要向消费者传递奢侈、高雅与独占的感觉，那么他就会给出一些具有威信的暗示：穿着精致考究的销售员、柔和的淡色或是自然色装饰、悦耳的古典音乐，以及精心挑选的香氛。但是，关键暗示之一是灯光。为了在消费者心目中创造一种独占的直接印象，应该选择柔和而非明亮的灯光，氛围应该更加类似哥特式大教堂而非夜总会。

对于其他类型的商店，例如折扣服装零售店，店内的灯光应尽可能明亮，使商品以最好的面貌呈现在消费者面前；超级市场会以更微妙的方式使用灯光，为了使消费者产生某种特定的反应，例如烘烤食品区会使用更温暖的灯光，鲜肉区会使用冷色调的灯光，在化妆品区，相比较使用能够让人清晰地看到脸上每一处缺陷的刺眼荧光灯，使面部皱纹看上去更平滑，从而对皮肤产生衬托作用的柔和灯光，将会更加有利于销售。

正如我在之前的章节中阐述的，消费者会根据产品的外观进行分类，然后决定是否要购买。在这种情况下，颜色也十分重要。番茄看必须上去真的很红，香蕉要鲜黄色的，生菜一定要鲜嫩的绿色，而鲜肉则最好是健康的粉红色。产品本身的新鲜程度显然十分重要，但是超市可以通过为这些产品打上合适的灯光，不知不觉地增加其受欢迎程度。

与许多精致的现代购物中心一样，蓝水购物中心在一天之内多次调整内部的灯光以营造不同的氛围，与变化中的客户和环境相匹配。例如，在早晨以及在那些为年轻人提供食物的餐厅，灯光会更加明亮；而当夜色降临，或者是需要吸引更加成熟的消费者时，灯光会更加柔和。

但是，灯光的功能不仅在于创造一种理想的氛围，它也能够对消费者的行为与销售结果产生显著的影响。已经有相关数据证明，昏暗的灯光能够让消费者冷静下来，鼓励他们在商店里更加缓慢地行走，花更多时间购物，以及更加仔细地察看商品。

心理学家进行了一项研究，他们分别在两家商店里额外安装了一些灯，而且能够独立地控制这两家商店的照明情况。他们发现，能够做到纯粹通过调整灯光的明亮程度来控制消费者察看商品的时间以及他们察看的商品数目。一般而言，灯光越明亮，消费者就越有兴趣，购买的几率越大。

当然，灯光与颜色是紧密相连的。曾有科学家对两家商店的主色调进行了研究，一家商店的墙面被装饰成了蓝色，另一家被装饰成了橙色。研究发现，如果灯光明亮，消费者更加愿意在被装饰成蓝色的商店里花钱；但是当灯光柔和时，消费者则更加喜欢在橙色的商店里消费。

把我刷成能赚钱的颜色

最早发现颜色对消费者影响的心理学家之一是乌克兰人路易·切斯金。20 世纪三四十年代，他专门为大型公司提供关于如何巧用颜色来提升产品吸引力的建议。切斯金的开创性工作清晰地表明，颜色能够显著改善消费者的情绪，可以让他们感觉精力充沛或是更放松、更兴奋，也可能更冷静。如今，这些早期的研究已经被向前推进了一步，科学家发明了能够直接量化颜色对大脑和身体的影响手段。

我在自己的实验室里也进行了相关的实验，研究不同深浅的红色所激起的个体心理与生理唤醒程度有何不同，以及绿色和蓝色所产生的放松深度有何不同。我们的工作已经证实了其他研究者的正确性，即颜色上的改变会对消费者行为产生显著的影响。举例来说：

- 冷色，如蓝色和绿色，会让消费者感觉更加放松，而那些波长较长的颜色，如橙色和红色，则会令人兴奋；
- 相比较使用暖色的购物场所，消费者对那些使用冷色的购物场所的评价更好；

- 饱和色（只有一种或两种基色组成的颜色）会让消费者感到更加愉快，但是人们也更容易把它们和恐惧联系在一起；
- 深色会给人具有支配性的感觉，而且已经被发现会触发人们的敌对感；
- 红色与黄绿色和明亮或昏暗的颜色搭配在一起，会增加压力与紧张感，激起消费者的消极情绪。

亚利桑那州立大学的约瑟夫·贝利齐与堪萨斯大学的罗伯特·海特做了一项研究，比较了两间商店的销售情况，其中一间的主色调是红色，另一间是蓝色。他们发现，相比较主色调为红色的商店，消费者会在蓝色的商店里购买更多商品，更快地做出购买决定，而且想要购物或是随便看看的意愿更加强烈。消费者的不同表现几乎完全可以归因于商店的色彩设计，红色虽然能够使消费者的身体处于被唤醒状态，但是营造出了一种消极与紧张的氛围，而蓝色会使消费者拥有更冷静、更放松以及更积极的购物体验。

但是，不同年龄与性别的消费者在面对颜色时所做出的反应非常个人化且各不相同。相比男性，女性对明亮的颜色更加敏感，她们会把鲜艳的色彩视为更加振奋人心且具有更强大影响力的颜色。牛津大学赛德商学院（Said Business School）的南希·普奇内利及其同事发现，男性消费者会受宣传广告颜色的影响，但是女性不会。如果商家对类似烤箱与微波炉这样的商品提供了折扣，相比黑色，当折扣数字被印刷成红色时，人们会更愿意相信自己能节约下一大笔钱。如果购买意愿总分为 7 分，折扣印刷成黑色得 2.56 分，红色则得 4.26 分。当多种商品同时打折时，颜色的吸引力会叠加。

不过，只有在男性并没有对价格很重视的情况下，红色才会影响其判断。当他们被要求对价格进行思考时，那种影响就会消失。女性自始至终都不会被价签的颜色所影响，可能因为她们倾向于以一种比男性更加聚精会神以及更有条理的方式进行购物。正如研究者所述：“女性似乎天然地倾向于仔细审视广告中的细节，而且表现出了极强的价格记忆能力。”

环境对于颜色的选择也很重要。例如，在电影院门厅使用红色有助于创造一种温暖与节日的气氛。但如果在机场的候机厅里使用相同的颜色，将可能会使已经有些许紧张的乘客内心更加焦虑。候机大厅及飞机内部应该选择自然的深蓝色、绿色以及棕色。

颜色也会影响消费者对于时间流逝的感知。在红色的灯光下，时间似乎过得更慢，物体会变得更大，更重；而在蓝色的灯光下，时间似乎流逝得更快，物体看上去则会更小，更轻。赌场会选择红色作为其基本色调，不仅仅是为了让赌客的心情更加激动，也是为了让他们感觉时间的流逝在放缓。

传统实体零售商所使用的颜色策略也会在网络购物中产生类似的效果。曾有研究对电脑使用者对网页所做出的反应进行了探索。结果表明，当网页的颜色明亮且主色为蓝色时，电脑使用者会感到最为放松，而且也会感觉响应速度更快；当电脑屏幕呈现出大面积的红色或黄色时，电脑使用者的压力与紧张感会增加，而且也会觉得信息下载速度变得更慢。我会在后文中探讨网络购物中的其他隐形说服者，还会更深入地探讨颜色会如何操纵消费者的情绪。

声音扩展频谱

商店里播放的音乐能够对消费者行为产生显著的影响，这些音乐不仅能鼓励他们花钱，甚至还能指引他们前去购买特定的商品，消费者在“听从指令”的同时甚至不会意识到自己受到了丝毫影响。

莱特州立大学的查尔斯·古拉斯与密歇根大学的查尔斯·舍韦经研究发现，美国 1946 ~ 1964 年婴儿潮出生的那一代人更喜欢在播放古典摇滚乐的环境中购买东西，但约有 67% 的人事后根本记不清当他们在购物时周围在播放什么音乐。研究已经把音乐和多种消费行为联系到了一起，包括消费者感知到的自己真正在商店内停留的时间、步频，以及对周围环境的观察。尽管有许多消费者，特别是年纪较大的消费者声称他们不喜欢很吵闹的音乐，但实际上这一点几乎不会影响他们在一家商店里停留的时间或是他们花费的金钱。

但是，音乐的节奏的确会影响消费者在一家商店内的走动速度，以及他们花费多少金钱。有研究者对一家商店的销售情况进行了考察，发现播放舒缓音乐时的日销售额要比音乐节奏更快时的日销售额高出38%。如果红酒消费者在边挑选时边聆听古典音乐，但并非最有名的前 40 首之一，那么他们会花更多钱购买更昂贵的红酒，但购买的数量不会变多。

音乐所传递的信息与话语同等重要。为了结合两者的力量，双音响系统已经被应用于美国的购物中心，也将很快进入你身边的超级市场。第一套音响系统会通过传输一种密集信号，播放针对个体消费者的销售信息。促销与特惠商品的信息也被“隐藏”在音乐背后，当消费者经过销售热点的时候，音乐会以微小到难以察觉的方式对他们的目标客户产生作用。我将会在第 8 章中对阈下启动做进一步探讨。

研究证实，当这种作用于消费者的潜意识声音命令单独出现时就具有很强的效果，如果这些音乐与情绪信号一起使用，那么消费者根本无法抵抗。这就是第二种声音命令所能达到的效果，它是由佐治亚州诺克斯市的奥利弗·洛厄里博士发明的一种更加高科技的方法。“沉默的声音扩展频谱”(Silent Sound Spread Spectrum)，人们称之为 S-quad 或者是 Squad，它能够绕开消费者的耳朵，直接把商品信息传输到他们的大脑里。有报道称，这种能够与电脑相连的系统可以通过探测与分析脑电活动从而识别消费者的情绪。据洛厄里博士说，当这些“情绪信号群”与销售信息一起被传递的时候，它们会悄无声息地引导并改变消费者的情绪状态。

色香味俱全的多感官刺激

芳香，是零售业取得成功的一个深层关键要素，它常常以静默的方式发挥其影响力。芳香可以被用于唤醒记忆，刺激欲望，使消费者感到更加放松或兴奋，延长他们在商店内停留的时间，促进销售。

许多零售商把芳香视为商业设计中的一个寻常元素，将其广泛应用于各个领域，以下例子是绝佳体现：

- 在韩国，甜甜圈咖啡连锁品牌唐恩都乐（Dunkin Donuts）的芳香策略是：在公交车上的广播播放其产品广告的同时，向车内释放咖啡的醇厚香味，来加深大众对唐恩都乐的印象。这种营销策略使进店客流增加了 16%，营业额上涨了 29%。
- 美康食品（McCain）为其微波烤土豆系列产品投放了多感官广告。它在公交站设置了一个宽约 0.6 米，身着玻璃棉夹克的土豆。人们可以推动这个土豆来启动加热器（在 2 月份的英国，公交站上有很多人会使用这种方法取暖）。加热器启动以后，烘焙新鲜土豆的香气会被释放出来。
- 在美国，连锁百货商店布鲁明戴尔（Bloomingdales）会为卖场的不同部门营造不同的芳香气味：你可能会在婴儿用品部闻到婴儿爽身粉的温和香气，在泳装部嗅到热带椰子的甘甜味道，在女士内衣部闻到丁香花的暧昧气息。在节日购物期间，卖场里糖屑饼干的气味、巧克力的气味，甚至常绿植物的气味，都能让顾客获得温暖而愉快的购物体验。
- 在纽约的一家平价食品杂货店，店主把多种味道喷洒在不同的走道上，以刺激客户的购买欲望：甜食通道里弥漫着巧克力的甜香，农产品通道里充满葡萄的果香，面包通道附近有迷迭香的气味。根据报告显示，这种芳香策略卓有成效，店面销售额相比较之前提升了7%。

- 硬石酒店（Hard Rock Hotel）会使用糖屑饼干和蛋筒冰激凌的气味来引导顾客下楼品尝冰激凌。那个冰淇淋商店位置偏僻，以前很不起眼，自从使用“芳香宣传法”后，营业额上涨了30%。
- 最后是一个会吸引作家和出版人眼球的发现。比利时的哈塞尔特大学有一份研究报告称，巧克力的香味能增加书的销量。这是一项为期10天的研究，里弗·杜丝及其同事在商店一半的营业时间里喷洒微量的巧克力香气。气味十分微弱，顾客几乎不会发现。对比香味喷洒前后顾客浏览书籍的时间、回看目录的时间以及购买状况，可以发现效果相当显著，美食类书籍和言情小说的销售量提高了40%。

在北卡罗来纳州的夏洛特市，我和伯克探讨了香气的适用范围与影响。伯克是仙爱尔（ScentAir）的营销总监，芳香营销界的权威。仙爱尔专为特定公司或品牌创造独一无二的香味，此外它也为零售商、服务商及赌场提供了近2 000种不同的香味。目前，仙爱尔为遍布全球109个国家的50 000位客户提供芳香营销服务，据说每年芳香营销法能创造50亿美元的产值。

伯克向我介绍了仙爱尔如何设计出客户想要的香气：“我们坐下来，开始和客户探讨首要问题，即他们经营的是什么生意。我们的设计方案必须具有极强的针对性。我们需要考虑是在同一个空间释放同一种香气还是混合几种不同的香气。

关于这些问题，我们既要判断设计是否科学，也要考虑其艺术性。不仅如此，香气还必须和其他器官的感受相融合，所以我们会先综合所有信息，再进行创意十足的设计。”伯克援引了高端时装零售商雨果博斯（Hugo Boss）的例子。

对于这个客户，仙爱尔的第一步工作就是为其品牌内涵下定义：“我们会问一些问题，例如为什么客户要选择雨果博斯？对他们而言，这个品牌代表着什么？店面和产品中的何种元素传递给了他们这种感觉？最终我们得出结论，雨果博斯的品牌特征是奢华、时尚、高端以及独特的品质。”

仙爱尔意识到，能够传达这种信息的香气，不可能是很普通的，走进杂货店就能闻到的气味。属于雨果博斯的香气必须易于识别、有趣、独特、丰富，带有些许的性感。伯克说：“我们需要有适度个性、深度以及独特风格的香味。那是种独一无二的气味，也可能是我们所熟悉的，有历史渊源的香气。”

根据这些要求，他们首先排除了气味鲜明的柑橘类的香气，因为不够性感；其次排除了类似花香的香气，因为那就好像香水。“我们考察了很多昂贵的木材，有一些品种的香气很接近我们的选择标准，最后我们敲定了产自非洲的帕波提木(Pamboti)。”伯克解释道，“帕波提木的香气给人一种昂贵、干净，以及低调的感觉，它独特、丰富而饶有趣味。”当这种香气被引进雨果博斯的所有店面时，全球的客户几乎都反映这种香气很棒，以至于公司已经开始计划要售卖同款香薰蜡烛。

仙爱尔创造了一种在全球大部分赌场里都能闻到的芳香，那种香气可以减缓时间流逝，让赌客放松并在赌场里待得更久。研究表明，在空气中加入某种特殊香气，可以显著增加赌客的下注次数，无论他们是否意识到这种香气的存在。

应用最为广泛的潜意识控制香氛之一是后叶催产素，那是一种自然产生的荷尔蒙，能够在婴儿出生以后立刻使母亲与孩子在情感上紧密联系在一起。为了测试其在成年人身上的效果，苏黎世大学的迈克尔·科斯菲尔德进行了一项实验。在实验中，他让受试者首先吸入一种含有后叶催产素的喷雾，然后玩一个赌博游戏。在这个游戏中，其中一名玩家作为投资者，必须决定要投资多少钱给作为受托人的另一名玩家，然后受托人有权选择他将要归还投资者多少钱。

相比那些吸入安慰剂的玩家，吸入了一些后叶催产素的投资者更愿意冒险投入更多钱。他们这么做不是因为他们更愿意赌博，而是因为他们更愿意相信受托人。

后叶催产素通常是在我们与他人的日常交往中自然产生的。大脑可能会因为我们初次遇到某个人时所产生的意识或潜意识反应而释放后叶催产素。当我们购物时，如果一位销售人员向我们友善地微笑，大脑会因为他们放松与亲切的肢体语言，或者是因为他们与我们握手的方式而分泌后叶催产素。

正如我将会在下一章中讲述的那样，品牌也能促进后叶催产素的释放，并因此获得消费者更多的信任。但是，这可能会产生令人担忧的后果，正如神经科学家安东尼奥·达玛西奥在讲述那次苏黎世大学的研究时评论道："对于政治主张或是产品来说，目前掌握的市场营销技巧能够通过精心设计的一些刺激，来催生某些化学物质的自然释放，如后叶催产素，目的是为了产生非常好的营销结果。在这类研究开始之前，广大消费者必须提高警惕，因为这种技术存在被滥用的可能性。"

让消费者俯首称臣的力量

在结束关于氛围对消费者行为的控制力量的讲述之前，我们需要考虑一个更具有说服力但是很少被识别的元素，即现代建筑设计。这就是大型商场能够使消费者产生敬畏感的原因。

依照我的经验，最容易使人们产生敬畏感的三个商场是：

- 阿联酋的迪拜购物中心（Dubai Mall），它是世界上最大的购物中心，包含一个拥有 22 个播放厅的电影院、一个巨大的水族馆、一个奥运会级别的溜冰场，以及一条类似伦敦摄政街的翻版街道；

- 菲律宾马尼拉的亚洲购物中心（SM Mall of Asia），它是世界第四大购物中心，实用面积约 39 万平方米，拥有东南亚最大的溜冰场、一座天文馆、一座露天音乐厅，以及世界上最大的 3D IMAX 屏幕。这个购物中心如此之大，以至于其中设有通勤电车；
- 加拿大阿尔伯塔省的西埃德蒙顿购物中心（West Edmonton Mall）。它拥有巨大的水上乐园，3 个广播电台，以及几乎是圣玛利亚号远洋帆船（哥伦布探险船队的旗舰）的同比例复制品。

创造一座能够使消费者产生敬畏感的购物中心不是毫无意义的行为，它代表了零售商拥有正确的商业意识。这是能够帮助现代消费者克服其最大短缺——时间不足——的一种方式。已经有研究表明，大部分消费者所拥有的时间都很有限。例如，在一次于近期举行的针对 1 000 名美国公民的民意测调查中，47% 的人说他们很难满足出现在自己日常生活中的诸多要求。这种"时间饥荒"带来的后果就是，购物常常会沦为个人生活中的另一件杂事，被硬塞入那已然超负载的日常计划中，然后人们会想要以尽可能快的速度来解决它。

正如我在第 2 章中阐述过的那样，买东西的人与购物的人在态度、积极性与大脑活动模式上都存在很大的差异。所以零售商明白，尽管买东西的人光临他们的商店也是件好事，但购物的人能够为他们带来更大的收益。人们在购物上花费的时间越长，他们的消费额就越高。

我已经在前文中指出，赌场老板懂得非常高效地操纵时间。当你走进一家拉斯韦加斯的赌场，会发现时间似乎处于静止状态。对于那里的人来说，白天与黑夜再也没有任何意义，赌场里也没有任何钟表来提醒玩家时间正在流逝。大部分赌场都没有窗户，人工光照会有规律地变化，模拟昼夜明暗，但日光大概在早上 4：00 就开始出现，这会进一步扭曲与迷惑玩家对于时间的概念。

有些拉斯韦加斯的赌场还往空气中注入了超量的氧气，以帮助人们保持更长时间的清醒。大部分玩家都会喝酒，对于他们来说，富足的氧气会让他们更快醉倒。

零售商不可能使用和赌场经营者相同的方式来阻止人们感知时间流逝，但他们也有一些别的方法来说服人们时间正在放缓。只要拥有充足的预算，就能创造出一种奢华到令人难以抗拒的环境，在这种环境里，消费者就会只是站在原地惊叹地欣赏。当消费者认为一种环境令人敬畏而振奋，他们就会在那里待更长时间，花更多钱。

梅拉妮·拉德与她在斯坦福大学与明尼苏达大学的同事进行了一系列实验，研究敬畏感如何改变人们对时间的感知，同时让他们感到更加快乐，并且因此更愿意买单。

有一项研究与此相关，研究者会让受试者观看两段视频中的一段。第一段视频的设计是为了创造出一种敬畏的感觉，其中展示了人与巨大的、精神上具压倒性的，以及看上去逼真的对象之间的互动，如瀑布、鲸鱼以及太空中的宇航员；第二段视频的设计是为了诱发快乐的感觉，其中展示了一个快乐的游行队伍，里面的人穿着色彩鲜艳的服装，脸上涂着五颜六色的油彩。

在观看完这两段视频后，受试者需要回答一些问题，这些问题与他们感受到的时间流逝速度有关。研究报告称：“敬畏感会让人们认为时间更加富裕。”

我也在自己的实验室里进行了相关的实验，证实能够引起敬畏感的影像会增强消费者的快乐情绪，让他们更加耐心，并且能够对他们的购买决定与消费意愿产生一种积极的影响。

许多消费者无法鉴别，自己在购物时多大程度上受到了“隐形说客”的影响，这些“隐形说客”的创造者包括一大群科学家、设计师以及建筑师，其中有许多我都已经在前文中进行了探讨。此外，适用于零售商的情况，也同样适用于品牌。跨国公司不仅制造产品，也会操纵消费者的情绪，我们将会在下一章中对这个话题进行详细的探讨。

第 7 章
品牌疯赞
引发情感共鸣

吉百利的紫色让人自然而然地想到庄重与温柔，它的品牌接近无价；象牙香皂秉承 118 年品质承诺，为宝洁创造了 20 亿～ 30 亿美元的收益。

品牌不仅能体现一个人的收入水平，也能体现使用者的聪慧程度与教养水平，甚至能够判断一个人成功与否。而消费者认同一个品牌，是因为它能代表自己。

一个优秀的品牌可以增强消费者的使命感，不论他们面对的情况是要在比赛中发挥最佳水平，还是坚信自己正在喝的那杯咖啡真的很重要。

——斯科特·贝德伯里（Scott Bedbury）

耐克前营销总监

消费者会“爱上”某个品牌，甚至会与它们建立深刻、持久的情感联结吗？很多人都认为这种想法十分荒谬。不过消费心理学家与神经营销专家已经通过大量研究证实，这种充满感情的关系不仅存在，而且还很普遍。研究者将其称为品牌忠诚、品牌之爱、品牌依恋或者品牌承诺。心理学家甚至把消费者对品牌的感情以及他们对家人与密友的情谊进行了对比。在本章中，我会讲述一些在广告业与市场营销领域中操纵这些强烈情感的技巧，我也将阐明，关于确定这些情感产生于大脑中的哪个部位，神经营销学到底扮演着何种角色。

据美国市场营销专家杰克·特劳特说，目前市场上有超过 100 万种产品正在争相吸引消费者的注意。一家大型超级市场的货架空间也许能够容纳约 6 万种商品，但这个数字只占潜在可得到的所有相关产品的 6%。即便如此，这已经为消费者提供了令人眼花缭乱的选择。

宾夕法尼亚州斯沃斯莫尔学院的社会理论与社会行动教授巴里·施瓦茨进行了一项研究，他对自己所居住社区中的一个中型超市里的商品进行了清点，他发现超市里摆放着 85 种不同种类与品牌的脆饼干、285 种小甜饼、13 种运动饮料，65 种儿童纸包饮品、85 种其他口味与品牌的果汁、61 种防晒油和防晒霜、80 种不同的止痛药、40 种牙膏、150 种唇膏、75 种眼线笔、90 种不同颜色的指甲油、116 种护肤霜、360 种洗发水、润发乳、发胶与摩斯、29 种营养汤、16 种土豆泥、20 种意大利面酱、275 种谷类食物与 175 种茶包。

品牌经理意识到了一个伤脑筋的事实：150 种产品就可以满足一个普通家庭 75% 的需求。那意味着，正如特劳特指出的那样，“消费者很有可能会忽略那家商店里的其他 39 850 种商品。在这种全球经济不景气的情况下，你必须找到一种方法强化自己产品的差异点。”

一直占据品牌经理大脑的是，他们需要确保自己的品牌不仅能在越来越拥挤的超市货架上保住一席之地，还要持续地扩大其市场份额。如今，心理学与神经科学领域内的最新发现又让他们遇到了另一个夜不能寐的挑战：如何以最有效的手段操纵消费者的情绪。用进化心理学家杰弗里·米勒的话来说，现代品牌营销已经成为了科技未涉足的人类本性与非凡技术的交火地带。

星巴克 = 浪漫，耐克 = 激情

50 年前，市场营销、广告与零售业的从业者普遍认为，情感是理性思维的结果而非原因。他们持有这样的观点并不是因为他们没有意识到情感的重要性，也不是因为他们没有尝试保持乐观，同时提供确凿证据。他们的研究方法主要是问卷调查与小组访谈，研究重点在于挖掘消费者的想法，而非他们的感觉。这样的公司坚信，只要产品符合消费者逻辑上的喜好，他们就能说服消费者去购买他们的产品。

当时，大部分消费者也是这样认为。用营销大师罗素·瑞夫斯的话来说，“他们认为广告是公开的、诚实的、在赤裸裸的无情的阳光下发挥其效用的。”

在过去的 30 年里，人们逐步意识到传统观点其实犯了严重的错误。像罗伯特·扎伊翁茨与罗伯特·伯恩斯坦那样的心理学先驱已经在其作品中证实了，情感对于消费者行为的影响比思想更为重要，而且情感能够在消费者从未意识到的情况下成功操纵他们的行为。

如今，每家公司都努力想在其品牌与某些吸引人的个人目标或是有价值的抱负之间制造一种深层的情感联结。例如，星巴克认识到，对于顾客来说咖啡就是咖啡，诸多咖啡品牌之间并不存在很大的区别。因此，星巴克通过其创始人霍华德·舒尔茨所谓的“咖啡的浪漫体验，人们在星巴克店内感受到的温暖与大家庭的感觉”，着手将一种情感依恋与自己的品牌联系在了一起。但这种努力营造的形象在英国遭到了严重破坏，因为有人揭露咖啡连锁店正在使用欺骗性手段以逃避支付数十亿美元的税款，这个例子也说明了这种情感联结的脆弱性。

在创立之初，耐克公司只是日本跑鞋的小规模经销商，后来逐渐发展成为世界领先的运动鞋与运动服装零售商之一，以运动激情为基础建立起了这份事业。其创始人菲尔·奈特宣称：“多年来，我们把工作重心放在产品的设计与制造上。但现在我们明白了，我们最重要的工作其实是营销。耐克是一家以市场为导向的公司，产品就是我们最重要的营销手段。

品牌洗脑：从 3 岁开始

为了操纵消费者将其产品与一种体魄强健与竞争成功的情感联系在一起，耐克曾创作过朗朗上口的广告语和快节奏的电视广告。“在 60 秒里你说不了太多。”奈特解释道，“但是当篮球之神迈克尔·乔丹在广告片中出现的时候，你就不需要再多说什么了。事实就是那么简单。”

与某个品牌之间的情感依恋可能会在人生中很早的时候就出现。波士顿学院的社会学教授朱丽叶·B. 肖尔宣称：“这一代美国青少年已经发展成为历史上品牌倾向性最强，消费者参与度最高，最崇尚物质的一代人。”

根据尼克国际儿童频道（Nickelodeon）在 2001 年进行的一项调查发现，在美国，10 岁的儿童平均认识 300 ～ 400 个品牌；到 14 岁的时候，10 个购物要求中有 9 个会落实到具体的品牌上。一项关于家长的调查发现，有超过 67% 的母亲认为自己的孩子从 3 岁起就已经出现品牌意识了，而另外 33% 的母亲认为自己的孩子从 2 岁起就已经开始认识品牌了。

从操场到赛场，从教室到会议室，品牌越来越多地被认为是个人成就与社会包容程度的外在标志。由于商家的情感操纵，拥有品牌产品已经成为了所有代表着时尚与成功概念的象征，对于年轻人来说更是如此。出于同样的原因，无法拥有并炫耀这样的品牌大多意味着失败与社会排斥。考虑到他们需要面对的这些压力，我们就不会感到奇怪，一旦孩子们到了能够打开电视的年纪，解码品牌就会成为他们所学习的第一课。在远未进入青春期的时候，他们就已经会通过品牌来判断他人。他们知道哪些是时髦的品牌，而哪些品牌是有自尊心的孩子不该被周围人看到穿在自己身上的。

心理学家黑尔佳·迪特马尔针对英国的青少年进行了一项研究，她发现，青少年借助品牌能够毫不费力地把非常富裕的人和中产阶级区分开来，而且能够基于这些区别做出更全面的延伸判断。他们相信，品牌不仅预示着收入水平，也表明了人们的聪慧程度、成功与否与教养水平，以及人们能够在多大程度上掌控自己的生活。孩子所处的社会阶层越高，他们的品牌意识就会越强。

自从发现情感具有如此强大的力量，各个品牌就开始了一场竞赛，赢者将会赢得一切，而且首个冲过终点线的奖励可能是接近天文数字的收益。

一个品牌的现金价值会有多少？如果那个品牌是卡夫食品（Kraft），答案是 126 亿美元，或者说大概每个字母 25 亿美元。当菲利普·莫里斯公司（Philip Morris）于 1988 年收购这家公司的时候，这个是其账面价值 6 倍的数字就是他所付出的金额。正如反全球化人士娜奥米·克莱恩在她的畅销书《拒绝品牌》（*No Logo*）中指出的：“随着对卡夫食品的收购，巨额的价值已经被分配给了某些先前曾是抽象的，以及难以量化的东西。”2010年，卡夫食品花费了196亿美元收购英国吉百利公司（Cadbury）。分析学者将其视为了获取一个有声望的、受人敬仰的品牌所需要付出的代价。

为了理解一个品牌如何能够获得这样的价值，不妨想一想象牙香皂（Ivory Soap）的例子。1879年的一天，宝洁公司的创始人之一哈里·波科特，聆听了一段选自《圣经》中的内容："你来自象牙似的宫殿，你所有的衣物沾满了沁人心脾的芳香……”随后他就创造出了这件产品。当礼拜结束后，他走在回家的路上，“象牙”这个词一直萦绕在他的脑海中。这时候，这个词就成为了一种称之为“脑虫”的东西，他无法把这个词赶出自己的大脑。所以这个词成为了他的新香皂的名字，那是宝洁出产的第一块白色香皂，宣传称其纯度达到了99%。市场专家大卫·艾克在1991年时报告说，“118年以来，象牙香皂的品牌承诺从未改变，而且它已经为宝洁贡献了20亿～30亿美元的收益”。

如果你能成功地操纵一个品牌在消费者心中所产生的情感，那么消费者终其一生都会被这个品牌深深吸引，商家也就从消费者那里获得了一张印制钞票的许可证。但商家还需要留心一点，即对品牌做出的调整会影响其情感吸引力，甚至更糟糕的是，让消费者对产品产生负面情绪。有许多盛极一时的品牌因此走向了衰落。

多年以来，施利茨啤酒（Schlitz）一直是美国最畅销的啤酒品牌。约瑟夫·施利茨啤酒公司（Joseph Schlitz Brewing Company）从1902年开始就一直在酿造这种被称为“让密尔沃基出名的啤酒”。它的广告语是“当你没有施利茨啤酒的时候，你就没有啤酒可以喝了”。这曾是一个闻名全美国的品牌名字，会使消费者产生与传统、正直以及有益健康相关的情感。但是，到20世纪70年代初时，它已经输给了百威（Budweiser），退居第二。

为了恢复赢利能力，公司老板小罗伯特·乌伊莱因决定削减原料成本并加速酿造流程。不幸的是，尽管新啤酒赚到了更多钱，但也因此让顾客感到恶心。新啤酒的口感很糟糕，便宜的原料会凝结成团，用一位评论家的话来说，“看上去就像令人不安的黏液”。气愤的顾客把它称之为“鼻涕啤酒”，施利茨啤酒销售额大幅下降。

在这种情况下，罗伯特·乌伊莱因只得召回1 000万罐新啤酒，然后眼睁睁地看着他那曾经获得高度赞赏的品牌名字变成了恶心的代名词。1981年，这家密尔沃基啤酒厂正式关闭，第二年，施利茨公司被一位竞争对手收购。

像人一样，品牌也会经历诞生、成长与衰老的历程。有些品牌能够存在几十年，极少数能够成长为百年老店，大部分品牌会因为各种原因早早夭折。大概有80%的品牌会遭遇失败，甚至在他们刚进入市场时就一蹶不振，10%的品牌则会在5年之内消亡。

知名品牌衰退或失败的原因包括：无法随着时间的推移而做出相应的改变，如柯达（Kodak）与宝丽莱（Polaroid）；声誉不佳，如罗孚汽车（Rover）；公众口味的改变，如阿华田（Ovaltine）；以及无法满足公众的高期待，如boo.com购物网站。过度缩减成本、管理无能，再加上令人反感的因素，甚至能够导致一个拥有良好根基的，高度受欢迎的品牌逐渐失去光彩，最终走向死亡。

凭直觉打天下的“苹果”和“大众”

我们能够证实，操纵一种情感并且将其与一个品牌相联系是一个长期、复杂以及代价高昂的过程。这个过程涉及了方方面面的因素，从名人代言与赞助到提供各种支持，如合适的公益事业、广泛的公共关系、广告宣传、市场营销以及包装，但是几乎任何品牌的核心总是图像、台词、音乐这三个关键元素的混合体。

尽管对于有些品牌来说，香气、口味与触感也发挥了作用，但是上述三种元素在情感操纵中的应用最为普遍。直到最近，对于这些元素的选择主要还是依据广告人的想象与经验。尽管有时候访谈与问卷调查的发现是广告设计的依据，但最终出现在出版物上、电视机里，以及电影院屏幕上的是广告人创造力的产物。

我从经验中了解到，这是一种广告人长期以来十分珍视的自由，这种自由让每一个广告人都非常抗拒任何会浇灭他们灵感的研究。有一次，一位广告人向我吐露："我真正想要的是有人给我 100 万美元，让我制作一个能得奖的广告片。广告是否真的有助于任何产品的销售对于我来说远不及这个重要！"

当广告人填写调查问卷、面对访谈小组，以及收到客户的反对意见时，他们也可能会坚持自己的创意。

1984 年时，苹果公司董事会的每一个人，包括史蒂夫·乔布斯在内，都对那条闻名于世的"1984"广告表示反对。这条广告的目的是介绍苹果公司的麦金塔电脑（Macintosh），他们一致认为，广告片完全没有把麦金塔电脑的形象打造成为一台严肃的商用计算机。

他们担心这条广告片一旦播出，雇员、股东、投资者、竞争对手以及消费者都会认为苹果公司这一举动十分荒唐，而且已经失控了。访谈小组也同样表示对这条广告片不予考虑，他们评价其有效性低于平均水平，为其打了 5 分，对于商业导向的广告来说，通常平均有效性的分值是 29 分。

苹果原先购买了第 18 届超级碗（Super Bowl，美国国家美式足球联盟的年度冠军赛。——译者注）第 3 小节的一个价值 100 万美元的广告档位，用于播放这条广告。但是广告片遭到了众人的反对，而且公司也没能成功转卖这个广告档位，于是苹果面临着只能浪费这 100 万美元的困境。由此，史蒂夫·乔布斯才在其他董事强烈反对的情况下，勉强同意播放这条广告片。

乔布斯的这个决定掀开了历史的新篇章。在广告播放后的第二天，调查称对这条广告有记忆的人的比例达到了史无前例的 78%。第二天早上，苹果在 6 个小时内就卖出了总价值 350 万美元的电脑；在接下来的 100 天里，销售额就达到了 1.55 亿美元。

这条广告片得以播放并不是因为苹果公司进行了代价高昂的研究调查，而是在面对公司已经做出的投资行为导致产生损失的情况下，乔布斯个人改变了自己的主意。如今，大家的心境已经发生了一些转变，“研究”这个词不再代表着令人厌恶的事物，它逐渐成为了经济发展的必要环节。而全球大部分最尖端的研究都是在神经营销与神经科学实验室中进行的。

美国神经营销公司 Sands Research 依偎在北富兰克林山脉的山麓地带，其研究所所长罗恩·赖特在实验室里向我们讲述了公司最近一次评出的年度超级碗广告在营销影响力方面的排名。公司使用脑电图描记器对不同广告对观众所产生的营销影响力进行了监测，他们用机器观测的是观众观看广告时的感受，而非他们所说的自己的看法。

2011 年，Sands Research 对一条广告片进行了营销影响力测试。这条广告片讲述了年幼的黑武士达斯·维达（星球大战中的角色）在其父亲使用了大众汽车的远程启动功能之后，开始相信“原力”（一种在银河中所有生命体中流动的自然存在的能量。——译者注）的故事。

这条广告就好像苹果公司的“1984”广告一样，如果大众汽车相信传统的测试与指标，那么它可能永远都没有机会与广大电视观众见面。据大众汽车的设计总监道格拉斯·范·普雷特说："测试结果显示，这条插播广告的说服力评分低于平均水平。说服力评分即对消费者所陈述的购买意向的衡量指标，尽管这种测试方式所得的结果与实际销售情况之间相关性较弱，却已经在行业中获得崇高的地位。"

不过，神经营销研究的结果可能会大不相同。据 Sands Research 的主席兼首席科学执行官（Chief Science Officer）斯蒂芬·桑兹博士所说："达斯·维达的广告引起了非常强烈的情感反应，它是我们测试过的效果最好的广告。"

神经营销研究的结果给大众汽车吃了一颗定心丸，公司随即播放了这条广告，立刻取得了惊人的效果。"原力"成为了有史以来的超级碗广告中最受赞赏与最为人们津津乐道的广告之一。在 YouTube 视频网站，这条广告的播放记录累计达到了惊人的 5 600 万次，有报告称，这条广告在全世界范围内共有 68 亿条观后感，还有超过 1 亿次免费的媒体报道。它也帮助大众汽车在 30 年内雄踞美国汽车市场龙头老大的地位。

买名牌，你就化身名人

我们能够通过探明情感产生于大脑的哪些区域，进而更加有效地操纵人的情感吗？正如我们已经在先前的章节中看到的那样，科学家会让受试者在不知不觉中接受价值百万美元的大脑扫描仪的监控，他们会将电极粘连在受试者的头皮上，以寻找这些问题的答案。

例如，研究者在受试者面前播放一些不同版本的只存在微小区别的电视广告，然后通过比较受试者在观看这些广告时所产生的大脑反应，就可以向客户提出能够增强电视广告情感影响力的建议。即便是在图像、剪辑方式、背景音乐、台词，甚至是说话者的语速、语调以及口音等方面发生一些微小的变化，都可能会对观者产生不同的情感影响。

神经市场营销人员最感兴趣的首先是大脑中的杏仁核，它的外形酷似杏仁，负责处理输入的信息；其次是海马体（Hippocampus），也是因为它的外形长得像海马，这个区域与短时记忆相关。这两个区域都位于大脑的边缘系统中，边缘系统负责产生各种愉快或是悲伤的情绪。图 7.1 标示出了它们在大脑中所处的位置。

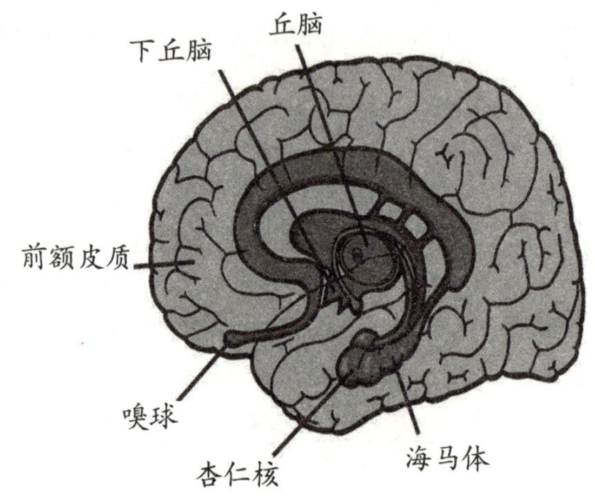

图 7.1　大脑边缘系统

据纽约大学的神经科学家约瑟夫·勒杜所说，大脑接收的信息可以通过他所谓的“低通路”或“高通路”被传输到杏仁核。把这种大脑中的规律类比到零售环境中，即当一位消费者在超市货架上发现了一个熟悉的品牌，这条信息最初会被输送到丘脑。然后，一种情况是，信息从那里直接被输送到杏仁核，使大脑立即产生一种反应；另一种情况是，信息传输可以选择一条略微不同且较慢的路径，走这条路就能够让记忆与该信息相连接，这就能够确保消费者会基于他们大脑中已知的，或者他们认为自己所知道的信息，产生一种经过更多思考的反应，将感官正在告诉他们的东西表达出来。

卡内基梅隆大学的乔治·卢文斯坦解释道：“当消费者发现了一件

物美价廉的商品，这条信息会通过快速的‘低通路’被传输到杏仁核，然后消费者就会产生一种即时的情感反应。”和我在第 1 章中描述过的那些纽约的时尚买家一样，这会导致消费者的身体产生一些变化，心跳与呼吸都会加速，出汗量也会增加。大脑运作的方式也会发生变化，大脑扫描仪与脑电活动记录工具能够探测到这些反应。只有当信息已经被传输到杏仁核，并且触发了这种即时的兴奋感，大脑才可能使用“高通路”来获取已有的记忆，然后再把一种对当时情况了解更深入的反应信息传递回杏仁核。

大脑中另一个与情感相关的区域是岛叶（Insula），有时候它也被称为赖耳岛（Island of Reil），解剖学家把这个区域视为大脑的第五个叶（其他四个叶分别是额叶、顶叶、枕叶、颞叶）。这个区域的功能是接收与整合产生于身体内部的信息，处理情感与自我意识。例如，如果我们看到某个人快乐或悲伤的表情，岛叶活动就会更加活跃，并触发相应的身体反应。

这个大脑区域被分为两个主要区域。靠近大脑后部的区域负责整合感觉信息与肌肉运动，而靠近大脑前端的区域则负责把身体内部产生的信息转化为情感与动作。岛叶与大脑深处的其他区域——如杏仁核与前额皮层——有着紧密的双向联系。

这一切对于一个品牌来说意味着什么？南加州大学的马丁·赖曼与他同事发现：“基于这些深刻见解，我们猜想，当我们将业已建立的紧密的品牌关系与中性的品牌关系进行比较时，岛叶区域的活跃性应该会增强，因为岛叶区域的功能是整合身体信息，例如，迫切地想要拥有喜欢的品牌，使之发挥情感与激励功能。

实际上，人际关系领域中有几项功能性核磁共振成像的研究已经提供了相关的神经学证据，能够证明岛叶区域活跃性的增强与浪漫的爱、母亲的爱以及无条件的爱密切相关，用所爱的人的视角看问题也会增强岛叶区域活动的活跃性。”

因为这些区域都位于大脑深处，我们只能通过定量脑电图对它们发生的活动进行间接监测，而且正如我们所看到的，我们需要做的只是把定量脑电图的感测器粘连在头皮上。要对这些活动进行精确的监测，我们可以借助功能性核磁共振成像技术，这项技术能够提供完整的大脑图像，并且能够轻松准确地探测到杏仁核与海马体中血液量的变化。

我已经探讨过大脑额叶区域的功能，它负责根据从许多不同区域输送而来的信息做出购买决定，特别是来自情感驱使下的边缘系统的信息。因为这些区域的活动发生在皮层，或者说大脑的最外层，因此借助粘连在头皮上的电极就能够记录下相关的活动信号。

“理解这个生理过程对于如今广告研究中主要使用的研究方法会产生诸多影响。”神经科学家安妮特·科托弗娜·西姆森指出，“因为这些研究方法的基础都是认知过程，而非情感过程。”

品牌经理与广告商一直想方设法往消费者的大脑里植入一种情感记忆，我将其称为“品牌蠕虫”（Brand Worm）。一旦品牌蠕虫被植入大脑，那么不论消费者于何时看到这个品牌，都会触发相同的感觉与记忆。会产生这种反应的人越多，品牌就会对你的购物决定产生越大的影响，这种现象被称之为从众效应。

亚特兰大埃默里大学的神经科学家格雷戈里·S. 伯恩斯在其进行的一项功能性核磁共振成像研究中对从众效应进行了证实。在他的研究中，30 名受试者被要求对 50 组抽象的三维图像进行比较，并且判断它们是否相同。受试者在进行测试的过程中能够同时看到其他受试者给出的答案。伯恩斯发现，大部分人会附和占多数的观点，即便那种观点是错误的。通过对整合视觉图像信息的顶叶与负责决策的前额皮质这两个区域的相对活跃程度进行监测，伯恩斯探明了同伴压力所引起的大脑变化。

伯恩斯认为，顺应群体的行为可能会为人们带来一些奖励或者是乐趣。他相信他的研究会对解读隐藏在一些时尚与潮流事物背后的情感起到帮助，从巴宝莉（Burberry）方格花纹的大受欢迎到互联网上的疯狂跟风与房地产泡沫等。

德国慕尼黑大学的克里斯蒂娜·博恩博士与她的同事已经证实了情感管理的说服力量。他们进行了一场研究，参与者是 20 位教育程度良好的年轻男性与女性，当他们正在浏览一些知名的以及没那么知名的汽车品牌与保险公司时，研究者会对他们的大脑进行扫描。她的团队发现，强势品牌会使大脑中处理积极情绪，以及那些与自我认同和奖励相关的区域变得活跃。

此外，大脑对强势品牌的处理要比那些较弱的品牌轻松很多。后者也会使大脑中与工作记忆和消极情绪相关的区域变得高度活跃。这种现象与所提供产品与服务的类型无关。

“这是第一个使用功能性核磁共振成像技术来检视品牌力量的研究。”博恩在北美放射学会的年会上对与会代表说，“我们发现，强势品牌对大脑某些区域活跃度的激发作用与产品类别无关。”

这种新奇的、跨学科的、用于理解心智如何获得与处理品牌信息的方法，是另一个通过现代大脑成像技术来获取深刻见解的例子。博恩补充道 :“这项研究的愿景是更好地理解人们的需要，并且创造出更能够满足那些需求导向的细分市场。将寻找满足个人需求的方法作为目标的研究可能会对创造更高品质的生活做出贡献。”

在了解了这个大背景之后，现在让我们来看看，对广告中使用的图像、台词或是音乐进行一些微小的改变，将在何种程度上提升一个品牌的情感影响力。

该选哪张婴儿的脸？

正如我们在之前的章节中看到的那样，在零售场所中，我们可以通过所有的感官来操纵消费者的情感。在大量视觉、听觉、嗅觉方面的技巧与技术的作用下，消费者的双眼可能被迷惑，双耳可能遭到“轰炸”，鼻子也可能受到各种气味的侵袭。

当市场营销人员需要构想出借助一个单独的品牌来操纵一种情感的方法时，更通常的他们会局限于图像与台词，对于有些产品来说则是触感、口感与香气。事实上，相比较被快速说出的台词，图像能够即时传递出更多的信息与情感。这是因为对于大部分人来说，话语的确是一种必要的用于思考与沟通想法的方式（数学家与艺术家除外），但是大脑在处理图像的时候还是会运行地更快、更流畅、更轻松。

我自己的实验室进行过许多研究，已经清晰地证实了，不论是在零售环境中还是在网络上，图像相比话语更加具有优势。在一项此类的研究中，国际思维实验室将人们面对复杂数据的语言或图像形式时各自理解的速度与程度进行了对比，结果十分惊人。理解以图像形式呈现的数据，受试者所付出的心智努力可以减少约20%。我们的受试者不仅能够更加高效地完成任务，还能在随后更好地回忆起那些信息。

神经科学家林达·肖解释了发生这种现象的原因：“为了帮助我们看到、记住并且理解身边的所有事物，脑部视觉区域拥有惊人的可塑性与适应能力。如果我们能够不再产生不知所措的感觉，我们就能真正地开始享受这种信息，并且通过享受这种信息扩展大脑的容量，因为我们正在更好地使用它。”

当我们意识到了，其实人类使用形象思维已经有数百万年的历史，而写作仅仅只有几千年历史的时候，这类发现就不会那么令人感到惊讶了。尽管直立人（Homo Erectus），我们最早的祖先之一，在约200万年以前就已经在地球上行走了，但人们普遍认为直到约公元前3200年的时候文字书写方式才被发明。几乎印刷技术出现的同时，广告商就认可了图像的力量，首先是通过绘画，后来是照片。

> 19 世纪末，广告商说服了购买桂格麦片（Quaker Oats）的女性相信，她们正在购买的不仅是一袋早餐谷物，它同时也代表着正直、诚实的高尚品德以及家庭观念，如今还代表了触发美国精神的强大情感。而且这完全归因于公司凭直觉所选择的商标形象：一位戴着假发，穿着黑外套的贵格会教徒。
>
> 一位贵格会教徒与早餐麦片有什么关系？答案当然是一点关系都没有。但实际上，这个商标在消费者的头脑里创造了一种品牌与积极属性之间的潜意识联系，比如健康与传统。这些属性都与“感觉良好”的情感联系在了一起，而且贵格会也因此成为了隐形说客的一个早期例子。这使得母亲们不仅把为家人提供食物这件事情看成是补充营养，而是看做某种能够激发自信的事情，它暗示了作为一位母亲，你做得很棒。

正如我们在观察零售环境时看到的那样，颜色在催生情感方面扮演了极其重要的角色，它以深刻的方式直接作用于大脑中与情感相关的区域。举例来说，红色会增强人的生理唤起程度，这也是它普遍用于警示标志的原因之一。

颜色甚至可以影响资深裁判对比赛结果的评判。德国明斯特大学的体育心理学家向 42 位裁判展示了一些武术比赛的视频剪辑，视频中一位参赛者身着红色比赛服，另一位身着蓝色比赛服。在播放完一遍视频以后，研究者用电子技术处理了参赛者的服装，使双方服装的颜色互换，然后再把仅做过颜色处理的视频在裁判们面前重播一遍。在对应的比赛中，评判比分的结果改变了，参赛者身着红色比赛服时的得分要比其身着蓝色比赛服时的平均分多出 13 分。

我们在一项对三组快餐广告进行比较的研究中应用了这个发现。这些广告除了配色方案，其他都一样。第一条广告的主色调是红色，第二条是蓝色，第三条则是绿色。受试者的脑电活动显示，引起消费者情感投入最强的是红色的色彩方案，接下来是蓝色，最后是绿色。

另外一个例子是，吉百利把紫色作为其品牌的识别特征。居行业领导地位的加拿大体验式营销机构 Boom! Marketing 的业务总监贝利·多尔蒂相信，吉百利品牌颜色的净值几乎是无价的，因为这种颜色和一系列让人感觉良好的情感有关。吉百利的紫色虽然庄严，但依然可以亲近，而且你可能也注意到了，看到这种颜色的确让你想到了巧克力。

如果品牌或品牌的暗示信息，例如吉百利的紫色，被嵌入一个有趣的场景，它们就可能在消费者没有清晰认识到或者是回忆起的情况下发挥其影响作用。预计能获得回报的暗示信息就是强大的隐形说客，结果就是消费者会冲动地购买这些商品。

一家生产婴儿用品的公司想要为其平面广告配上一张吸引人的婴儿微笑的图片。但是潜在消费者，即年轻的母亲们，最容易对哪种婴儿的脸产生共鸣？

我在 20 世纪 90 年代进行了一项研究，那是“神经营销学”这个词被发明的十年前，有一些年轻母亲志愿参与我的研究，我首先把感测器与她们的头部相粘连，然后向她们展示了一系列婴儿的脸，在那之前一位艺术家已经运用他娴熟的技巧对这些婴儿的一些微小特征进行过修改。

在其中一些图片中，婴儿的鼻子被修改得更加短扁上翘；在其他的图片里，有的婴儿微笑时嘴的宽度被加宽，有的则加上了酒窝，有的把微笑的程度扩大或减少，有的瞳孔被轻微地扩大或缩小，有的被改变了脸型。我的研究目的是寻找能够最有效地展现内心的面部特征。许多物种的幼崽，如小狮子、小羊羔、小狗以及人类的婴儿，都具有一些共同特征，比如不成比例的大脑袋和大眼睛。这些婴幼儿时期的特征会触发成年人的内心产生一种强烈的保护欲，也因此有助于确保幼崽在他们脆弱的幼年时期能够得到照顾。

除了对母亲大脑的反应方式，她们的心率以及兴奋水平的上升或下降进行监测，我们也会使用眼动追踪仪来观察，婴儿脸部的哪些部位一直以来被忽略了。

最终，我将母亲们在查看那些图像时瞳孔扩大或收缩的程度记录了下来。这些记录能够准确反映出她们是否喜欢眼前的婴儿脸孔，因为我们越被某些东西吸引，我们的瞳孔就会张得越大。在对 60 名受试者进行了测试以后，我找出了让母亲产生最强烈情感的那张婴儿的脸，然后这张脸就会成为一条影响深远的、成功的广告宣传片的主角。

声波签名：音乐和语言的生理唤醒力

诺埃尔·科沃德在其戏剧《私生活》(*Private Lives*) 里呼喊道："廉价音乐的力量是多么惊人且强大！"广告商和音乐家长久以来一直都知道这一点，如今神经科学家已经开始对其进行探索。音乐与图像拥有着同等的情感操纵力量，而且在有些情况下，音乐触发情感的力量远比图像强大。例如，被称之为"声波签名"(Sonic Signature) 的技术，即一些关于引进许多新程序或是宣布 Windows 系统正在加载的短脉冲记录，几乎能立刻提醒你的大脑里正在发生些什么。

在前一章中，我解释了音乐如何操纵消费者的情绪和他们在商店内移动的速度。在此，我想要讲述一个国际思维实验室为一家饮料公司进行的研究，研究的目的是调查出，在啤酒广告中插入哪种背景音乐最能够唤起消费者的情感共鸣。我们被要求将一位世界闻名的原创唱片中的一首歌曲与一位没那么知名的作曲家所创作的一首歌曲进行比较。这些配乐会被分别加入一则广告，研究者会将受试者在观看电视广告时所产生的心理与生理反应记录下来。我们的研究结论可以为客户在音乐版权方面节约大量成本，因为我们能够证实，在大部分广告中，那些没那么知名的音乐家所创作的音乐要比那些著名音乐家所创作的音乐产生略好一些的效果。

音乐对于品牌经理来说很重要，因为当音乐被成功地应用时，消费者的心中就会留下对这种产品的不随意记忆（即没有预先既定目的的识记）。根据所谓的“无意识音乐意向”（Involuntary Musical Imagery），只需要用一首歌曲中几个小节的曲调就能够把这个品牌带到消费者心灵中最重要的地方。芬兰阿尔托大学的拉西·利卡宁博士解释道：“无意识音乐意向被定义为一种清醒的体验，在这种意向下，人们会无意识地重温一种音乐记忆。它也有其他通俗的叫法，如‘耳虫’（Earworm）或‘黏调’（Sticky Tune）。”

尽管引起无意识音乐意向的原因在我书写这段文字的时候还未可得知，但研究者假定，它主要是通过回忆与辨认使记忆变得活跃。一个人越是经常听到一段简单的音乐，这段音乐就越可能给他留下深刻的印象，并且几乎不可能从他的重要记忆中被抹去，至少在某一段时间内是这样的。那段音乐可能会让消费者感到兴奋，但其实那是符合市场营销人员、广告商，以及零售商目的的音乐。

值得一提的是一种通过移动设备传递引人注意的声音的新方法。它们被称为“耳听信号”（Earcon），是一些会出现在设备屏幕的某个具体区域的声音图标。例如，当你点击一家餐馆的图标时，你可能会听见牛排被烤得嗞嗞作响的声音，或者当你在看一幅阳光灿烂的热带海滩的图像时，可能会听到一些轻柔的浪花拍岸的声音。在网络用户浏览餐馆网页或是旅行社网页时，耳听信号会作为几乎从未经过鉴定的说服者发挥作用。

那些曾为了公益事业撰写打动人心的募捐信的广告营销文案一定十分了解语言对强烈情感的触发力量。但是，即便当文案并没有过度乞求拨动消费者的心弦时，语言也可能产生强大的影响力。

语言催眠领域的专家丹·琼斯阐述道：“有许多品牌利用表达感情的语言和其他的语言技巧来操纵消费者的决定。情感状态是催眠状态，而且记忆是依靠情境存在的，因此如果广告商能够把一种情感和他们的品牌，以及一些真实世界的事件联系在一起，那么每当消费者体验到相同的情感时，他们就会在潜意识中想起那个品牌。自从法国心理学家埃米尔·库埃使用像‘每一天，我的各方面都在变得越来越好’那样的话语进行自我暗示后，这种方法已经被频繁地应用于各个领域，其效力也已经为众人所熟知。”

以麦当劳的广告语“我就喜欢”为例。2003年的时候，保罗·蒂利为恒美广告公司（DDB advertising agency）创作了这句广告词。随后它就被翻译成20多种语言。但是为什么是“我就喜欢”，而不是“你就喜欢”呢？

指导人们以一种特定的方式来表现存在遭遇强烈反对的风险，它会使人们产生心理抵触，尽管并不一定都是在意识层面。这种心理上的抵触会导致他们做出与你的预期相反的决定。因为当电视观众听到“我就喜欢”时，他们会联想到演员在广告里说了那些话，这种信息很容易进入他们的脑袋，变成一条“脑虫”。然后，因为他们会重复地听到这句话，就好像是听到一曲朗朗上口的音乐，他们就会开始自发地在心中重复这个曲调。这样，消费者就把喜爱的情感和麦当劳这个品牌联系到了一起，并且“我”而非“你”的表达会对消费者产生一种自我暗示，在这些效应的作用下，消费者就会给自己下达一条“喜爱”麦当劳的指令。

运用表达感情的语言来影响消费者购物决定的另一种方法是，聚焦于那些与消费者基本需求相关的情感。我们所有人都有感到安全、感到安心、感到与他人有一种紧密联系，以及归属感的需要。因此，如果一个品牌的营销策略是将其定位为帮助消费者满足其中一项需要，那么这就能够增加人们感到被那个品牌强烈吸引的可能性。

英国汽车协会（Automobile Association）使用的广告语是“对于我们的会员来说，我们就是第四种紧急服务”，这触发了消费者需要安全与安心的情感。吉百利的牛奶巧克力礼盒有一条广告语——“都是因为淑女们喜爱牛奶巧克力礼盒”，它触发了人们感觉与一位重要的人之间存在紧密联系的情感，而且这条广告语还传递了一条重要信息，即当我们想要挑选一样小而浪漫的、“淑女”喜欢的礼物时，就可以选择吉百利牛奶巧克力礼盒。

许多品牌会使用模糊的语言，那样它们所表达的信息就可能适用于所有消费者。这种语言效果被称作福勒效应（Forer effect）或是巴纳姆效应（Barnum effect）。占卜师经常会使用这种技巧，他们会告诉人们一些听上去具体而个人化的信息作为“占卜”的结果，但实际上这些信息适用于大部分人。

例如，占卜师算命先生会说你在人前常常面带微笑，想要别人觉得你自信快乐，但是在内心深处你知道，有时候你会怀疑自己，有时候也会情绪低落，但你想要尽可能避免这种状态的出现。他们的客户会觉得自己有过这种经验，想着这段描述听起来准确而富有洞察力。从品牌的角度来看，不论是消费合作社（CO-OP）的“你一定能在消费合作社找到你想要的东西”，还是阿斯达超市（ASDA）的“每天帮你省钱”，都没有说明一些具体的特征，但这两条广告语却都传递给人一种确定性。

有一些品牌会使用语言中的暗示作为一种微妙的影响方式。暗示会在不引起反抗的情况下促使行动发生，因为消费者常常不会意识到自己正在被操纵。我可舒适（Alka-Seltzer）泡腾片的广告词：“扑通扑通，嘶嘶，终于舒坦了。”就在以一种微妙的方式操纵消费者的情感。每个人都想感到舒适，因此会从不舒适的状态中寻找解脱方法。许多人没有注意到，这条广告语也为消费者提供了一条含蓄的产品使用说明，它告诉消费者一次需要吃两片，因为“扑通扑通，嘶嘶”不是一片药能制造出来的声音。我可舒适通过暗示性地鼓励消费者服用更多的药片，大幅提升了销售额。

在上一章中，我介绍了苹果销售代表消除客户反抗情绪的策略，还有一个在笔头与口头都能被广泛使用的技巧，一种将产品转化为益处的方法。这个技巧遵循着一条简单的规则：“因 X 得 Y，那就意味着还有 Z”。例如，一位想卖一台相机给你的销售人员可能会说：

> 这台相机配有一个 f1.4 镜头，快门速度最快达到 1/10000 秒。

但这些产品细节只对我在 5 章中介绍过的系统 R 式的思考具有吸引力。如果这种信息与消费者的需求之前确实存在关系，为了搞清楚两者之间的关系，消费者就需要花费一些心智能量。如果把这些产品特点转化为益处，吸引力就会直接指向由情感驱使的系统 I 式思考。例如，销售人员可能会对一位想购买一台相机的年轻母亲说：

> 想象一下，你要在宝宝的生日会上给他拍一张照片，你想用镜头完美地记录下当时的情境。这时候，如果你用这台拥有 f1.4 光圈的相机，不开闪光灯也能拍出很棒的照片。

如果想买相机的是一位父亲，销售人员可能就会说：

> 想象你的儿子参加了他学校里最出色的足球队。这时候他正在踢一场重要的比赛，你想要确保自己能抓拍下所有的动作。如果用这台快门速度达到 1/10000 秒的相机，你就能记录下所有美好的瞬间，最快的射门也不在话下。如果给这台相机装一个长焦镜头，你拍出的照片就能制造身临其境的感觉。

我们都是叙事型的人，喜欢听别人讲故事。销售人员通过把客户的思维从商店引导向生日会与运动场，不仅使消费者开启了自动思维模式，也操纵着他们产生了积极的情感。

为了检验将产品转化为益处的情感操纵力量，我进行了一项实验。我把监测装置的感测器粘连在受试者身上，然后安排他们阅读一些不同版本的推销言辞，同时监测他们在阅读时大脑与身体的活动。无一例外的，相比较提供产品细节的描述性语言，那些列出产品益处的推销言辞引起了受试者更加积极的反应。

贝蒂妙厨，复制娇妻

品牌想要操纵的情感既要是有效的，也得是合适的。我的意思是，品牌所催生的情感必须与产品本身保持一致，而且必须与消费者当时所处人生阶段的具体情感需要相一致。

正如莎士比亚所说，我们每个人在生活的戏剧中扮演着许多角色，其中有一些是我们为自己创造的，大部分是其他人强加给我们的。比如我们的父母、老师、合作伙伴、雇主、社会、宗教，以及存在最普遍但影响力同样强大的我们的文化。当我们感觉一种情感符合自身角色的扮演方式时，我们就会觉得它是适合的。

在大部分历史中，女性被养育以及被社会化的原因，大多是为了使其扮演一种与电影《复制娇妻》(*Stepford Wives*)的情节中类似的角色。这部 20 世纪 70 年代的经典科幻电影讲述了一个发生于虚构的康涅狄格州斯戴佛城中的故事，住在那里的丈夫们都秘密将自己的妻子杀害，并以机器美女取而代之。这些“复制娇妻”不但个个身材外貌一流，还包办所有家务，而且毫无怨言。不论现在听起来这有多么荒谬可笑，但是在很长一段时间里，这就是许多女性相信她们生来就必须扮演的角色。而且这是一种许多广告商迫不及待想要去利用的观念。

1921年，位于明尼阿波利斯的通用磨坊面粉制造公司创造出了贝蒂·克罗克，一个完美的家庭主妇、家务料理者以及母亲的形象。贝蒂是一个从未存在过的，只在广告中出现的虚构的女性形象。当初通用磨坊公司创造她是为了对许多来自消费者的要求对烘焙做了解的信件做出回应。相比于客观地讲述这些信息，通用磨坊决定创造出一位女性来代表公司向消费者给出答案。

选中贝蒂这个名字是因为它听起来活泼、朝气蓬勃，而且很亲切；她的姓氏来自通用磨坊公司的董事威廉·克罗克。她的脸部形象是通用磨坊公司家庭服务部门里所有女性的合成肖像。

通用磨坊公司创造贝蒂这个形象从一开始就是为了操纵她的读者与观众内心的两种强有力的情感：骄傲与内疚。骄傲在于女性作为家务料理者所取得的成就，而且通过购买通用磨坊的获金奖的面粉，她们会产生快乐、满足以及自我实现的感觉；愧疚在于，如果女性不使自己成为完美的烘焙机器，她就可能辜负家人的期待。

贝蒂在她的一次广播节目中对美国女性发出了警告："如果你把白煮卷心菜和油腻的炸土豆塞满一个男人的胃，那么他想要和别人打架或是出去犯罪，你还觉得奇怪吗？"

贝蒂的每周烹饪节目始于1924年，作为美国首个烹饪节目，贝蒂很快就拥有了大量的铁杆粉丝。贝蒂的烘焙课程会用自然的方式重点介绍通用磨坊的产品，在课程与课程间，贝蒂会强调女性成为好主妇的重要性，她向听众保证："正如女性从事任何职业能够获得的满足那样，成为好主妇也能让女性拥有那样的满足感。"

对于其数百万粉丝来说，贝蒂并不是一个广告中的虚构人物，而是一个被众人欣赏、尊重、信任与模仿的人，而她们通过简单方便地购买贝蒂所推荐的面粉，就能成为像她一样的人。

情感操纵术的应用范围很广。我们已经对使用最为广泛的焦虑、内疚，以及对安全感的需要进行过探讨。现在，我想要转而关注一种已经被证实能够在品牌差异化的过程中促使它们获得极大成功的情感：骄傲。

在所有品牌经理想要操纵的情感中，骄傲具有非常重要的地位，这完全可以归因于人类的生物现象。墨西哥大学的进化心理学教授杰弗里·米勒阐述道："人类从小社群进化而来。在小社群里，形象与地位在各方面都非常重要，包括生存、吸引异性、给朋友留下深刻的印象以及养育孩子。

如今，我们用商品与服务美化自己，不仅仅是享受拥有大量物质的感觉，更多的是为了给其他人留下印象。这表明'唯物主义'导致我们对许多类型购物的认识产生了严重的误导。"

研究者对精明的时尚消费者，如我在第一章中介绍过的对在纽约第六大道上四处寻找便宜货的人，进行了一些研究，探查当他们在面对假冒名牌产品，或者即便是真品，但是被错误地告知是伪造品时，大脑中发生的反应。研究结果已经揭露了品牌具有使人产生骄傲、地位与优越性情感的力量。

即便当一个没有品牌名的时尚产品的品质、外观和感觉与真货相同，如果消费者相信它是假的，那么监测其大脑与身体的设备就不会显示出即便是最微小的兴奋特征。脑电波的传输速度不会加快，心率不会加速，与兴奋相关的皮肤电导率不会升高。同样的，如果时尚消费者眼前出现了一件名牌产品的完美复制品，比如一个仿冒的路易威登手提包，或者是一块仿造的百达翡丽（Patek Philippe）手表，假设手表的金属材质相同，而且会发生同样的物理振动，手感就好似真品，那么也只有当消费者没有发现它是仿冒品时，他们才会产生兴奋的感觉，一旦被告知真相，兴奋感会立刻消失。

到目前为止，我们所探讨的情感操纵技巧都发生于公开环境。尽管有时候，商家会在文字中隐藏一些指令，或者使图片具有微妙的模棱两可的含义，但是都没有试图把这种操纵行为隐藏起来。只要消费者意识到了它们的存在，并且有心寻找，那么很容易就能发现商家使用的这些技巧。我们将要在下一章节中探讨的操纵力量不属于这一类，我们即将进入的是一个令人不安的，具有高度争议性的世界，一个阈下启动与说服的世界。

第 8 章

阈下启动

让广告渗入大脑的每一个角落

时长只有 0.03 秒的广告为什么能让可乐的销量提高 18%，让爆米花的销量蹿升 58%？时尚杂志上无处不在的性暗示信息，会对香烟和烈酒的销售产生怎样的帮助？

在不知不觉中被灌入了大量潜意识信息的消费者，看似可以自由选择，其实已经别无选择。

我们拥有许多选择。或者说，我们真的拥有吗？我们消费了什么以及消费了多少，更多是出自下意识的选择，而非深思熟虑。广告业利用这种自发性来开发负担于许多工业化国家的现代人类身上的那种贪得无厌的欲求。

——艾丽卡·罗森博格（Erika Rosenberg）

《专注力与消费主义》（*Mindfulness and Consumerism*）

1957 年的夏天，据称约有 5 万人在未察觉的情况下成为了一项卓越的精神控制实验的受害者。消息一经传出，美国群情激奋，一个短命的价值数百万美元的产业横空出世，一场完美的媒体狂热风暴也应声而起。这场闹剧持续了 6 个星期，但实际上，引起这场争议的实验从未发生。

5 年后，设下这场骗局的人，詹姆斯·麦克唐纳·维卡里承认，整个事件完全是一场宣传炒作，目的是为他那家正在为生存苦苦挣扎的市场研究公司招徕生意。维卡里这次行动的结果是，他所声称自己已经创造出来的革命性新技术——潜意识广告——就此消失于历史的尘埃中，世人在此后的 40 年里都未见其踪影。即便到了今天，有一些心理学家，甚至有更多的广告专家依然拒绝承认潜意识广告的存在。有位广告主管曾将这种意识范围之下的刺激描述成了一种都市神话。

1981 年，世界最大的广告公司之一麦迪逊邦（Foote, Cone & Belding Communications）董事长约翰·奥图尔撰写了一本书，名为《广告的烦恼》（*The Trouble with Advertising*）。他在这部作品里明确地阐述道，根本不存在像潜意识广告这样的东西。他坚称："我从没见过关于潜意识广告的实例，也从未听说过广告人会把潜意识广告作为一种技术认真地进行探讨。

人类心智能够如此轻易地被控制，而且通过在人类没有意识到的情况下向其下达一些强制性的命令，就能操纵他做出违背自己意愿的行为，或是降低其判断水平，要相信这点实在是有损人的尊严。”

但近期科学界对大脑的研究已经证明这些批评者是错误的。尽管有些研究无法总结出任何确切数据，它们无法被复制或是方法上有缺陷，但潜意识广告确实能对消费者的偏好产生深刻的影响，只是并非通过维卡里所提出的粗糙生硬的方式，而是通过一种更加微妙、有效的方式，这种方式被称为“启动”(Priming)。

在本章中，我将会依次讲述这个事件的奇怪背景，也会解释潜意识广告的早期使用者在哪里犯了错，并讲述如何将这种技术应用于影响消费者的购买决定上。

潜意识广告：营销界的加特林机关枪

1957 年夏天，新泽西州利堡市的一家电影院正在上映电影《野宴》(*Picnic*)。片方将其作为一个浪漫的爱情故事进行宣传，在这部电影中男女主角如触电般被对方吸引住，无法自拔地陷入这场爱情。”《野宴》获得了奥斯卡金像奖的六项提名，票房表现相当不俗。但是，坐在电影放映厅的观众并不知道，42 岁的维卡里计划要在他们不知情的情况下把他们当做小白鼠进行一项实验。维卡里是潜意识投影有限公司（Subliminal Projection Co.）的创立者，按照其后来所述，电影播映前他在放映室里安装了一台自己发明的设备，后来他告诉记者，这种设备能够非常快速地把广告信息投影在电影屏幕上，速度之快以至于观众用裸眼都无法看到。维卡里宣称，尽管这些广告信息没有被观众有意识地接受，但它们依然会对观众的潜意识产生影响。

他讲述道，在电影播放期间，每隔五秒钟他就会把“渴了吗？喝可口可乐吧”以及“饿了吗？吃爆米花吧”投影在屏幕上，但是因为这些语句每次闪现在屏幕上只会停留 0.003 秒，观众们从未清醒地意识到它们的存在。

为了向公众发布他的新发明，维卡里在纽约举办了一场记者招待会。一位来自《纽约客》（*New Yorker*）的作家描述道："约有 50 名记者出席了记者会，所有人都乖乖地坐着，坐在我们小小的悲哀的凳子上，这让我们的大脑防线被轻易突破。"

一开场，维卡里就满腔热情地讲述他的新"潜意识放映"技术，他声称，这种技术的功用在于直接根据消费者潜意识的需要和愿望向其推销产品，从而使广告业发生革命性的变化。他坚称自己的目的是善意的：让人们再也无需被动地观看出现在电视里、报纸杂志上，或者是广播里的没完没了的广告。用一位记者的话来说，取而代之的，商业信息能够在他们未感知的情况下被直接送进入他们的大脑。

然后维卡里概述了在利堡市电影院所进行实验的结果，声称他的发明促使可口可乐的销量提高了 18.1%，爆米花的销量蹿升了 58%。关于这两种产品销量提升幅度的差异，维卡里没有做出任何解释，也没有讲述这项测试的更多具体细节。此外，他也拒绝提供任何关于新发明的信息，给出的原因是，新发明正在申请专利，必须对细节保密。

随后，会场的灯光被调暗，维卡里为记者们播放了一部简短的彩色电影，《暗礁的秘密》（*Secrets of the Reef*），电影中插入了可口可乐商标的潜意识图像。可口可乐的商标总共在五彩斑斓的鱼群画面上闪现了 169 次，但即便他故意把电影播放的节奏放慢，让商标变得可以被裸眼看见时，记者们也只能明确地看到 3 次。在记者会的尾声，维卡里问了与会者一些问题。后来他承认，与会者当时显示出了敌意、抗拒以及心神不定，也预告着很快就会有恶行出现。

当维卡里被问及，在没有知会过人们或是经过人们同意的情况下，对人们进行操纵是否符合道德标准，他回答道："召开记者会的目的是引起公众对潜意识广告的关注，并且公开理性地对技术的影响进行探讨。"他反对使用"操纵"这个字眼，他认为这个词带有贬义且不准确。维卡里坚称，潜意识广告是"提醒"人们去购买，而非迫使人们购买。

电影观众中有人购买了可口可乐或是爆米花是因为那些一闪而过的信息提醒了他们自己饿了或是渴了。维卡里强调道，这些瞬间闪现的信息对于那些既不饿也不渴的观众不会产生任何影响。

等记者招待会已经吸引了足够多的公众注意后，维卡里紧接着迅速开始提供一种“动机研究顾问”的服务，同时也继续对潜意识广告技术进行完善。他向广告公司的老板和大型公司的首席执行官们保证：“这种无害的微技术将会帮你卖出成堆成堆的商品。”

可能是因为老板与CEO们担心自己错过广告界的下一个大事件，据说各大商家总共向维卡里支付了高达450万美元，相当于如今2 250万美元的合约与服务定金。这些合约最终兑现了多少我们无从知晓，有许多评论者在提到这类消息时，都把它们视为维卡里高超骗术的进一步证据。

那么维卡里是谁？他的出身背景是什么，他如何获得了一种如此持久与具有争议性的名声？

1915年4月30日，维卡里在底特律出生。在他只有6岁的时候父亲就去世了，后来他把这件事称为他人生中的毁灭性打击。父亲的去世让维卡里一家陷入了严重的财务困境。

维卡里从15岁起就开始为底特律当地的一个盖洛普民意测验团体，底特律自由新闻论坛（Detroit Free Press Forum）担任送稿生的工作。6年后，他进入了密歇根大学学习社会学，在那里他组织起了大学的学生意见办事处。第二次世界大战之后，他创建了詹姆斯·M. 维卡里公司（James M. Vicary Company），专门对品牌与产品的名字进行分析。他的主要客户有《时代》杂志、福特汽车公司、通用磨坊以及高露洁。

维卡里会针对民意调查和不同类型的测试撰写多篇评论，他那犀利且常常具有争议性的观点很快就吸引了媒体的注意。有一次他将女性烘焙蛋糕暗示成为一种分娩的替代物；还有一次，他从理论上阐明了女性在超市中购物时会进入了一种被催眠的恍惚状态。

在《隐形的说客》一书中，万斯·帕卡德把维卡里称为："可能是所有运作独立深度市场调研公司的主要人物中最有才华以及最讨人喜欢的一位。他的工作是举例证明广告商为了刺激消费，通过市场调查和对无意识心理原理的利用而对消费者产生的影响力。"

因此，等到维卡里召开记者招待会，宣布他的潜意识广告实验的结果时，他已经同时获得了营销大师的声誉和操纵人心的骂名。不过，在那场有些来者不善的记者招待会召开之后的几个星期之内，他就从天堂摔落地面。

曾有一位记者把潜意识广告描述成为"继加特林机关枪以来最令人担忧的以及最邪恶的发明"；与此同时，《新闻日报》(*Newsday*) 也公开表示它是"自原子弹以来最令人担忧的发明"；《洛杉矶时报》(*Los Angeles Times*) 对维卡里发表了公开谴责，说他"和纳粹战犯一样邪恶"，并且说他应该被枪决；《星期六评论》(*Saturday Review*) 的编辑诺曼·卡曾斯在一篇题为《玷污潜意识》(*Smudging the Subconscious*) 的社论中，以"欢迎来到 1984"开头，接着警告道："如果这种设备能够成功地让人们购买爆米花，那么为什么不用在选举或是其他活动上呢？如果我们能够促使人们的潜意识对人性做出某些特定的判断，那么为何不能用隐形信息来破坏或提高声誉呢？"最后，卡曾斯敦促当局"将此项发明以及所有与之相联系的事物放入核实验中心安排测试"。

所以，如果维卡里曾经想要被公众视为英雄，正如他所说，因为他让美国人免于被数不清的广告轰炸，那么他的幻想很快就破灭了。要理解为何潜意识广告会引发大众媒体歇斯底里的反对，我们需要考虑到这个国家的政治气氛。

朝鲜战争 (Korean War) 结束于维卡里事件发生的 4 年之前，这场战争曾导致成千上万的美国士兵被俘。其中有些美国士兵被敌人说服，散播声明公然抨击美国是"战争贩子"，并且歌颂共产主义的美德。医疗和军事专家认为这是由于朝鲜军方对战俘进行了有计划有步骤的心理操纵。“精神控制”和“思想改造”这样的词汇进入了大众的视野。

在这种狂热的氛围下，维卡里的研究迅速被像新闻界与公众视为一种洗脑行为，一种暴政与颠覆的潜在武器，一种能够将美国社会转变成为一场反乌托邦式的噩梦的技术。英格兰作家阿道司·赫胥黎在他于1931年撰写的科幻小说《美丽新世界》（*Brave New World*）中预言了反乌托邦式噩梦的到来。

一年之后，在一本名为《再访美丽新世界》（*Brave New World Revisited*）的书中，赫胥黎描绘了一种能够传播思想与广告信息的“潜意识投影机”。他提出，这种潜意识技巧很有可能轻易地变成一种“操纵毫无戒备的心灵的强大工具”。他声称：“未来的科学独裁者将会在学校和医院里安装他们的‘窃窃私语机’和‘潜意识投影机’。在所有的公共场合中，即那些可以用越来越具暗示性的演讲术或是宗教仪式对观众施加初步精神软化措施的场所，也会安装这些机器。”

在不到一年的时间里，潜意识说服在公众的思想中，已经从一种广告技巧转变成一种能够破坏民主、控制与操纵个体思想、摧毁自由，同时还能使人们持续拥有自由错觉的技术。几周以后，3家主要的美国广播电视网络，哥伦比亚广播公司（CBS）、全国广播公司（NBC）与美国广播公司（ABC），都宣布禁止在它们播出的电视与广播节目中插入任何形式的潜意识广告。

1958年6月，维卡里突然从纽约消失。他没有留下任何能够表明他去向的信息。5年后，他重新出现在了公众的面前，参加了《广告时代》（*Advertising Age*）的一场访谈。他在访谈中公开承认，整个事件都是他虚构出来的，目的是尝试拯救他那濒临破产的营销业务。他伤心地说道：“我想，我的全部成就就是在公众的习惯用语里加入了一个新词汇，而且对于一个为商品和公司挑选正确名字作为事业的人来说，我应该在使用像潜意识这样的词汇之前先想想清楚。”

在接下来的那个月里，英国广告从业者协会（British Institute of

Practitioners in Advertising）宣布禁止其成员在任何形式的广告或是协会宣传中使用潜意识信息。就此，潜意识投影有限公司被驱逐出业界，而且可能是羞愧于自己曾经为如此明显的骗局买账，广告高管们一个个相继否认他们曾使用过潜意识广告的技术。

隐藏在众目睽睽之下的 SEX

尽管维卡里可能已经真的相信自己正在开创一份新事业，但人们可能会被一些低于他们意识阈值的视觉或听觉刺激因素影响的观念却可以追溯至古希腊。在公元前 5 世纪，希腊哲学家德谟克利特以“在我们未感知到的事物中有许多是能够被感知的”来阐明，人们可能受到我们始终未察觉的景象与声音的影响。

奥地利精神病学家奥托·珀策尔曾在 1917 年进行了一项研究，在研究中他以每张 0.01 秒的速度向受试者展示了一些风景图片，并且询问他们都看到了些什么。因为考虑到图片在受试者眼前停留的时间极短，因此他们无法给出明确的答案也不令人感到奇怪。然后他让受试者在第二天早上回到实验室并且描述他们前一晚的梦。他发现，有些受试者所做的梦里包含了前一天在他们眼前一晃而过的图片。换句话说，大脑已经在无意识的情况下以潜意识信息的形式把这些信息记录了下来，并将它们融入了受试者的梦中。

> 20 世纪 30 年代，哈佛大学精神病学家詹姆斯·G. 米勒证实，非常模糊不清的图像可能会在一种潜意识的层面被感知。在他称之为一场超感官知觉（ESP, extra-sensory perception, 一种超心理现象，就像人们所说的“第六感”。——译者注）的研究中，米勒让他的受试者正对着一面很大的镜子坐着，至少看上去是一面镜子。研究者告诉受试者要目不转睛地盯着镜子，同时他走进另一个房间，尝

试通过心灵感应向受试者传递卡片的图像信息。他时不时会打电话来询问这些受试者，他正在用心灵“传送”什么样的卡片给他们。实际上，他会在镜子的背面投射非常模糊的卡片图像，他实验的真正目的是看这些模糊的图像是否会被观看者以潜意识的方式感知到。

实验结果证实了他的猜想。在开启投影机之后，受试者猜测卡片图像的准确率比他们单纯靠运气时要高出许多。所有受试者把他们的反应归因于超感官知觉或是直觉，没有任何一个人说自己看到了投影在镜子背面的图像。

在实验的第二阶段，米勒逐步增强了图像投影的亮度，使得这些图像对于任何刚走进房间的人来说都显而易见。尽管如此，许多受试者继续相信，他们所猜出的卡片图像是他们想象的产物，而且当被告知存在这样一台投影机的时候，他们表现出了惊讶与震惊。

显然，当人们接触到潜意识刺激的时候，他们的大脑中会发生一些变化，不过大脑成像技术还要过许多年才会问世，这种技术能够解释大脑发生了怎样的变化，以及这种变化意味着什么。

那么，潜意识广告到底是什么？另外，有什么证据能够证明潜意识广告确实会改变想法，影响态度，以及促进销售？

严格来说，只有当人们没有意识到自己已经看到某样东西或听到某种声音的时候，才能说这种刺激是被潜意识感知到的。只有那些并不打算要被意识感知到，而且也没有被意识感知到的短暂呈现的文字与图像才能被称作是潜意识的文字与图像。这种特性很重要，因为“潜意识”这个词常被错误地用于描述其他的广告技巧。

能够让信息在绝大多数时候都绕开清醒大脑，并且直接将信息输入潜意识的呈现方法有以下四种：

- 潜意识信息，传输过程太快，不会被意识感知到；
- 阈上信息，有时候能被看到或听到；
- 嵌入信息，阈上信息的一种，常用一种情感唤起的或是令人不安的形式被隐藏在另一个图像或是声音之中；
- 隐藏在能够被清楚看到的事物之中的信息，因为一种被称为“非注意盲视”（因使用设备而导致的注意力分散的现象）的心理学效应，往往不会被发现。

潜意识信息 我自己的实验室进行了一项研究，实验中我们向受试者展示了一些人们正在进行日常活动的照片。这些照片每播放完一张，紧接着就会播放一张潜意识图片，每张潜意识图片只会出现 0.01 秒，图片中描绘的日常活动有积极的也有消极的，例如一条可爱的小狗，或是一具血迹斑斑的尸体。然后，我们会要求受试者对照片中人物的性格做出判断。例如，他们看上去是友善还是冷漠，是热情还是不友好，是外向还是内向，是开朗还是孤僻。

我们发现，在积极的潜意识图片之后播放的照片，要比在消极的潜意识图片之后播放的照片得到的评价更高。另外，如前文所述，我们还把监测设备的感测器粘连在受试者身上，记录下了他们大脑与身体中所发生的活动。这些感测器接收到的信息表明，相比较积极的潜意识图像，消极的潜意识图像使受试者产生了更加强烈的心理与生理唤起反应。

荷兰乌得勒支大学的亨克·阿特斯与他的同事所进行的一项研究清晰地证实了，用潜意识的方式也可以影响身体力量。在这项研究中，研究者在乌得勒支大学的 42 名本科生面前短暂地展示了 3 组词汇，每组有 5 个词。第一组词汇描述了强体力活动，例如“努力”、“强健”；第二组词汇是带有褒义的形容词，例如“好”、“愉快”；第三组是中性副词，例如“此外”、“大概”。然后研究者告知这些大学生，他们正在参与一项被设计用于测试一种新型握力器的适用性研究。然后研究者继续告诉这些学生，当电脑屏幕上出现“握”这个词，他们就要立刻用自己的优势手去握仪器的手柄，当这个词消失时就立刻松手。

研究者发现，那些之前已经看过与强体力活动和积极词汇相关的人，反应速度更快，当指令出现时，他们会更快地握住仪器的手柄，并且产生更强的握力。阿特斯解释道：“研究结果证明了，以潜意识的形式事先提供强体力活动的信息，会有助于人们准备好表现出强有力的姿态，但是当这些事先提供的潜意识信息伴随有一种积极的刺激时，则会激励人们付出更多的努力。”

适用于图像和文字的原理也适用于符号。斯坦福大学的罗伯特·扎伊翁茨对一项实验进行了记录。在这项实验中，研究者以每个多边形 0.001 秒的速度向受试者展示了 10 个多边形。在那之后，研究者会将一个展示过的多边形和一个未展示过的多边形组成一组，要求受试者指出，每组的两个多边形中自己更喜欢哪一个。研究者发现，受试者会更加偏爱之前看过的多边形，即便没有哪位受试者知道他们之前看到的多边形到底是哪一个。

正如我将会在稍后阐述的那样，尽管评估个性、增强身体力量以及观察多边形，看上去似乎和购买行为不存在任何联系，但这样的潜意识研究揭示出了许多对消费者购买行为产生潜意识影响的方法。不过，让我们首先来看一看另外三种在未清醒意识到的情况下产生影响的方法：阈上信息、嵌入信息，以及被隐藏在清晰视线下的触发物。

阈上信息　在 2000 年美国总统竞选期间，乔治·W. 布什耗资 250 万美元制作了一条广告来谴责竞争对手阿尔·戈尔的处方药计划，这个计划曾被嘲笑“过度官僚主义”。在这条广告的末尾处，画面上出现了“官僚决策”这条短语，然后短语裂成了碎片，在屏幕上到处飞舞。许多民主党人描述道，在广告播放的过程中，“卑鄙的人”这条短语以粗体字母的形式在屏幕上停留了 0.3 秒。负责制作这条广告的经验丰富的广告策略师，亚历克斯·卡斯特利亚诺斯否认了想要以潜意识方式影响投票者的指控。他声称使用这个词纯属偶然，并且坚称 :“我们不会像那样做事。我没那么聪明。”

不论这个安排是否是有意为之，这都不是一个潜意识广告的例子。往一系列图像中插入一幅图像，常被错误地描述为潜意识手段，但更加准确地应该将其称为“阈上信息”。正如那个“卑鄙的人”的争端，这种图像的插入是肉眼可识别的，但这种技术在被使用之后往往会招致强烈的抗议，使人感觉似乎产生了适得其反的效果，许多国家都禁止使用这种技术。

嵌入信息　看一看图 8.1，在继续读下去之前仔细地观察一下它。

图 8.1　奇怪的花

你看到了什么？假如你是第一次看到这张图片，那么和大部分人一样，你将会看到一张插图，上面描画出了四朵看上去有些奇怪的花。

如果你看到的画面是那样，那么请珍视它。现在我即将要揭示一些东西，这些东西将会永远改变你看待那些花朵的方式。其实“SEX”（性爱）这个词被嵌入了这幅图像中。如果你还是看不到它，那么更仔细地看看左起第一朵花与第二朵花之间的空白处，在那里你将会发现字母S。字母E位于左起第二朵与第三朵花之间，字母X则位于左起第三朵与第四朵花之间。

威尔逊·布赖恩·基是一位心理学家，他曾经是一位记者、市场研究者以及军事照片分析师。1969年的某一天，威尔逊在教授一堂媒体研究课时发现，《时尚先生》杂志（*Esquire*）中一篇文章和插图的有些地方很奇怪。

在一次采访的过程中，威尔逊讲述了自己留意到的东西以及这个发现所导致的结果：“我正在讲课，介绍当今的一位反传统诗人。然后我看到了一张图片，我想画里的人就是他，一幅上下颠倒的他的画像。而且，他身后的书架上有一个勃起的生殖器被当成书立使用。我边绕着桌子踱步边说，‘我的老天！那个东西不应该在那里出现！’然后我开始查阅资料，3个月内我的办公室里就堆起了一堆厚两英尺的资料。我知道他们是想把一些东西加入那幅画，然后我就发现了“SEX”的问题。”

在接下来的几年里，威尔逊“揭露了”嵌入在各种广告画面中的描述性行为的信息，从一杯杜松子酒中的冰块，到童子军制服。他不仅从广告图片、油画、素描和美术设计中，也从电影和电影海报中找到了那些他称之为象征阴茎崇拜的图像以及其他充满情绪的图像，例如头骨与魔鬼。他自信地宣称，商家这么做的目的是为了让人们购买他们不想要或是不需要的东西。

1974年，当威尔逊出版《潜意识诱惑》（*Subliminal Seduction*）时，他发现他的阴谋论已然拥有了一个读者群。《潜意识诱惑》是他以此为主题所撰写的第一部作品，他在后来还撰写了另外三本。在几个月内，这本作品售出了约 900 万本，这使他一下子成了名人。但是正如维卡里在近 20 年前就已经发现的那样，他所吸引到的大部分注意力是怀有敌意的。

威尔逊在 2005 年时回忆道："是的。我受到了威胁！凌晨 3：00 我接到电话，里面有个声音说，'我们知道你住在哪里，也知道你的孩子长什么样。我们会抓住你，你永远也不会知道我们会从哪里突然出现！'这有点让人心神不宁。所以我最终搬离了那座城市。"

1984 年，威廉·E. 基尔孟、斯科特·佩因顿与 D. 里德利进行了一项研究，我们可以从其中找到支持威尔逊观点的证据。在阅读了《潜意识诱惑》之后，他们确定了全国性杂志中的两条广告，怀疑其中嵌入了性潜意识的信息。

其中一条是特醇万宝路香烟（Marlboro Lights）的广告，看上去广告描述了两个牛仔骑着马穿过了岩石地形，但巨石之间隐藏有阴茎的形象。第二个是芝华士（Chivas）威士忌的广告，似乎在威士忌的瓶颈下方展示出了一位裸体女性的背部。

在一项研究中，研究者把这些显而易见的嵌入信息粉饰遮掩掉，然后向一组受试者播放了 30 秒长的包含嵌入信息的原始广告，第二组受试者看的则是被修饰过的版本。在两种情况下，研究者都把传感器粘连在受试者的手指上，用以测量他们观看广告时的生理唤起程度。研究报告显示，观看原始广告的受试者的唤起程度要比观看修饰过广告的受试者高出 20%。

应该注意的是，其他类似的研究没能收获结果，同时有些研究方法受到了严厉的批评。结果是，我们依然没能解决当嵌入图像与文字包含性信息时，会对购物决定产生怎样的影响。

从图 8.2 中的 6 张扑克牌里任意选出一张。仔细观察这张卡片，观察人物的服装，面部表情，以及处在序列中的位置。

图 8.2　扑克牌测试——第一组序列

现在翻到 266 页，然后再次仔细地观察这组扑克牌。你可能会很惊讶地发现，我居然能够读出你的所思所想，并且明确地知道你会从中选出哪一张，而且我已经提前把它移出序列。

当然，实际上我并不具备那种能力。我是一位神经心理学家，不会读心术。之前你选出的那张卡片消失了是因为所有的卡片都发生了变化。让你集中关注其中的一张是因为，我希望你会减少对其他卡片的关注，甚至完全忽略。如果我在授课时使用这种方法，十次有九次会成功。而你没有发现这点，可能是这种方法奏效了，也可能是你一时半会还发现不了真相。

这阐明了一个事实，即我们倾向于只会意识到我们留意的事物。有一个著名的实验对所谓的“只见树木，不见森林”效应进行了论证。

哈佛大学的丹尼尔·西蒙斯与克里斯托弗·查布里斯将两支拥有三名球员的队伍在队内轮流抛掷一个橙色的球的过程拍摄了下来，其中一支队伍身着白色上衣，另一支队伍身着黑色上衣。研究者要求受试者在观看视频的同时对其中一支队伍的传球次数进行计数。在传球游戏进行的过程中，有一个穿着大猩猩服装的女孩子走入了镜头，在队伍中间停留了几秒钟，拍打了几下胸口，然后大步走出了镜头。令人惊讶的是，观看视频的受试者中有 46% 的人根本没有留意到大猩猩的出现。当我自己在报告会上播放这段视频时，也将近有一半的观众没有留意到大猩猩的存在。他们只集中精力于计数传球的次数，以至于从头到尾都没发现大猩猩的存在。

最初的研究者发现，追踪身穿黑色上衣队员传球次数的人比那些追踪身穿白色上衣队员传球次数的人更容易留意到大猩猩的出现。这是因为大猩猩在感觉上和他们正在追踪的身着黑色上衣的队员比较像，因此大猩猩得更加容易被发现。

关于把精力集中于一件事而忽略另外一件事的情形，值得我们注意的是，一旦那些被隐藏在众目睽睽之下的或是嵌入的信息被指明，我们就没法再忽视它了。现在，你一定会留意到那只大猩猩，一定可以识破扑克牌的把戏，也一定会注意到隐藏在插图 8.1 中的性暗示了。

那些出现在眼前，而我们因为非注意盲视没能看到的事物，会对我们的行为产生影响吗？答案是肯定的。芝加哥大学的特拉维斯·卡特和他的同事决定进行一项实验，看看如果让美国国旗短暂地在投票者眼前晃过，是否会对他们的投票态度和投票意向产生影响，即使是在人们根本没有留意到这强有力的国家象征的情况下。在 2008 年美国总统大选之前，他们在网络上进行了一场调查，对当前民众的政治倾向、爱国主义和民族主义情怀、对新闻事件的了解程度以及对具体事件的态度进行了了解。他们要求调查的参与者分别评估自己对总统候选人，贝拉克·奥巴马与约翰·麦凯恩，以及副总统候选人约瑟夫·拜登与萨拉·佩林的支持热情。

调查表有两个版本，两个版本之间只有一处小小的差异。其中一个版本的调查表左上角印有一面非常小的美国国旗。结果发现，收到印有美国国旗调查表的参与者，比那些收到未印有美国国旗调查表的参与者，更倾向于把选票投给共和党的候选人。研究者称："只是让一面不起眼的美国国旗出现在参与者的面前，就能够使他们的投票意愿、投票行为、态度以及信念转向共和党那一边。"

在奥巴马参加总统竞选的一年后，民主党人依然掌握国会两院的大权，此时研究者将这项研究进行了一些调整，然后重新操作了一次。这一回，研究者向来到实验室的受试者展示了一些建筑的照片，并且要求他们判断那些照片是在一天中的什么时刻拍摄的。其中两张照片里出现了美国国旗，国旗被挂在旗杆上或是建筑的正面。另外两张照片和之前的两张相同，只是研究者把美国国旗移除了。

调查过程中，研究者没有采取任何方式把受试者的注意力吸引到那些国旗上。接下来，他们把以前做过的调查进行缩略，然后又做了一次。再一次的，被忽视的图像使政治权利的履行产生了摇摆。而且在将近一年以后，当这些研究者对当时的受试者重新进行测试时，国旗所造成的影响依然维持不变。他们阐述道："这个发现表明，美国国旗会引导人们的思想向共和党倾斜，甚至在民主党执政期间也是如此。再一次的，这种效果不会因为政治意识形态或是其他任何被测变量而减弱，这意味着对于参与研究的自由派和保守派成员来说，美国国旗也会对他们的思想产生同样的影响。"

口渴的人为什么不爱喝矿泉水?

试想你志愿参与一项研究，这项研究要求你能够准确地发现一连串英文字母中的微小变化。实验过程中，你坐在一个小隔间里，紧盯着一串大写英文字母在你眼前的电脑屏幕上短暂出现又消失。偶尔会有一个小写字母出现，例如，在一串 B 中会出现一个 b。你的任务就是在最后向研究者报告小写字母出现的次数。

测试结束后，研究者会让你吃一种名为"甘草"的咸味糖果。这种糖果在荷兰很常见，每个糖果的一侧都有一个字母形状的凸起。研究者让你尝试着只用舌头去辨认这是什么字母。实际上，他们的真正目的是让你因为尝到更多盐味而觉得更口渴。研究者没有让另一组受试者吃这种糖果，只是简单地询问他们感觉自己口渴的程度。

最终，研究者会让你选择是要喝立顿冰茶（Lipton Ice）还是温泉鲁德（Spa Rood，一个荷兰本土品牌的矿泉水。——译者注）。你选择了立顿冰茶。尽管这个选择似乎是你自由意志的结果，但它依然使你有些迷惑。因为通常来说，在口渴的时候你会更想喝矿泉水，但今天不知怎么的，冰茶却成了你的心头好。

你不知道的是，虽然这看似是自由选择，实际上却是潜意识操纵的产物。当你在观察那些字母串时，“Lipton Ice”这个词会出现在屏幕上，并停留 0.023 秒。结果就是，你被以潜意识的方式说服最后要求喝茶，而不是喝水。这项由荷兰内梅亨大学社会心理学系的约翰·C. 卡瑞曼斯及其同事进行的实验是我们称之为“阈下启动”的一个实例。阈下启动能够操纵消费者的大脑在两种品牌中选择预先设定好的一种。这种方法既有效，也十分强大，且应用范围很广。

乍一看，这似乎证明了多年前维卡里的主张，然而我们必须牢记两点，首先，研究者应用了阈下启动的产品——立顿冰茶——本身就是一种清爽的饮料，因此人们会选择它作为解渴饮料符合常理；其次，阈下启动只会对那些已经感到口渴的人产生影响，对于不太口渴或是完全不口渴的受试者来说，这种方法的效果甚微。

大脑扫描技术以及脑电图描记器的发展让我们已经能够对阈下启动会如何影响我们的思考方式进行直接的研究。2007 年，伦敦大学学院的研究者称，发现了第一条能够证明不可见的潜意识图像确实能够对处于意识水平之下的心理进程产生影响的生理学证据。一支来自认知神经科学研究所（Institute of Cognitive Neuroscience），由巴哈德·巴赫拉米所带领的研究项目组发现，大脑能够记住这种一闪而过的图像，甚至在个体坚定地认为自己什么都没看见的情况下也是一样。通过使用功能性核磁共振成像技术，研究者可以对潜意识图像对位于大脑后方枕叶位置的初级视皮层（Primary Visual Cortex）的影响进行研究。研究者会让受试者躺在扫描仪内完成两个任务的其中一项，然后以一种受试者无法清醒意识到的形式，把像钳子和熨斗那样的日常物品的图片呈现在他们面前。

其中一项任务是，受试者要在一连串字母中找到 T 这个字母；另外一项任务是，受试者要从相同的字母串中找出一个白色的字母 N，或是一个蓝色的字母 Z。完成第一项任务的受试者的大脑扫描结果显示，初级视皮层确实探测到了潜意识图像。但是，完成第二项挑战的受试者的大脑扫描结果显示，没有观察到这类神经活动。原因是第二项任务对完成者的精神集中程度有着更高的要求，于是大脑就自动过滤了潜意识图像信息。

我自己的实验室也一直在使用其他类型的技术探索潜意识广告对消费者行为的影响，同时我们也一直在努力用一种与众不同的技术来探索新方法。这种方法就是内隐联想测验（Implicit Association Testing），它不依赖于脑电活动的变化或是生理唤起程度，而是集中考察一种阈下启动所引发的较为简单的效应：它对反应时间的影响。

19 世纪中叶，弗朗西斯库斯·唐德斯进行了一项研究，研究结果对我们理解认知过程起到了很大的辅助作用。在这项相当基础的研究中，唐德斯对惯用左手的受试者与惯用右手的受试者对于出现在他们左侧或右侧的刺激的不同反应时间进行了测量。他发现，如果刺激出现在他们做出反应所需用到的那只手的另一侧，那么他们的反应时间就会略微长一些。换句话说，如果他们需要用右手对一个信号做出反应，而这个信号出现在了他们的左侧，那么他们的反应时间会长一些。

这项研究发现帮助唐德斯为当今神经营销领域所使用的最强大实验方法——内隐联想测验——的诞生埋下了伏笔。这种方法可以被研究者迅速地掌握运用，借助它，研究者可以轻松地对无意识思维的过程进行探索。在之前的章节中，我曾把无意识思维过程称为系统 I 思考过程。不论我们是不是有意识地做出反应，也不论这是否与我们的信念相反，这套隐形系统总是在发挥作用。

在前文中我曾举过一个关于自动化思维的简单例子，即那四个会引导大部分人得出答案“蛋黄”的问题。内隐联想测验就是为了识别出这种反应。在测试思维的自发性时，因为人们处于时间压力之下，他们没有机会在大脑中开启我们所谓的“先导系统”并进行后期处理。所以这种测验的目的就是识别出那种纯粹的，本能的反应。

例如，如果我问某个人他是否带有种族偏见，大部分人会立刻否认。有些人说的可能是真话，但也有一些人是在故意说谎，只是为了掩盖自己拥有不为社会大众所接受的意见这个事实。但是我们发现，做出不实否认的人数惊人的多，不过他们自己可能都没有意识到自己的“不诚实”。这是哈佛大学隐形研究项目的发现，自 1998 年以来这个项目组就一直在通过互联网上的一个公开的内隐联想测验网址（https://implicit.harvard.edu/implicit）进行数据的搜集工作。其中一项测试对人们把简单搭配进行归类的速度进行了测量，例如“白色 + 枪”以及“黑色 + 枪”，或是“白色 + 财富”以及“黑色 + 财富”。

当完成测试的人被要求把两件物品进行搭配的时候，两件物品间的潜意识联系越强，他的反应速度就会越快；联系越弱，反应速度就越慢。研究者从测试结果中总结出，大部分通过因特网对种族偏见问题作出回应的人潜意识中都带有种族偏见。

但是，非常重要的是，我们要把偏见联系与偏见行为进行区分。偏见联系就好比当人们把一群年轻男性和一群年轻女性做比较时，男性所感受到的威胁那般无关痛痒。尽管这种反应不总是理性的，但我们常会在情感意识的某些层面发现它的存在。

内隐联想测验被用于探索各种不同的概念，包括性别刻板印象、自我概念、自尊、避孕措施的使用、女性权力，以及众多品牌与产品和消费者之间的关系。这项测验也被广泛用于测量广告在改变一个人对于一件产品或一项服务所持有的隐藏信念方面，具备多强的有效性。

在一项由国际思维实验室进行的内隐联想测验中，研究者把三星 Galaxy 智能手机广告的有效性和苹果 iPhone 手机广告的有效性进行了比较。研究者要求受试者把两种手机归入不同的类别，例如“创新 / 传统”、“聪明 / 愚蠢”、“高效 / 低能”，同时他们也会对受试者建立联系的速度进行测量。

然后，研究者会向受试者展示一些各不相同的广告，其中有一些是 Galaxy 智能手机的广告，还有一些是无关产品的广告。在观看了这些广告之后，受试者完成了第二次比较任务。结果清晰地证实，Galaxy 智能手机的广告削弱了苹果与创新之间的联系，与此同时三星与创新之间的联系强度保持不变。这项实验的发生早于三星和苹果之间的那场旷日持久的竞争，三星最终能够在智能手机市场中把曾经位于榜首的苹果击败，这项实验功不可没。

因为内隐联想测验不需要把电极粘连在人的头部，或是让人进入大脑扫描仪，就能探索到潜意识的思维进程，所以我们可以像在实验室里一样在网络上简单地运用它。国际思维实验室已经发展出了一套应用内隐联想测验的工具。我们可以通过网络寻找受试者，测试可以在受试者家里或是办公室等熟悉的环境中进行，测试所得的结果和那些在控制条件更严格的环境下所得的结果同样准确而深刻。

被操纵的自由消费意志

在之前一个章节中，我讲述了品牌对消费者行为的影响。在这个章节中，我们探索了潜意识广告与阈上广告在操纵消费者以某种特定方式做出反应方面所扮演的角色。品牌是渴望的象征，代表了消费者所期望的自我特质，例如温文尔雅或是拥有重要的身份。结果就是，品牌阈下启动能够唤醒和这些期望结果有关的目标，并由此引发目标导向的行为。

举例来说，通过潜意识的影响，相比百事可乐我们会更偏爱可口可乐，或是相比一碗沙拉我们会更想要一套“开心乐园餐”。已经有研究表明，快餐的标志，例如麦当劳的金色拱门，会在潜意识中促使用餐者吃得更快，而且变得更加不耐烦。在商店里里安插一个不起眼的外形为信用卡的标志，会在潜意识中促使消费者花更多钱。我们周围充满了阈下启动的诱因，通过广告与市场营销活动，这些阈下启动线索会对消费者的态度、情感以及行为产生影响。

正如内梅亨大学的卡瑞曼斯所指出的那样 :“尽管事实上维卡里的广告技术似乎只存在于他自己的幻想之中，如果具备某些条件，他的空想也可能真的变成现实。”

对于很多人来说，这就是我们对于当今这个消费社会最深感不安的地方。购物中不存在自由选择或随机行为。不论我们有多么想要相信自己的行为是独立自发的，实际上我们都在被阈下启动所操纵。

尽管我们在没有意识到这点的情况下依然能够无忧无虑地消费、生活,但归根结底还是它左右了我们的购物决定和消费选择。除了电视，我们不会在任何其他地方找到更多阈下启动的诱因，而且也只有在电视里，这些诱因才能被如此高明地隐藏起来，这也正是我将在下个章节里探讨的主题。

第 9 章
当电视看着你
重塑受众的心智空间

电视虽然不能左右人们如何思考，却能告诉他们思考什么。18 个月大的婴儿就能识别商标；3 岁时就会向家长索要某个品牌的商品；6 岁的女孩就开始喜欢新潮时装，涂指甲油；8 岁的男孩开始喜欢啤酒广告，偏爱暴力游戏……导致他们过早习得这些成年人习惯和爱好的原因只有一个——电视广告的说服力量。

广告是主流文化态度、价值观念、思想意识以及大部分所遵循的社会规范与谬见的创造者与永久保存者。它有助于创造一种能够使某种态度与价值观广为传播的社会环境。

——琴·基尔孟（Jean Kilbourne）

教育博士

在许多家庭里，当人们在看电视的时候，这些电视也会反过来看他们。最初，相关机构支付给了这些家庭一笔钱，他们即同意在他们的电视机内部或外侧安装上摄像机。摄像机会把他们观看了哪些节目以及观看过程全部记录下来。例如他们多久会换一次台？广告播放期间他们是否会继续观看？电视播放节目的同时他们还会做些什么事情？经观察发现，人们在看电视的同时还会做许多事情，包括交谈、吃零食、阅读、玩电脑游戏、跳舞、争抢遥控器以及亲热。研究者会将所有数据进行分析，然后为电视节目制作人和广告商提供一份关于电视节目将会引起观众何种反应的深度研究报告。

我自己的实验室也进行了类似的研究，我们会启动受试者手机里的摄像头，这些摄像头会向实验室里的我们实时传送图像数据。这样我们就能立刻向电视台反馈，观众对于他们的新节目或是广告的接受程度怎样。在一些研究里，我们也已经记录下了在观看电视节目期间，观众的大脑活动、心率、皮肤电导率、肢体活动、眨眼频率以及姿态的变化，这样就能够对观众对于自己看到和听到的东西所产生的潜意识反应进行探索。在本章中我将讲述一些研究发现。

广告公司和他们的客户投入的制作费和广告费高达数百万美元，他们再也承担不起任何风险。他们想要获得可靠、科学的证据，以证明他们的营销活动十分有效，而且他们的钱花得很值，因为广告已经构想出了完美的销售说辞。

引导思想和行为的“黑匣子”

距离苏格兰发明家约翰·洛吉·贝尔德发明电视已经有 90 年了。电视改变了社会习惯，使零售业发生了革命性的变化，甚至可以说塑造了我们的思考方式。在 21 世纪，电视之所以能影响我们的生活、决定我们的购买选择，以及决定我们消费模式，在一定程度上是神经科学和大脑成像技术的进步所带来的结果。研究者会对观众在看到和听到某些东西时的反应方式进行逐秒分析，得出的分析结果可以用于对广告的细节进行调整，以增强其说服力。这些改动通常十分微小，比如改变某一种颜色、对声调进行一些调整、增加或减少几句台词，或是更换一种不同类型的背景音乐。

我之所以想要对电视的影响力进行研究，既是出自专业需要，也有一些个人渊源。这要追溯到 20 世纪 20 年代末期，当时我的母亲是一位 18 岁的舞者，她在世界上第一个电视节目中担当舞蹈演员。她回忆起了早期电视节目制作的情景，贝尔德会穿着绒拖鞋到处走，还会亲自为演员和工作人员泡茶。她还讲述道，为了增强当时小屏幕上画面的反差感，表演者必须化那种颜色奇怪的妆，而且当时的演员要在一种黑白条纹的背景下表演芭蕾舞中的脚尖立地旋转，同时还要被一束移动的光“扫射”。这束光是由一个快速旋转的转盘制造出来的，这形成了早期电视的相当原始的图像特征。

如今，这种媒体技术的波及范围与影响力已经发展到了前所未有的地步。通过广告，电视能把某个品牌捧成超级明星，同时也能让其他一些品牌名声扫地，直到逐渐被人们遗忘。而且，广告从实质上形塑了社会环境，它能够改变人们的态度，使人们形成某些观点，并且操纵消费者的选择。它为人们提供了生活背景，它的存在如此司空见惯，以至于人们几乎觉察不到，但它的力量却如此强大，几乎无可匹敌。

我所指的不仅仅是角落里的那些无处不在的盒子。如今观众希望自己能在任何时间，任何地点获取娱乐资讯。人们想要在自己需要的时候，通过电脑、平板以及智能手机收看节目，而不想被网络连接所束缚。由于电视会运用本书到目前为止所探讨过的所有说服技巧来影响我们的反应，所以我们应该首先了解，电视如何一步步获取其终极隐形说客的支配地位。

在美国，有98%家庭拥有至少一台电视，其中有80%的家庭拥有两台甚至更多。在所有发达国家和越来越多的发展中国家，电视的普及率也相当高。例如，20世纪80年代，中国的大城市引进电视，此举受到了人民的一致欢迎，成为中国第二大文化事件，如今几乎每个中国城市家庭都拥有一台电视。

爱立信消费者实验室（Ericsson' s ConsumerLab）的一项调查发现，现在人们最多会把33%的休闲时间用在观看电视节目上。在美国，人们每天看电视的时间大约是7个小时，一位普通观众一生会在这个盒子面前度过20年；在英国，人们每天大约会花费4.5个小时观看电视，一生加总起来约有13年。单单今天一天，在全球约5亿台电视机面前，全世界所有人总共会花费约35亿个小时观看电视节目。

如今，电视节目和广告在许多孩子的社会化成长过程中，比他们的学校、宗教，甚至他们的父母所扮演的角色更加重要，并且对他们产生的影响更多。琴·基尔孟是韦尔斯斯利妇女中心（Wellesley Centers for Women）的访问研究学者，他对此评论道："广告在我们生活中的影响力越来越强大，而且广告所推销的远不只商品本身。如果我们说自己没有受到广告的影响，那就是在自欺欺人，轻视与忽视广告越发膨胀的重要性会使我们身处危险边缘。"

也是在最近的20年里，人们才开始认可电视所具有的改变社会的真实力量，并且对其进行研究。电视节目看上去那么简单，有的人甚至认为有些愚蠢，因此很多学者长期以来都一直回避研究电视所产生的影响。来自北卡罗来纳大学历史学系的罗伯特·艾伦承认："对于很多人来说，包括我自己，电视和早餐，或是我们起床时候的表情，在我们的生活中拥有相同的地位；电视已经成为了日常生活的重要组成部分，但学者依然没有认真地对它进行过分析或是思考。”

此外，近期的技术进步，例如通过网络在智能手机上看电视，已经改变了电视的使用模式。全球最大的管理咨询公司埃森哲(Accenture)的一项调查显示，在日常的一周内收看电视节目的消费者从2009年的71%下降到了2011年的48%。研究者在巴西、中国、法国、德国、印度、日本、俄罗斯、南非、瑞典以及美国，总共访问了1 000名消费者，研究也报告道，在接下来的12个月里想要购买一台电视机的消费者数量已经从2010年的35%下降到了2011年的32%。当然，这并不意味着人们突然不再观看电视，转而去看书或是听广播，实际上他们仍在不同的地点，通过不同的设备观看电视，这些设备包括智能手机，笔记本电脑以及平板电脑。

在眼球争夺战中，云计算（Cloud Computing）也会对受众行为产生显著的影响。埃森哲研究的受访者中超过一半的人表示，他们转而使用在线服务与云计算。近33%的人表示再也不，或者说几乎再也不会去租借或购买DVD，近40%的人表示会在网络上玩游戏，同时近30%的人会浏览网络上的信息。这种传统电视与网络服务之间的结合，以及电脑和电视之间越来越小的差异将会成为下一章我们探讨的话题。

电影《富贵逼人来》（*Being There*）改编自杰西·科辛斯基的中篇小说。著名喜剧演员彼得·塞勒斯在其中扮演一位不识字的园丁钱斯，他的整个一生都在一位作风古怪的百万富翁的庄园内度过。他关于真实世界的少许认识全都来自电视。

在钱斯的恩人去世以后，庄园的律师把他驱逐了出去，然后他就在华盛顿的街道上漫无目的、茫然不知所措地游荡着。钱斯以为他在街上看到的所有事物就好像是发生在电视里的那样。当他遇到一些街头匪帮的时候，钱斯威胁说要用他的电视遥控器“把他们关掉”。坐在警车里的时候，他评论道 :“透过汽车挡风玻璃看到的世界就和电视里看到的一样，唯一不同的是你能看得更远。”

这是一部讽刺喜剧，它反映了许多看电视过多的观众正在越来越多地开始认识这个世界。根据美国传媒学家乔治·格伯纳的涵化理论(Cultivation Theory)，电视的公式化和程序化的叙事内容使人们脑中的世界与真实产生了严重的偏差。他解释道 :“电视里的戏剧、广告、新闻和其他节目把一个相对合乎逻辑的由常见图像与信息组成的世界带入了每一个家庭。”结果就是，电视会在儿童观众的幼年时期培养他们产生一些倾向和喜好。

每天花上几个小时，专心地观看一种实际上并非事实的“事实”，再加上身处在那种典型的看电视的环境，也就是自己的安全舒适的家里，这会使观看者产生一种受感情驱使的心理状态，而非理性思考状态。结果就是，人们被鼓励顺从地把明显被电视节目的叙事结构所歪曲的现象当成现实。尽管很多观众从没和那些在电视上看过的人有过直接接触，但他们依然相信，自己真的了解这些人，了解他们如何生活、拥有什么，以及他们所做出的购物选择。这种伪知识塑造了消费者自身的期待、满足的状态，以及他们的兴趣和愿望。

圣路易斯大学的沃尔特·翁教授对此评论道 :“我们很难意识到，自己所获取的信息中只有极少的部分来自于我们和实体环境的直接接触，很难辨明其中有多少信息只是间接地从他人以及众多媒体那所获得。由此，我们在形成关于这个世界的事物到底是怎样的观点的时候，会变得更加依赖于他人。尽管通过电视，我们会了解远离日常生活能够直接体验到的事件，但同时我们也错过了许多事物的真实性。”

来自加利福尼亚大学的安东尼·普拉卡尼斯与埃里奥特·阿伦森，在他们的作品《宣传的时代》(*Age of Propaganda*)中，提出了以下重要的问题 :为何由诸多媒体所描绘出来的世界具有如此强大的说服力?我们很少会质疑被展示在大众面前的图景。我们几乎不会问自己一些问题，例如："他们为什么会在晚间新闻时段向我播放这个故事，而不是其他的故事呢？"

某些电视节目几乎一直被观众理所当然地视为现实的反映。观众一旦接受，电视节目就会引导我们的思想和行为，以及认识世界的方式。

有研究证实了这个观点。每天花四个小时或者更长时间观看电视的观众，和那些花少得多的时间从电视里获取信息的观众相比，所持的价值观会截然不同。例如，看电视多的观众会相信，社会中的犯罪、暴力、酗酒、吸毒以及卖淫现象要比实际情况更加普遍。他们也更有可能歧视其他种族；更容易高估从事医生、律师或是运动员这类职业的人数；更容易认为女性在能力和兴趣方面，相较男性更加有限；也更容易认为，相比较 20 年前，如今的老年人人数更少，而且身体更不健康，尽管事实恰恰相反。最终，他们会更容易认为这个世界是一个危险、邪恶以及自私的地方。

威斯康星大学的杰克·麦克劳德和史蒂文·查菲评论道："考虑到观众在电视这种媒介下通常会停止怀疑，常会处于某些人所谓的被动认知状态，涵化理论假定，更加狂热的电视观众将会认为，真实世界与电视里的社会再现更加一致。对于狂热的电视观众来说，真实世界会变得更像电视里播放的那个世界。"

斯坦福大学的仙托·艾英戈与密歇根大学的唐纳德·金德进行了一系列巧妙的实验。在这些实验中，研究者对七天之内晚间新闻的内容进行了巧妙的操控。这些新闻里有一类集中关注美国国防问题，第二类关注的是环境污染，第三类关注的则是经济政策。研究者会让受试者在这七天之内只观看三类新闻的其中一类，实验者会对受试者在观看前和观看后对这些话题的意见、评价以及态度进行评估。

和研究者的预测一致，集中观看单一类别的新闻报道导致每个小组的受试者都把该小组观看的进行大量报道的话题，视为他们国家所面对的最紧迫以及最重要的挑战。

当受试者观看的新闻集中于国防问题时，他们对总统的评价很大程度上会取决于总统在国防领域所做的工作；当他们观看的新闻是关于通货膨胀问题时，人们评价总统时主要会根据总统在平抑物价方面的表现。

正如哈佛大学政治学家伯纳德·科恩所指出："大众媒体在告诉观众怎样想这方面可说是一败涂地，但它在告诉观众想些什么这方面却做得非常成功。"

如何培养一个天生购物狂

在因特网和网上购物出现之前，电视使产品流通更加快速成功的能力在零售业历史上达到了顶峰。1981 年，洛厄尔·帕克森创办了家庭购物网络公司（Home Shopping Network），后来更名为 HSN，这是全球首家有线电视零售商。这个节目在其播出的 9 年内 24 小时不间断地播放，为 6 400 万户美国家庭提供服务。

它为观众们提供了制造商所谓的"广告娱乐"，这是一家开在观众自家客厅里的商店，观众可以从这家商店里买到一切，从像锆石首饰那样的俗气装饰品，到时装、厨具、玩具以及电脑。消费者再也不需要花时间翻阅商品目录，填写并寄出订单，然后等待 7 ~ 10 天才能收到商品。他们只需要拿起电话拨通屏幕下方的号码，而如今这点小小的不便也进一步被简化成为，只需按动遥控器上的某个按钮，或是用鼠标点击几下即可完成购物。如今，两家最成功的电视零售商 HSN 与 QVC，它们的年收益都超过 100 亿美元。

电视是一种通过广告或植入广告帮助商家销售特定商品的手段，与此同时，电视也创造出了一种消费主义盛行的社会氛围。因为电视节目常会讲述富裕消费者的生活，于是电视迷们不仅会高估社会的富裕程度，也会认为社会中的每个人天生拥有获取这种程度财富的权利。

正如我将会在稍后阐述的那样，这种扭曲的世界观从他们大概两岁的时候，即能够按动遥控器时开始，就被反复灌输进他们的大脑。许多广告和电视节目的构思方式会创造出一种比较感，观众不是感觉自己不如出现在电视上的人，就是认为出现在电视上的产品好过那些没有出现的产品。

例如，研究报告显示，如果女性观看了极具魅力的模特代言的香水广告，她们对自己外表的满意度就会降低。在一项研究中，男性在观看了电影《霹雳娇娃》（*Charlie's Angels*），之后，他们对一位潜在相亲对象的吸引力评价会比他们在看这个节目之前的评价要低得多。

这些电视引起的不安全感和自我怀疑的感觉是一种广泛使用的被称为“伤害并治愈”（Hurt and Heal）的销售技巧。它会让消费者先体验伤痛，然后再向其提供一种简单的治疗手段，即购买某件产品。下回不论当你观看的是关于一件产品、一项服务，或者甚至是某个政治党派的宣传广告时，留意一下广告商对这种策略的使用有多么频繁。

电视一直是一面消极反映社会样貌的镜子，它是一种能够全面而强有力地说服他人的媒介。电视始终在传播一种观念，即获得真正的幸福、社会接纳以及浪漫承诺的方法是持续不断地消费。我们刚开始观看电视的时候，它就已经在发挥这种影响了。

“尽管有着悲惨的命运，这些小受害者依然在玩耍。”这句台词摘自 19 世纪诗人托马斯·格雷的诗作《伊顿公学展望》（*Ode on a Distant Prospect of Eton College*），在某种程度上，其实完全适用于描述在电视机前成长的一代人，电视陪伴他们度过了自己的性格形成期。

心理学家约翰·华生在他于 1924 年撰写的作品《行为主义》（*Behaviourism*）中吹嘘道：“如果合法地给我十几个健康的婴儿，并且提供给我一个专属的世界来养育他们，我能保证，不论是哪一个婴儿，不论他的天赋、倾向、脾性，以及祖先的种族如何，我都能把他训练成为我想要使之成为的那类专家。”

华生的论述大致概括了那些把目标瞄准青少年的生意人的目的，他们不关心这些小孩的人生，而只是努力确保他们会成长为狂热的消费者。当电视把儿童和青少年设定为目标观众时，它能够发挥最为强大的说服力量。例如，美国 8 ～ 13 岁的儿童每天要在电视机前待上约 3.5 小时，每月要观看约 40 000 条广告。甚至早在 10 年前，来自德克萨斯州农业机械大学，曾被称为“儿童营销教父”的詹姆斯·麦克尼尔教授就估算过，特别针对儿童的广告与营销的总费用高达 150 亿美元。

据朱丽叶·肖尔说，普通美国婴儿在 18 个月大的时候就能识别商标，在 3 岁大的时候就能向家长索要具体某个品牌的商品。到了 3 岁或 4 岁的时候，孩子们会开始相信，品牌能够表达他们的个人特质，例如，他们是沉着、坚强、聪明的孩子。

到了开始上学的时候，孩子们一般就已经记住了几百个品牌的名字。到 6 岁的时候，女生会经常要求家长购买新潮时装，开始涂指甲油，并且开始熟记流行歌曲的歌词。到了 8 岁的时候，男孩会开始喜欢看啤酒广告，并且开始玩暴力视频游戏。导致他们过早习得这些成年人习惯和爱好的原因，主要是电视广告的说服力量。

把遥控器塞进婴儿手里

针对儿童制作的广告通常会以大量心理学研究，并且越来越多的以神经学研究为基础。广告会根据他们的目标观众的感觉和认知能力，以能够最大程度吸引到他们的方式，进行导演、灯光、拍摄、配乐以及剪辑。在《真正的玩具总动员》（*The Real Toy Story*）一书中，调查记者埃里克·克拉克讲述道：“吸引女孩和男孩的方法不太相同。女孩更喜欢轻快的音乐、女性的声音、柔和的颜色和影像；而男孩子更偏爱节奏明朗的音乐、洪亮的声音、鲜明的图像和颜色。”

玩具广告和宣传海报会以一种保证对目标群体具有最大心理吸引力的方式进行拍摄。例如，洋娃娃广告的开场几乎总是洋娃娃面对着摄像机镜头，眼神透过镜头直接看向孩子的眼睛。如此拍摄是为了触发孩子和洋娃娃之间建立直接的情感联结。

通常来说，洋娃娃的外表特征是不成比例的大脑袋，睁得大大的眼睛以及圆滚滚的手脚，这些特征正是在扮演着我曾在第6章中讲述过的“惹人喜爱的”生物释放器的角色。这种画面传递出的信息是：我想做你的朋友。我想和你一起玩。

以男孩为目标的广告会涉及与战斗和暴力相关的内容，因为广告商知道，侵略行为对年轻男性具有吸引力，也因此能帮他们卖出产品。“以男孩为目标的广告通常具有侵略性和战斗导向。”广告导演利奥·扎恩承认道，“会出现持续的攻击与破坏。”通过广告剪辑，这些侵略行为获得了更佳的表现方式，快速剪接能够创造出明快的节奏，由此行动导向的、典型的男性气概得以增强。

因为明亮的颜色对于孩子来说特别具有吸引力，所以相比较更加淡雅与柔和的色调，针对这个年龄层的广告更加喜欢使用明亮的色彩。像卡通一般的超现实场所也常会使用这类色彩。定格动画（Stop Motion）、电脑绘图及其他的电影技巧也常被用于为玩具营造出一种动态影像，暗示着这些玩具也拥有属于他们自己的生命。

大家都很酷，只有你是个笨蛋

一旦儿童进入了青春期，用朱丽叶·肖尔的话来说，青少年会不断感受到自己必须符合市场对于酷的定义的压力。对于大部分年轻人来说，特别是女孩，青少年时期是一个充满自我怀疑和不安全感的时期。大脑要等到人类20岁之后才会变得足够成熟，青少年的大脑正在努力掌握构成自我感的社会规则、价值观以及抱负。结果是，在观看了诸多电视广告之后，面对来自同辈人的压力，以及自身真正社会经验的缺乏，青少年会感到非常不安。相比较人生中的其他任何时期，青少年对电视广告诱惑的抵抗力更差。

许多广告就是针对青少年的这些不安全感以及被同龄人接纳的需要进行构思设计。媒体主管南希·沙雷克阐述道：“发挥最佳效用的广告能让人们感觉到，缺少了这种产品你就是个失败者。孩子们对于这点十分敏感。如果你让他们去买某样东西，他们会抗拒，但如果你告诉他们，不去买的话他们就会变成一个笨蛋，那他们就会把你的话当回事了。原因就是你找到了他们情感上的弱点，这种方法在孩子身上很容易奏效。”

有效吗？绝对的！道德吗？你来决定

在一篇题为《电视食品广告对饮食习惯所产生的启动效应》的论文中，来自耶鲁大学的詹妮弗·哈里斯记述了一个和同事共同进行的实验。哈里斯和她的同事把118名年龄在7～11岁的孩子分成了两组。他们让其中一组人观看一部卡通片，其中包含有4段长30秒的食品广告；他们让另一组人也观看同一部卡通片，但其中没有插入任何关于食品的广告。4段广告中的食品分别是含糖量很高的麦片、华夫饼干和糖浆、水果卷，以及薯片。用研究者的话来说，广告中的食品营养价值很低，但传递了一种快乐的信息，选择它们是因为这几样食品代表了那些在儿童电视节目中播放最普遍的食品广告类型。

在观看卡通片时，研究者向两组儿童都提供了一大碗芝士饼干，并且告诉他们可以随意吃。等卡通片播完，受试儿童也离开之后，研究者会把碗里剩下饼干称重。正如研究者先前预测的那样，那组观看了未含有食品广告卡通片的儿童所吃掉的饼干，几乎只是那组观看了含有食品广告卡通片的儿童所吃掉饼干的45%。在那之后，研究者又用相同的方法以成年人作为受试者进行了一项实验，实验结果也显示出了类似的结果。

哈里斯报告道：“能够提升吃零食的欲望、乐趣以及兴奋感的食品广告，即儿童食品广告中的大多数，会直接有助于增加食物的摄入量。

不论受试者最初的饥饿感有多强，儿童食品广告都会产生这种效果，而且成年人在观看零食广告之后的食物摄入量，完全和他们所报告的饥饿程度不成比例。

近些年来，在监管者施加的压力之下，播放给儿童看的高脂肪、高糖分食品广告已经有所减少。对于家长和健康专家来说这是个好消息。我也将会在下一章里讲述一个不那么好的消息，即移动设备的广告正在逐渐往这个方向发展，现在移动设备的广告变得远比食品广告更有效，而且家长和健康饮食的倡导者要控制这类广告所产生的效果会难得多。

我们已经了解了一些电视借以对个人态度和社会环境产生变革性影响的方法，接下来我们应该转而对广告进行探索，找到使它们尽可能发挥最强说服力的方法。

先催眠，后洗脑

几十年来，验证广告知名度以及广告有效性的传统方法是，简单地询问人们是否记得看过某品牌的广告。对于广告专业人士和他们的客户来说，这依然是追踪广告效果的核心度量方法，或核心评价标准之一。

这强烈表明，为了把看到的品牌信息转化为长期记忆，观众们必须对广告十分留心。正如菲利普·科特勒所说："广告商必须要把大概念转化为一条实际的广告，一条能够吸引目标市场注意和兴趣的广告。"

但实际上真的是这样吗？观众是否真的需要有意识地关注电视广告，才能记住这个品牌或是受到激励去购买它？正如我稍后将会解释的那样，答案是否定的。由此得出的第二个要点是，观众观看电视的方式，是否真的能让他们持续、清醒地意识到正在播放的是什么？研究证据再一次有力地表明，在很多情况下并非如此。

正如我在第 2 章中阐述过的那样，赫伯特·克鲁格曼曾经在一位年轻女性观看电视的同时进行过一项拓展性的研究，研究结果表明，人在看电视时的大脑活动和在阅读时并不相同。当人坐在电视机前时，监测仪器所记录下的电波大多是传播较慢的 α 电波，这表明受试者的心智状态是放松的。当人阅读杂志时则正相反，主导脑电波的变成了更快的、与注意力相关的 β 电波。

杰丽·曼德在他于 1978 年撰写的作品《消灭电视的四点理由》(*Four Arguments for the Elimination of Television*）中指出，单纯看电视这个行为，不论正在观看的是什么，都会建立起一种与催眠类似的心理状态。而且通常我们观看电视的环境是昏暗的，双眼也会长时间盯着一定距离远的屏幕，这些都会增强催眠效应。

看电视时，我们的肌肉通常是放松的，心跳和呼吸也会减缓，常会伴随有某些形式的催眠诱导，但这些并不是发生在真实的世界里，而是发生在一个与之类似但不同的世界，一个由电视节目所创造出的世界里。正如曼德所说：“在一个外部现实已经被移除的密闭空间里，要催眠一个人会变得更容易。”

如今，人们常常会边走路边在智能手机、平板电脑以及计算机上观看电视，观看者的实际心理状态我们还不确知。据我所知，在我撰写这本书的时候，还没有研究者在这类情况下用脑电图描记器进行过研究。不过，考虑到现在观众是在热闹、熙攘以及需要集中注意力的环境中观看广告，似乎他们对于大部分广告都只会匆匆一瞥。因此，广告商和他们的客户所面对的挑战就是，如何创造一条广告使它悄悄跨越观者注意力分散以及漠不关心的障碍，留存在人们的记忆中，并影响他们的购物选择。

神经营销学家在营销方面扮演的角色越来越重要。在我们了解广告界是如何应用神经营销学家的观点之前，让我们首先考虑一下，事实上，有意识关注对于一条广告的成功来说必要性到底有多强。

正如我在第 1 章中阐述的那样，早在一个多世纪以前，美国心理学家沃尔特·狄尔·斯科特就首次报告了一个惊人的发现，即消费者记住了那些他们未曾清醒意识到的广告。

他说有这样一位妇女，尽管她声称在每天上下班的路上从没有留意过电车身上的任何广告，但是她依然记住了所有产品，并且怀有最高的敬意购买了这些广告中的产品。

她之所以会这么做，以及如今的观众对于那些他们从未留意过的广告同样存在觉知并且受到了影响，都可能是一个被称为“内隐学习”(Implicit Learning，认知心理学的一个重要概念，指的是在不知不觉中获得某种知识，学习了某种规则。——译者注）的过程所导致。当我们对广告的有效性进行测量时，内隐记忆（即潜意识记忆）在三个主要方面要优于外显记忆（即有意识记忆）：

- 内隐记忆比外显记忆更加持久；
- 内隐记忆的容量更大；
- 内隐记忆不依赖于我们进行有意识的关注。

研究者所面临的问题是，如果人们对于自己习得的东西完全没有记忆，那么研究者要如何才能搞清楚，他的学习方式到底是外显的还是内隐的。当狗留意周遭的动静时，它们会竖起自己的耳朵，但人类在留意周遭时并不会提供任何确凿的非语言线索。即便你和大部分神经营销公司一样，使用了眼动追踪设备来调查某个人在何处花了多长时间观看一条广告，但这并不一定意味着他是专注的。正如我在前一个章节里所阐述的那样，我们完全有可能在没有真正留意眼前事物的情况下观看事物。

现在大脑成像研究通过让研究者能够监测受试者正在进行“内隐学习”时的心理活动，已经部分解决了这个问题。所有神经营销公司都在使用的一个关键测量指标并非由受试者的话语，而是他们的大脑活动。现在，研究者也会用这种技术来评估有效电视广告的第三个要素：情感投入。

一条广告最好重复多少遍

为了实现广告的效果，它必须满足三个必备条件：

- 广告必须对观众而言具有个人意义；
- 必须与文化相关；
- 最重要的是，要创造出一种温暖与积极的感觉。

触发一种有意义的情感反应对于品牌发挥其说服力来说至关重要，因为所有的购买决定都拥有一种强大的情感层面的基础。在不具有清醒意识的情况下，人的情感也可能受到强势的操纵。确实，正如神经科学家约瑟夫·勒杜已经发现的那样：“当我们没有意识到影响正在发生的时候，我们的情感更容易受到影响。”

使广大观众心中产生温暖、积极情感的一种普遍方法是展示一个讨人喜欢的形象，比如一个可爱的孩子，或是一只让人忍不住想抱抱的小动物。

实验表明，即使这些形象和正在促销的品牌之间不存在任何关系，它们也能起到促销的效果。奥克兰大学的约翰·金和他的同事进行了一项研究，在研究中，他们向受试者播放了一家虚构的比萨饼店的广告，广告片把一只小猫的特写和比萨饼店的商标放在了一起。尽管这两者之间不存在任何逻辑联系，但仅仅在广告片里把两者放在一起进行展示，就能令观看了广告片的受试者对这家比萨饼店的态度变得更积极，更喜欢。

消费者对于形象的选择显然会随着广告商意图诱发的不同情绪而各不相同：衣着暴露的模特能让人产生性欲，开阔的自然景观会令人心生敬畏，身材健壮的牛仔会让人感受到男性的阳刚之气，而柔软的窗帘则散发着舒适的气息。

另一种让观众对你的品牌名字印象深刻的方法是：重复。如果你曾经坐在沙发里，疲倦地观看一条已经重复过无数次的，熟悉到不能再熟悉的电视广告，广告宣传的产品是一种肥皂粉、洗发水或是洗涤剂，那么你可能曾经感到困惑，为什么广告商要不断重复播放这条广告？广告商肯定知道，在一档长 30 分钟的节目期间把相同的广告播放 3 遍是在浪费自己的钱，因为这对于说服观众购买他们的商品完全没有帮助。实际上，观众投诉中最常见的一条就是，他们对于自己必须一遍又一遍地观看同一条广告觉得很反感。

从制造商的角度来看，重复是一种能够确保他们的宣传信息被重复观看的方法，有时确实能够部分覆盖他们的目标消费者。广告公司也喜欢这么做，因为他们的酬金通常来自媒体成本，他们广告的曝光率越高，赚得就越多。此外，如今广告的制作成本非常高，广告的预算常会比电视节目的制作成本还要高，高制作成本使重复成为一种成本效益更高的运作方法。

对于广告重复次数如此之多，以至于惹恼他们潜在消费者的这种行为，还有一个更能令人信服的理由：尽管重复不是最有创造力的说服方式，但确实是最有效的方法之一。

对某个品牌或某个观点不断重复，以此来影响和操纵消费者，这种行为有着悠久的历史。我在第 1 章里介绍过公共关系专家爱德华·伯尼斯所做的工作。在第一次世界大战期间，他充分运用自己的公关能力来争取美国的支持。

20 世纪 30 年代，纳粹宣传部部长约瑟夫·戈培尔以一个简单的假设为基础进行其整个宣传活动，即人们会把他们最熟悉的信息视为真实。他讲述道 ：“宣传必须是简单以及重复的。长期来看，只有那些能把问题简化的人，以及那些尽管遇到了知识分子的反对，依然有勇气永远以这种最简化的形式将它们进行重复的人，才能获取他在影响公众观点方面的成果。”

20 世纪 60 年代，当社会心理学家罗伯特·扎伊翁茨在密歇根大学工作的时候，他证实了如果人们受到一种熟悉事物的刺激，那么相比较眼前出现的不熟悉的事物，会更加积极地评估看待熟悉的事物。使他对这个话题产生兴趣的是一个现象 ：总体来看，在日常用语的使用中，积极词汇的使用频率比消极词汇要高。当时他随机选取一个包含 100 万个英语单词的样本，“好”出现了 5 122 次，“坏”则只出现了 1 001 次 ；“漂亮”的出现频率（1 195 次），要比“丑陋”的（178 次）高 ；“开放”的使用频率（30 224 次）要比“封闭”（3 644 次）的高 ；而且“第一”的使用频率（5 154 次）比“最后”（3 517 次）要高。

在一项研究中，扎伊翁茨向两组受试者展示了一些无意义的汉字，解释道，这些汉字代表了一些形容词，并且让受试者说出这些词的含义是积极还是消极的。研究者提前向其中一组人重复展示了这些汉字，而另外一组人对这些汉字则是陌生的。正如他所猜测的那样，那组正式试验之前已经看过这些汉字多遍的受试者，对于汉字积极程度的评价要高于另外一组。他们也体验到了古斯塔夫·费希纳与爱德华·B. 铁钦纳所称之为“暖流”（Glow of Warmth）的东西，一种在任何熟悉事物出现时会产生的感觉。当扎伊翁茨让受试者评估自己的心境时，相比那些没看过这些汉字的受试者，那些看过的受试者表示，感觉对生活更加积极。消费者研究表明，人们会更加偏爱经常看到的产品或风格，不论之前是否实际体验过那种产品。

有趣的是，我在前一个章节中也介绍了，扎伊翁茨证实了潜意识曝光也会产生相同的效果。换句话说，曝光可以在观者不留意的情况下发挥其效果 ；或者如他所说，喜好不需要任何根据。

为了确保达到这个行业所谓“生效”的程度，同时避免让观众变得心烦意乱，即进入一种被称为“衰减”的状态，广告商应该把一条广告重复播放多少遍？

心理学家赫伯特·克鲁格曼表示，广告至少要重复三次，才会对观众产生一些影响。更多近来的研究表明，重复的次数取决于广告所宣传产品或服务的类别。具有情感吸引力的广告比那些对智力提出更高要求的广告所需重复的次数更少。也就是说，那些涉及潜意识思维过程的广告，比那些需要进行有意识思考的广告，更容易被观众接受并发挥其说服效用。从这里可以明显看出，对于一条电视广告的有效性和其他作用来说，最重要的三个测量指标是：注意力、记忆和情感。

遗憾的是，由于之前给出的理由，直接询问观众他们对广告投入的注意力有多少，他们体验到了什么样的情感，以及他们能够多么准确地回忆起看到过什么，都是不管用的。不是因为观众不愿意提供这类信息，而是他们没法做到。用认知心理学家乔治·莱考夫和瑞菲尔·努纳兹的话来说：“我们大部分的想法是无意识的，大部分的日常思考发生得太快，而且在大脑里处于一个非常低的水平，以至于我们无法对这些思考过程进行分析。大部分认知过程发生在‘后台’，也就是潜意识之中。”

定向反应，让他们时刻瞪大眼珠

当我们对描绘了人们在观看一条有特色的电视广告期间，其注意力提升与下降的图表进行分析时，我们通常会观察到注意力频繁地间隔出现骤升的情况。在约30秒长的广告播放期间，这种骤升发生了24次。这被称为“惊觉”（Jolt），这些激增是由如场景或拍摄视角的转换、突然出现的声音或事物所触发。实际上，任何会打断观众思绪的事物都属于此类。每一次“惊觉”出现时，观众都会努力搞清楚他们看到的和听到的是什么，这时他们的注意力也在被迫集中起来。对于神经科学家来说，这些震惊相当于“定向反应”，即对于我们环境中出现的任何新事物所产生的一种与生俱来的、自动的反应。

“定向反应”的概念最早由苏联心理学家巴甫洛夫提出，他把这种反应称为“这是什么”反射。定向反应会提高我们的注意力，并且使注意力集中于环境中的某些具体方面。脊髓上方的中脑会产生一些原始的“战斗、逃跑或僵立不动”的生存反应。结果是，它会以潜意识的方式运作，同时把意识的注意力导向任何不同的、意料之外的、新奇的，以及所有潜在的危险。

观众不需要学习怎样观察画面的切换，因为，尽管画面切换只存在于电影和电视的艺术世界，但它们依然和真实世界的某些重要方面有着充分紧密的联系，并且会使观者产生大量心理反应。正如当我们看到周遭的一些意想不到的事物会触发定向反应那样，这些被机械强加的视觉上的新奇感也会触发这种反应。广告通过时常令大脑感到“惊觉”，来产生一种定向反应，以提升观众的隐性注意力，增强隐性回忆。

近年来，画面切换的使用，特别是展现更快动作和新奇感的画面的迅速切换，已经变得越发常见。在过去的十年里，广告的平均时常已经缩减了一半，这使得每条广告的镜头数量翻了一番。结果就是，看着电视长大的观众所具备的观看能力要比那些在电视成为大众媒体之前所出生的人要高。这种快速理解迅速切换画面的消极面是，它会使年轻观众产生前所未有的注意力下降的问题，以至于如今的青少年难以在某段时间里专注于一个单独的话题。

在 20 世纪 80 年代，我进行了一项实验，实验的对象是 9 ~ 12 岁的孩子。在实验中，我把他们与设备的感测装置相连，当他们变得漫不经心时，这台设备就会把录像机关闭。

这些手指上粘连感测器的年轻人，坐在舒适的扶手椅里观看一部他们真的很爱看也很想看的卡通片。尽管如此，他们能够保持注意力集中的平均最长时间也只有15分钟。在那之后，他们的注意力开始分散，然后机器会自动关闭。当我在2011年重新进行这个实验，保持注意力最长时间的就只有7分钟了。

在这一章中，我们已经探讨了电视对社会与消费者施加强有力影响的某些方式。在下一章里，我将会探讨移动营销正在如何改变商业与销售模式。

第 10 章

一键下单

移动终端带来的安全感与控制感

如何让销售信息进入像厕所和卧室那种人类销售员无法进入的场所？怎样把无暇购物的消费者变成自己的终身黄金客户？怎样让外来游客第一个找到你的店铺？

乔布斯口中的新一代移动终端不仅开启了一个全新的科技时代，更创造了一个无与伦比的超级消费时代。

一切照常，对于任何一个想要通过社交媒体与移动平台进行传播的品牌来说，都意味着末日。消费者拥有许多比你们消息灵通的信息渠道，他们可以借此检验你话语的真实性。而且不管怎么说，他们最初可能也并没有非常信任你。

——史蒂夫·史密斯（Steve Smith）

专栏作家

在 2010 年 1 月 27 日召开的一场记者招待会上，史蒂夫·乔布斯谈到他预感公司推出的最新产品 iPad 可能会开创一个新时代。这段低调的讲话开启了接下来 10 年的辉煌。在 3 年之内，苹果公司在全球售出了超过 2 亿台 iPad，公司预测，在接下来 5 年内还会实现超过 10 亿美元的销售额。苹果 iPad 和其他平板电脑的问世对产品和服务的营销方式产生了意义深远的影响。

科技智库 ABI 咨询公司（ABI Research）有报告称，当下约有 25% 的平板电脑拥有者每个月会用他们的平板电脑购买价值约 47.6 美元的商品，10% 的人每个月会用平板电脑购买价值约 95.2 美元的商品。移动设备也鼓励了冲动型消费。谷歌公司和全球著名的市场调研机构尼尔森公司（Nielsen）共同进行了一项关于移动搜索习惯的深度研究，研究发现，超过 67% 的移动搜索会在 1 个小时内触发搜索者采取进一步的行动。在超过 28% 的进一步行动中，搜索者会做出购买行为，而在超过 55% 的行动中，搜索者会打个电话或去逛商店。如果把移动商务看成一个整体，预计在 2017 年，它创造的价值会从目前的 120 亿美元增长到 310 亿美元。

在一场场会议上，我都会听到演讲者们向广告商和品牌经理发出相同的警告："移动设备已经创造了一群高度联网的消费者，这群消费者见多识广又愤世嫉俗，他们的观念已经从此改变了广告与营销行业的方方面面。"

专业销售员做不到的事

已经有研究和事实证据揭示，移动设备的拥有者和他们的设备，特别是智能手机之间拥有亲密的关系。“他们说，自己永远不会忘记带手机出门。”媒体邮报网站（Media Post）上的“每日移动营销”版块的编辑史蒂夫·史密斯说道：“把手机忘在家里甚至会让一些人失去安全感。”

我们已经接受了，移动设备可能会成为深受设备拥有者信任的朋友与建议者。通过研究我们发现，相比于活生生的专业销售员，移动设备还具有以下10条显著优势。

优势1：拥有更丰富的知识

移动设备能够储存、获取与操作海量数据，电子设备几乎可以获取无限多的“知识”，不仅仅是和产品本身有关的知识，也能获取关于它们使用者的知识。在下一章中，我将会解释这类知识的获取方式。

优势2：提供可信赖的建议

借助像贝叶斯网络（Bayesian Networks，一种概率网络，是基于概率推理的图形化网络。——译者注）或协同过滤（Collaborative Filtering，电子商务推荐系统的一种主要算法。——译者注）这样的数字技术，电子设备能够预测出某位个体消费者可能购买什么商品，然后向其提供合适的建议。像亚马逊这样的公司已经成为使用这种数据分析法的先驱，基于消费者之前的购买记录，亚马逊能够为其推荐相关的书籍、音乐或其他商品。

优势3：响应更迅速

电子技术通过让购物变得更快、更便捷、更简单来鼓励人们更频繁地进行购物。电子技术能把复杂的活动简化到只需一至两个简单的步骤，或者最好只需要一个步骤，这样消费者就能更简单地完成购物这件事，而且消费者也会冲动得多。

如果你在亚马逊网站上购物，你只需要点击一下鼠标，你购买的商品就会自动要求你的信用卡付款，然后工作人员会进行包装并发货。隐藏在“一键下单”背后的购物步骤缩减策略，在鼓励用户购物方面是实际有效的。在一个变化迅速，竞争高度激烈的全球市场环境中，自动化交易提高了成交的概率。

优势 4：掌握了正确的时机

因为设备和使用者一起移动，它可以在最合适的时机为其提供市场营销信息。但掌握正确的时机远没有这么简单，那意味着要把很多因素考虑进去，包括物理环境、社会情境，以及消费者在某一个瞬间的身心状态。

目前，业界正在开发能够对设备拥有者的情感与身体状况进行探测并给予反馈的设备。这种设备会根据使用者的目标、路线、所处位置，甚至社会情境来调整销售信息，只有当这些信息不会分散周围人的注意力时，才会被提供给消费者。例如，如果设备探测到使用者有些疲惫，它就可能会提议他去喝杯咖啡，并且告诉他最近的星巴克咖啡店在哪里。如果使用者看上去有些沮丧，设备就可能会建议他去趟健身俱乐部或是美容院。

福格在他的作品《劝导技术：运用电脑来改变我们的所思所做》（*Persuasive Technology: Using Computers to Change What We Think and Do*）中讲到，他的两位学生制作了一只配备全球定位系统的玩具熊，这只玩具熊能够实时了解主人的准确位置。他们的点子是，让麦当劳把这只小熊免费送给或是廉价卖给它的顾客。不论何时，只要这种玩具熊靠近一家麦当劳快餐店，它就会开始播放一首歌，歌唱快餐店里的食物有多么美味，还有它是多么想要吃那些食物。

尽管这种玩具从未投入生产，但我们也可以想象出，当一家人开车或走路经过一家麦当劳时，这样一种适时的信息会具有多么强大的说服力。我们也可以很容易地想象出，家长可能很快就会开始厌恶这种实时的销售信息，同时我们也会对这样一种玩具能够存在多久感到好奇。

当然，那为我们引出了掌握正确时机的第二个要点：环境和某件特殊商品的可得程度同样重要。例如，在麦当劳小熊的例子中，对软件做一些简单的调整就可以确保小熊只会在一天的某个合适的时刻播放这首歌，比如接近午餐或是晚餐的时候。

优势 5：可以提供个性化产品

最近，广告业和营销业的一个流行趋势是追求个性化，销售信息也在向满足个体消费者具体关心的需求方面发展。移动设备可能比设备拥有者最亲密的伴侣知道得还要多，结果就是，它们可以根据个体需求为其提供量身订制的产品和服务。

正如我即将在下一章说明的那样，我们将会从大量社交媒体中越来越多地获取这类信息。例如，如果一位消费者曾经表达过自己不喜欢麦当劳，更喜欢汉堡王（Burger King），那么设备在为其提供引导性营销信息的时候就会把这点纳入考虑。

通过利用个人的喜好信息，手机就能把自己从一台机器转变成一位可信赖的朋友。考虑到营销的商业潜力，对于像可口可乐、百事可乐、麦当劳、家乐氏以及汉堡王这样的大型跨国公司正在带头开发移动与定位营销技术，我们就不会感到惊讶了。

优势 6：能够无休止地持续

正如每一位销售人员所知，在销售这件事上，坚持不懈终将收获回报。而且如果要比拼持续性，数字营销设备将轻而易举地胜出。移动设备从不会感到被冷落或是被拒绝，除非接收到程序指令，否则它们不会因为对方说“不”，就轻言放弃。

优势 7：匿名性

正如我在第 5 章里讲述的那样，尽管许多消费者会对销售人员的帮助给予积极回应，但有些时候他们也更偏爱数字交易的匿名性。当人们在购买具有高度私人性质的商品时，这种保密性会显得尤其重要。

优势 8：无所不在

移动设备正在迅速成为日常生活的一部分。你会发现，轿车、卡车、电视机、手表、洗衣机、冰箱以及牙刷都嵌入了某种形式的电子设备。这意味着，运用我即将描述的几种方法，几乎可以把任何家电变成一个移动营销平台。这样，销售信息就可以进入像厕所和卧室那种人类销售员无法进入的场所。

优势 9：互相联系

射频识别（RFID，可通过无线电讯号识别特定目标并读写相关数据，而无须在识别系统与特定目标之间建立机械或光学连接。——译者注）芯片是一种被广泛用于追踪消费者购物情况的低成本信号传送器。我们也可以运用类似的技术打造智能家居。

例如，你可以为冰箱配备一台无线电接收器，用于接收像牛奶那种消费品中嵌有的芯片所发出的射频识别数据，当某些关键主食储备量低于正常水平时，无线电接收器会向用户发出提醒。提示这种现象的短信会在使用者的台式电脑、平板电脑或是手机上显示。

当然，这种设备也可以通过因特网把相同的信息发送给某位供应商。超市可以借此向设备拥有者及时发送相关提醒。商店也可以通过提供折扣或是标记出特价优惠等方式来引诱使用者采购更多商品。消费者只需按动手机上的一个按键，就能完成购物。

许多工作繁忙，时间紧张的消费者会非常欢迎这种自动化服务。使用了这项服务，他们家中的冰箱和商店的货架就会对各类消费品的存量进行持续监控，从面包和鸡蛋，再到卫生纸和红酒。当消费品储藏量变低时，客户不需要做任何事，冰箱会自动向超市发出订单。当送货车载着客户所需的商品到达他们家门口时，他们才会意识到自己需要购物了。

当汽车需要更换机油或是胎压变低的时候，设备就会向车主，可能也会向附近的汽车修理厂发送提醒；一套商务西服可能会提醒穿着者对它进行熨烫；一支电动牙刷也可能会指出需要为其更换刷头，或是刷牙时使用更多牙膏。

“环境智能”领域的一位专家，大卫·赖特说道：“在不久的将来，所有的制成品，我们的衣服、钞票、家电、墙上的涂料、地板上的地毯、我们的汽车，每件东西都会被嵌入智能芯片与传感器，有些人把它称为“智能微尘”(Smart Dust)”。

如果所有信息也被传送给零售商或是制造商，他们就能迅速地把与之相关的营销信息发送给消费者。

优势 10：可伸缩性

当需求增长时，数字科技可以迅速简单地进行扩展。如果消费者的兴趣减弱或是需求发生了变化，它们也能同样迅速地进行缩减或是策略上的改变。招募和训练人类销售代表需要耗费时间，但我们可以在短得多的时间里对电脑程序进行修正和改进。

在了解了电子技术的十条显著优势之后，现在让我们来看一看商家是通过哪些方法来把这些技术应用于产品的营销，并且建立起了顾客的忠诚度。

因产品而生的游戏平台

自从 20 世纪 70 年代初乒乓球游戏 Pong 进入游乐场以来，游戏已经在 40 年内得到了长足的发展。不仅游戏的图像变得更加精细和复杂，而且近来虚拟现实技术的发展通过优化玩家在视觉、听觉、触觉以及嗅觉方面的感受，模糊了真实景象与数字化生成影像之间的界限。

虚拟现实创造出了一种计算机生成的环境，在这种情况下玩家会身处一个虚拟的世界里，这个世界不仅会提供逼真的图像与立体声，还会散发出相应的味道，以及虚拟的触感和阻力。例如，一位玩家可能会伸出她的手来“接住”一个虚拟的网球。当球“落在手上”时，她似乎能够感觉到球的重量、“粗糙不平”的质地，而且当她的手指握住网球时能感受到球体的“形状”。

游戏数字化营销法运用了技术最先进的动画、高清视频以及增强现实技术（Augmented Reality，通过计算机系统提供的信息增加用户对现实世界感知的技术。——译者注），使玩家进入一种全新的、能够激发情感的环境。玩家会全身心地沉浸在这个常常意想不到，且令人恐惧的虚拟世界中，而这个世界会通过耗尽玩家抑制冲动行为所需要的心理资源，来减弱他们对自身的控制力。

玩游戏需要玩家集中注意力并且沉浸于做出毫不费力的动作，结果是玩家的自我感会逐渐丧失，同时会伴随产生时间流逝的虚假印象。数字市场营销人员能够如此流畅地把广告和植入式广告与身临其境的互动型视频游戏相整合，以至于对于大多数玩家来说，这些广告实际上成为了游戏本身无法分割的一部分。

“恐怖旅馆 626”是全球最大薯片生产商菲多利公司（Frito Lay）于 2008 年开展的一场非常复杂，且具有独创性的网络营销活动。这场营销活动的目标是让两种年轻消费者不再喜欢的薯片，多力多滋黑胡椒口味薯片和烟熏切达奶酪口味薯片重新受到消费者的欢迎。公司决定不再向母亲们兜售产品，而是直接向那些真的会吃他们产品的青少年进行推销。菲多利公司的市场营销部门计划了一场以万圣节为背景的促销活动，活动的推广对象就是青少年，公司希望通过这场活动让这两种口味的薯片起死回生。

针对“恐怖旅馆 626”的说明信息只会在游戏开始前出现，这些信息会告诉玩家，他们被困在了一家闹鬼的旅馆。为了注册这个运用了增强现实技术的多媒体游戏，玩家必须在网站上输入他们的姓名和邮件地址。完成这些注册步骤后，他们会发现自己被困在了一栋可怕的建筑里，为了从中逃脱，他们必须接受一系列让人感到不舒服的恐怖挑战。

完成挑战会使用到网络摄像机、手机以及麦克风。游戏开通了 Twitter 账户，鼓励玩家分享他们的体验，还有一个 Facebook 上的应用程序鼓励玩家通过他们的社交网络让朋友们“吓一跳”。这种营销策略不仅把真实和虚拟混合在了一起，也鼓励玩家把购买一种奖励食品和从旅馆的恐怖情境中逃脱的高度紧张的情感体验混合在一起。这种情感唤起可能会在玩家的内隐记忆中留下一个永久的印记，这有助于培养品牌的忠诚度，也能在玩家和菲多利之间建立起强有力的情感联结。

花费了不足 100 万美元，对一场大型营销活动进行了微小的改变，“恐怖旅馆 626”取得了巨大的成功。来自超过 136 个国家的超过 400 万年轻人注册了游戏账号，平均每人的会在这款游戏里玩上 13 分钟，这几乎可以说是食品市场营销的极限了，因为通常来说如果可以吸引消费者的注意力达到 30 秒，营销人员就会感到非常高兴了。

仅仅 3 周时间，这两种口味的薯片就卖出了 200 万袋。2009 年时，恐怖旅馆 626 获得了营销界最负盛名的奖项戛纳狮子奖。第二年，它还催生出了一个更加恐怖的游戏，“精神病院 626”（Asylum 626）。这个游戏主要讲述了在一家精神病院内被挥舞着电锯的护士追逐的令人毛骨悚然的过程，吸引到了更多玩家的参与。

通过有意把虚拟和现实世界相结合，游戏设计者能够为年轻玩家提供一种深入的、身临其境的情感体验。当玩家面对危险状况时，例如当被困在一间密室中时，必须要避开挥舞着电锯的疯子的攻击，这时候玩家可以发送一条信息，让朋友们帮忙解救他们。那些同意给予帮助的人会被要求对着他们的麦克风尖叫，或是尽可能多地敲击键盘上的按键来分散攻击者的注意力。在另一个情境中，玩家面前会出现两张 Facebook 好友的照片，他们只能从中选择一个活下来的人。

“我们会让玩家自己去想象发生了些什么。”这场营销活动的创意总监亨特·辛德曼说道，“我们设计了一些相当阴森恐怖的声音以及一些标志性的情节来表明，你没有搭救的朋友现在状况不太好。”

辛德曼继续阐述关于第二个游戏的信息：“我们在一个场景里运用了头部跟踪技术，因此玩家必须做出真实的身体移动来躲避攻击。我们用全新的方式对网络摄像头加以利用，使玩家真实地参与到游戏当中。今年，我们请玩家给予我们更多信息访问权限以及个人信息，并提前告知他们，我们获得的信息越多，游戏体验就会越恐怖。我们也用全所未有的方式对社交网络进行了利用。具体来说，我们把他们的朋友也带入游戏体验和游戏本身。所有这些改变加总在一起，让我们营造出了一种更加身临其境的恐怖体验。”

在这两款游戏的最后一个场景中，玩家必须要用到一种特殊的密码或标志物，就印在那两种口味薯片的包装袋上，当网络摄像头拍摄到这个标志时，屏幕上会出现一把三维钥匙，获得了这把钥匙他们就能够逃离那个恐怖的旅馆或精神病院。

用批判的眼光来看，这两个游戏的目标玩家都是处于以情绪波动大和社交无能为主的青少年。在决策方面扮演着关键角色的大脑前额皮质，直到成年初期才会达到完全的成熟。结果就是，与成熟有关的荷尔蒙以及依然在发展中的额叶皮质区，会使青少年在面对和恐惧相关的刺激时特别脆弱，而且会使他们对垃圾食品那样的奖励内容接受度更高。

数字营销有目的地激起了高情绪唤起状态，并且引诱青少年在高情绪唤起的状态下做出购物的决定，这加剧了他们在情绪唤起状态下做出糟糕决定的倾向，因此他们会用糖分和脂肪含量较高的食物进行自我治疗。这些研究发现证实了一项稍早的由微软公司进行的研究，研究报告称："这类营销活动与消费者之间建立起了强烈的情感联结，也唤起了消费者对这个品牌更加积极的回应。"

收银台前，最好屏蔽手机信号

越来越多的公司正在尽可能优化他们的网站来为手机服务，并且鼓励手机使用者下载具有定位功能的应用程序。这些应用程序能够告诉公司使用者现在身处何方，以及他们正在做些什么，传输这些信息的目的是为公司提供最有意义的信息。这种新的数字营销方式被称为社交本地移动（SoLoMo），社交本地移动代表着生成网络访问量的三个组成部分：社交（Social），本地化（Local）和移动（Mobile）。

"社交本地移动不是一股正在消退的热潮。"作家林赛·斯卡尔佩洛说道，"它就在这，它是真实的。而且对于品牌、零售商以及市场营销人员来说，了解这种趋势非常重要。"

但是，已经有研究证明，几乎全球都在使用的手机至少对于市场营销的一个领域来说是有害的，即当消费者在收银处排队的时候，对杂志、巧克力、糖果以及口香糖的冲动性消费会减少。如今，消费者在排队等待付款时不会浏览这些商品，越来越多的人会掏出手机消磨时间。联想到赛马所佩戴的限制视域的马首挽具，美国杂志的高管把这种习惯称为“移动眼罩”(Mobile Blinder)。

大卫·凯里是赫斯特杂志集团（Hearst Magazines）的主席，在美国出版了《柯梦波丹》杂志（*Cosmopolitan*）以及其他 19 本杂志，他承认道：“在收银台排队时，有些人每隔 1 分钟就会看一眼他们的邮箱或是动态消息，每个在收银台摆放了产品的商家必须要争抢消费者的注意力。”

根据审计媒体联盟（Alliance for Audited Media）的数据，单份杂志的销量在 12 个月内已经下降了近 10%，对于以名人八卦、性以及时尚为主题的杂志来说，下降趋势更加明显。

《柯梦波丹》是单份销量最高的美国杂志，其销量下降了 18.5%，而《人物》(*People*)、《美国周刊》(*US Weekly*)、《魅力》(*Glamour*)以及《明星》杂志（*Star*）在同一时期都报告单份杂志的销量有了超过 10% 的下滑。杂志产业及广告商十分看重销售状况，因为它们最准确地反映了消费者的需求。

杂志销量下滑的原因有许多，但毋庸置疑地，出版商共同遇到的一个关键难题是争夺消费者眼球的物品越来越多，而且消费者可以更加方便、以更低的价格甚至免费获取这些物品。如果要购买一本杂志或是一份报纸，我们需要前往报刊亭或是超市，而且会花费辛苦赚来的钱。相反的，我们只需要按动几个按键，就几乎可以随时随地下载一份杂志，或是网络上的一篇文章。

正如我们在第 2 章里曾探讨过的那样，这种事情可以提供一种附加值，即“加工流畅性”。消费者获取商品的速度和便利程度是一种让消费者做出冲动消费决定的强大动机。

一些出版商和市场营销人员现在正在向“移动眼罩”发起反击，他们在商店内的不同区域陈列他们的杂志，并且使用了吸引注意力的数字特征，例如在封面上印刷二维码。

《柯梦波丹》杂志就使用了二维码推广法，用智能手机扫描杂志二维码的读者能够享受到一个惊喜折扣。营销人员正在开发专门投放于手机的特价促销广告。如今，消费者的注意力已经成为了最具有价值的，以及最难以征服的领土之一。

交互式广告：让消费者一起摇摆

英国科技公司 Brainient 已经开发出了一种能够增强观众注意力集中程度以及延长他们观看广告时间的独特方法，关键就在于让观众与广告互动。

罗马尼亚人埃米·盖尔是这家公司的创始人兼 CEO，在他的办公室内，他向我讲述了他的系统是如何工作的。“观看视频曾经是一种向后靠的体验。”他说道，“现在它成了一种向前倾的体验。”

2009 年，为了对越来越广泛的在手持设备上观看视屏的趋势进行利用，盖尔向媒体推销他的创造交互式广告的想法。如今他在全球拥有 100 多位客户，包括可口可乐公司和沃尔沃（Volvo），每个月它都会举办约 50 场宣传的活动。

交互式广告是什么？交互式广告可以简单到只是位于网络视频上的一个按钮，按动按钮，它会向你展示幕后花絮，或是当你观看一个汽车广告时为你安排一次试驾。它也可能是一段手势激活的体感预告片，例如盖尔在 2012 年为《霍比特人》（*The Hobbit*）上映而创作的预告片。“你只需要对着摄像头举起手，然后挥动一下，就会看到一段特别的视频。”他解释道。

盖尔宣称，如果观众被说服用这种方法与一段视频进行互动，他们就更有可能观看这段视频。交互式广告的点击率是 10%，而非交互式广告的点击率是 1%，观众的参与度增加了 480%，而且人们观看视频所花费的时间是原来的 1.2 倍。

谷歌眼镜，带你去任何能消费的地方

在增强现实技术中，数字生成的元素被叠加于现实世界，观众需要佩戴一副特殊的眼镜来观看。当佩戴这种眼镜的时候，消费者将看到相关信息与他们周围的环境相重叠。当你在一个陌生城市观光时，增强现实眼镜上会出现有关附近历史地标的信息。如果佩戴眼镜的人正在购物，眼镜上就会出现特价优惠的信息，还会指引消费者前往相关的商店。在用餐时间，眼镜可以指引佩戴者前往最近的餐厅。

谷歌眼镜（Google Glass）就是这样的一种设备，它是一种可佩带的电脑，以一副外形时髦的眼镜的形式存在，它拥有一种集成的平视显示器（目前普遍运用在航空器上的飞行辅助仪器，是 20 世纪 60 年代出现的一种由电子组件、显示组件、控制器、高压电源等组成的综合电子显示设备。——译者注），电池隐藏在眼镜的框架中。微型棱镜显示器就位于视线上方，佩戴者只要一抬头就能看到显示屏。

眼镜里嵌入了摄像机、麦克风、卫星定位系统，以及据报告称，拥有一种能通过头骨传递声音的技术。使用者能够拍摄静态图片或视频,或是通过口述发送文本信息。这种眼镜也让移动视频会议成为可能，因为它能够把看到的画面展示出来。

借助那些专门为谷歌眼镜开发的应用程序，使用者就能够在人群里找到他们的朋友，而且能用眼镜发送邮件。这些增强现实设备了解使用者周遭的一切，即使他们刚刚到达某个陌生的城市，这种设备也能指引使用者前往任何想要去的地方，或者任何商家想要消费者去的地方。高效的移动营销指的是那种能在所有电子平台上销售产品的能力，其关键在于获取个体消费者的详细、深入的信息。在下一章里，我将会讲述，如何将大数据与人类想的好奇心相结合，开发出令人难以抗拒的营销策略。

第 11 章

大数据心理学

营销界的“棱镜门”

出卖用户信息的 Facebook 可以轻易辨别一个人是否酗酒吸毒，甚至对智商和性取向的判断准确率也超过 70%；贪得无厌的亚马逊会记录你看过的每一个标题、标记的每一个词汇，在你下一次登录时推荐针对性极强的书目。

在数据雪崩中的某个地方，埋藏着极其重要的模式与行为，掌控这种模式，就相当于开发了数十亿新客户。

如今，电脑科技被设计应用于人类传统的互动式说服技巧中，来扩展人类作为互动说服者的所及范围。对于电脑科技和人类来说，这都是一个新领域。

——B.J. 福格（B.J. Fogg）

《说服技术》（*Persuasive Technology*）

在未来几年，广告和市场营销工作会越来越多地由电脑执行，而且将会在不需要人类参与的情况下向消费者进行传播。当然，这并不是说人们丝毫不会参与整个过程。广告与市场营销策略的整体发展依然会掌握在有血有肉的专家手中。

决定品牌信息和产品特性将会在何处以及如何进行传播的仍然是专家而非电脑，但发送这些营销信息的工作，以及对大部分发送内容的选择，将留给数字化的机器，或者更准确地说，将留给那些机器中的程序来完成。

然而，这种方法的成功取决于两条关键假设：第一，人们真的能和一台电脑、平板电脑或智能手机之间建立心理上的亲密联系；第二，这些系统将能够持续获取大量消费者的详细个人信息。

在本章中，我想要检视这两条假设在何种程度上能够成立。首先，让我们来思考一下人类和智能机器之间的关系。

电子宠物 or 虚拟情人

20 世纪 90 年代末，我初次感受到了电子生命能够引起的强烈情感。我的学生里有一位聪明的，看似对环境适应得相当好的二十出头的男性，他叫马克。有一天下午，我发现马克独自一人坐在环境有些阴暗的学生会酒吧。他的身体蜷缩着，面前放着一杯啤酒，看上去非常悲伤。

我担心他刚遭遇了像失去亲人、朋友那样可怕的经历，于是在他身旁坐下，看看自己能否给予他一些安慰。强忍着泪水，马克告诉我，他确实刚失去了一样重要的东西，这件事让他非常难过，而且心怀深深的愧疚。因为他的疏忽，他的拓麻歌子（Tamagotchi）刚刚死了。

首先我要为那些不熟悉这种产品的人解释一下，拓麻歌子是由两位日本发明家于 1996 年发明的手持电子宠物。这个有着鸡蛋外形的设备拥有一块小型屏幕，很多东西，像动物、物品或是人，会出现在这块屏幕上，屏幕下方有三个按钮。拥有者的任务是通过按动合适的按钮养育这个生命，直到这个生命长到成年状态。

和人类的小孩一样，拓麻歌子成长得如何取决于它获得了多少照料与关注。如果主人疏于照料，它就会“死”。马克最近专注于考试和新女友，没能为他的拓麻歌子提供所需的“食物”。在我们把马克视为一名神经病患者之前，很重要的是，我们要意识到，在全球超过 7 600 万拓麻歌子的拥有者中有许多人也曾表示，他们对于自己拓麻歌子的死亡会感到悲伤。对于他们来说，这种电子生物的死亡会使他们产生与真正丧失亲友类似的悲伤感。

在最近的一项研究中，美国研究公司 Dynamic Logic 的研究者让一群消费者和一种被称为电子宠物猫（iCat）的机器人玩一段时间。然后研究者让他们把宠物猫的电源关掉，并且告诉他们，把电源关掉就会把它的记忆消除。主管乔里娜·麦克戈德里克解释道：“这就好像是在杀死那只机器猫。”研究者发现，那些曾享受过和这只宠物猫之间的“积极情感体验”的受试者在按下关机按钮之前的犹豫时间，是那些没那么享受这种体验的人的四倍。

早在 1966 年，研究者就初次揭示了，即便是聪明的、教育程度良好的人，也会和电脑建立一种特别深入的情感关系。在一场由美国计算机协会组织的会议上，约瑟夫·魏泽堡博士将与会代表介绍给了伊莉莎（Eliza，人工智能历史上最为著名的软件，世界上第一个真正意义上的聊天机器人。——译者注)。伊莉莎的名字是以萧伯纳的戏剧《卖花女》(*Pygmalion*)中的伊莉莎·杜利特尔命名，电脑程序会指示伊莉莎扮演一位治疗师的角色。伊莉莎所拥有的只是一些简单的代码，缺乏智慧，只通过简单的模式识别和关键词的代入来工作。如果不考虑这些明显的局限性，实际上“伊莉莎”在那些和她交流过的人身上产生的影响相当显著。

魏泽堡回忆道：“伊莉莎创造出了最不同寻常的错觉，即她理解许多与之交谈过的人的想法。那些人会要求和这台机器进行私人的交流，而且在他们和伊莉莎交流了一段时间之后，在我没有进行解释的情况下，他们会坚称，伊莉莎真的理解他们。”

他详细讲述了，有一次他走进办公室的时候，发现他的助理正在热火朝天地和这位“治疗师”聊天。“抱歉教授。”助理尴尬地说道，“但如果您不介意的话，能否请您先在外边等一会，等我和她聊完后再进来？”

对于人来说，电脑进行交流、说明以及互动的方式，已经足够亲密到能够鼓励他们做出情感回应。其实，引发这种反应所需的条件并不太多，只要存在某些表明社会临场感(Social Presence，个人在沟通中对群体中其他人的感觉。——译者注)的行为，人们就会相应地给予回应。结果就是，任何足够亲近的媒介物都将会获得人类的同等待遇，即使人们知道它很愚蠢，而且可能会在之后对它进行否定。

在一项研究中，研究者告知受试者，他们将会接受一项关于呈现在电脑屏幕上的一系列事实的测试。电脑在向受试者展示了那些信息之后询问受试者，他们对于那个话题的了解有多少。电脑向他们解释，如果他们对于这个话题所掌握的知识有限，它就会向他们提供更加深入的信息。

实际上，不论受试者回答什么，电脑都会给每个人提供完全相同的附加信息。然后，受试者参加了测试，电脑也把分数提供给了他们。接下来，电脑会把自己视为一位老师。不论受试者得了多少分，电脑都会在他面前评论说："你很棒。"

然后受试者被分成了两组，研究者会让他们报告自己感觉电脑的表现有多好，或是有多差。两组之间的唯一区别是，其中一组评估的电脑是他们之前使用的那台，而第二组则要对另一台不同的电脑进行相同项目的评估。

研究报告显示：那些在同一台电脑上回答问题的受试者给出的回应要比那些在另一台电脑上回答问题的受试者给出的回应更加积极。电脑得到了与人同等的待遇。那些在整个实验过程中与同一台电脑进行互动的受试者，在电脑上出现的22个形容词中，对其中的20个产生了更加积极的联想。

这就好像是和新机器相比，学生感觉自己和最初那台电脑之间有着更加紧密的联系，而且他们担心会伤害到最初那台电脑的感情。

"当和一台被认为和使用者性格类似的电脑一起工作时，使用者会判断电脑更加有能力，而且判断自己和电脑之间的互动更加令人感到满足和有助益。"福格阐述道。在福格进行过的一项研究中，他让两组受试者使用两台电脑的其中一台来解决问题。第一台被贴上了"队友"的标签，第二台则没有。

研究者发现，当电脑被定义为以及随后被视为"队友"时，受试者在描述电脑时会说它"在完成任务的方法、提供的建议以及互动风格方面和团队成员更像，而且电脑对生存所需物品的优先级排序和他们更加相似。他们也会认为电脑更加聪明、友好，认为它提供了更加高质量的信息，因此表现更好。"

通过对人类和看似智能的机器之间的关系进行扩展研究，我们可以自信地说，人与机器之间可以发展出一种紧密的，甚至十分强烈的情感联结。电子设备看上去越聪明，越有求必应，人们就会越信任其判断，并且遵循其建议。专业销售人员在尝试成交一笔交易的时候，会把这两者放在最重要的位置。

我们已经设计出使用和人类大脑相同的方式进行“思考”的超级电脑。通过利用超级电脑的这种力量，我们几乎能够即时地设计与传播新的广告与营销信息。

但是，为了更高效地完成这个过程，设备必须能够获取大量数据，比如每位个体消费者的喜恶，他们可能会有兴趣购买什么，以及通过巧妙的营销他们可能会被说服去购买些什么。

换句话说，我们需要了解如何做才能将消费者的需求转化成欲求。这就引出了自动化广告与营销获得成功所需的第二个条件：对于个体消费者详尽的了解。

数据工厂里的好产品和坏产品

乔治·奥威尔在他的反乌托邦小说《一九八四》中发出了警告：“老大哥正在看着你。”50 多年以后，“老大哥”依然还在看着，只是观察的方式有所不同。

如今，数十亿网络用户已经成为了他们监控者的热心帮凶。他们自由且自愿地准备好了要把个人生活中的最隐秘细节向完全陌生的人公开。结果就是，谷歌、亚马逊、Facebook 等网站获取了前所未有的详细与全面的消费者信息。业内将其称为大数据（Big Data）。

商家会从像 Facebook、MySpace 以及 LinkedIn 等社交网站上搜集大量数据，同时也会从大量数字资源，包括网购纪录、网页浏览模式、手机活动以及信用卡、借记卡与优惠卡的使用记录等，获得详细的个人资料与珍贵的商业信息。通过这种方式搜集到的个人信息包括：

- 家庭成员的名字及年龄；
- 当前住址与过去的住址；
- 财务状况与信用等级；
- 婚姻状况；
- 固定电话与手机号码；
- IP 地址；
- 社会阶层与种族；
- 宗教信仰；
- 受教育程度；
- 当前与过往的工作记录，以及是否有犯罪记录；
- 当前所在的具体位置，以及在过去几周里去过的所有地方；
- 在音乐、电影、书籍、杂志文章、零食、小玩意、油画、笑话、香水、时装，以及饮食方面的品位；
- 政治倾向；
- 性取向，以及曾经通过网络寻求满足的任何有关性幻想的信息。

所有这些，加上许多其他的个人信息，被用于发展一种绕开有意识大脑，直接把商业广告输入无意识区域的营销策略。信息搜集从人们一出生就开始了，而且将会一直持续到他们咽下最后一口气。

合法公司并不是唯一对人们私生活感兴趣的机构。网络上还潜藏着各种罪犯，从青少年黑客到有组织的犯罪团伙，再到国家支持的网络间谍。

网络安全协会（Cyber Security Institute）的主席彼得·沃伦说："每个月有 200 万个犯罪网站被建立起来，而且每天有 6 万种新病毒被发布到网上。现在网络上大概有 5 个超级帮派，他们的网络活动意味着我们现在正处于超级犯罪的时代，犯罪帮派的力量如此之强大，现在他们甚至对我们的生活产生了威胁。"

Facebook 之战

如果我们问一个孩子，Facebook 的功能是什么，他会回答：“帮我交朋友”。媒介理论家、《编程或被编程》（*Program or Be Programmed*）的作者道格拉斯·洛西科夫说道：“Facebook 的会议室里不会探讨如何让约翰尼交上更多的朋友，他们探讨的是如何把约翰尼的社交图谱货币化。问问你自己，谁在付钱给社交平台。付钱的人是广告商，用户不是社交平台的消费者，他们只是产品，被社交平台销售给广告商。”

25 岁的奥地利的法律系学生马克思·施雷姆斯会由衷地认同这一点。施雷姆斯在完成一份大学作业的时候，要求 Facebook 为他提供所有其拥有的关于他的信息。令他大吃一惊的是，他收到了一份长达 1 200 页的文件，包含了被分成 57 个门类的个人信息。

施雷姆斯感到十分愤慨，他把 Facebook 比喻成斯塔西（Stasi，前东德国家安全部，曾经是世界上最强大的情报机构。——译者注）。施雷姆斯没有提交他的课程作业，而是组建起了一个名为“Europe vs. Facebook”的宣传组织，并且鼓励成千上万的使用者向 Facebook 要求获得其所持有的关于他们的全部数据。这位年轻的法律系学生与社交网络巨头坚决对抗的勇气在用户中产生了共鸣。这个组织成立之后没几个星期，他的网站就接到了 4 万次咨询。

华盛顿电子隐私信息中心（Washington-based Electronic Privacy Information Center）的一位律师，金杰·麦考尔评论道：“通常，社交网站对于什么信息是共享的，而又是如何进行共享的并不坦诚。使用者可能会公开一些信息，他们相信这些信息只会被他们的朋友看到，但其实不然，政府官员也会查看这些信息，数据采集服务可能也会使用这些数据。”

正如我们看到的，Facebook 绝不是唯一一家搜集用户个人信息的公司，而且为了维护公司的权威性，它为用户提供了无数方法来管理他们的隐私。隐私设置页面提供了十几种不同的选择，用户可以勾选，也可以取消。此外，当他们犯错误的时候，Facebook 后台的工作团队似乎能就此改进。近期 Facebook 进行了更新，明显简化了个人页面，以确保用户不会再像之前那样对选项控制面板无从下手。

导致批评者们把这种行为视为对个体自由、社会价值，以及甚至对网络自身的一种威胁的是公司的规模。因特网花了 30 年获得了 7.5 亿名用户，Facebook 花了 8 年就达到了这个水平。如果 Facebook 是一块大陆，那么它可能会成为世界上人口第四多的那块大陆。这种惊人的增长率正在改变网络的运作方式。例如，现在有许多业务会忽略传统的网页营销，而只在 Facebook 上展开他们的线上营销活动。

Facebook 已经帮助创造了市值超过 10 亿美元的社交游戏巨头星佳（Zynga），并且吞并了在线照片共享服务商 Instagram。发布在 Facebook 上的照片数量现在已经超过了 30 亿张。在不久之前，网络还是围绕着数据进行组织的，而现在，因为 Facebook 的原因，网络已经变成围绕着人进行组织了。

技术文档作者史蒂文·约翰逊评论道："这应该不足为奇，现在我们发现自己正在被一个植根于那些社交地图中的新平台所吸引。而且我们把平台建设得越大，其引力就越强。"

约翰逊在为《连线》杂志（*Wired*）撰写的一篇名为《什么能推翻 Facebook 的主宰地位？》（*Can anything take down the Facebook juggernaut*？）的文章中指出，包括从邮件与文档分享到 IP 语音电话的因特网，在技术上看总是会比万维网要强大。只有通过其广泛地被使用，万维网才能变得更加强大。约翰逊进一步补充道："对于 Facebook 来说，我们最终也只是土地上的佃农；我们用自己的劳力使它变得更加高效高产，但土地依然属于地主。"

对于市场营销人员来说，Facebook 所提供的最有用的信息之一很有可能就是用户的喜好了。剑桥大学心理监测中心的迈克尔·科辛斯基与大卫·史迪威，以及微软研究院的托雷·格雷佩尔所进行的研究已经表明，用户的喜好信息可以被用于创建非常有见地的个人资料。这些资料包括，对用户的年龄、智商、种族、性格、性取向、宗教信仰以及政治倾向，还有他们是否抽烟、吸毒或是喝酒的准确预测。因为在我撰写本书时，这些信息都是公开可获取的，这些信息为创造高度个人化的营销信息提供了很大的空间。

这些研究者首先制作了一个 Facebook 的应用程序，名为“我的性格”（myPersonality）。然后研究者会让受试者参加这场完整的心理测验，这场测验会分析他们的智力、竞争能力以及对于生活的总体满意度。这场测验也会验证受试者的个性特点，例如外向与内向的程度。然后研究者会用一种数据模型对 5.8 万名美国 Facebook 用户的答卷，以及来自他们个人页面与朋友网络的资料进行分析，这种数据模型能够单纯基于喜好来预测个人特质。研究的结果在预测各类拥有一定商业潜力的人口统计学变量时，表现出了相当出色的准确性。

例如，辨别男同性恋的准确率为 88%，女同性恋的准确率是 75%；辨别黑人与白人的准确率是 95%；辨别共和党和民主党的准确率是 85%；对于宗教信仰的判断，判断的准确率为 82%；对于用户是否吸烟，判断的准确率为 73%；对于是否喝酒，判断的准确率为 70%；对于是否吸毒，判断的准确率是 65%；对于看似不相关的个人信息，例如用户的家长是否在用户年龄达到 21 岁之前分居，判断的准确率是 60%。

他们的统计模型对于计量特征，例如智商、情绪稳定性、开放性，要进行准确的预测会困难得多。开放性特质能够把乐于改变的人和不愿意接受改变的人区分开来，这种特质能够从用户的“喜好”中识别出来，预测的准确性和个性测试的准确性相同。其他“喜好”会产生一种与个人特质之间的强烈联系，尽管有时候这种联系显然是不协调与随机的。例如，研究者会将偏爱扭扭薯条（Curly Fries）与高智商联系在一起，而且“相比较我们害怕蜘蛛，蜘蛛更加害怕我们”的信念在不吸烟的人群中要比在吸烟人群中更流行。

研究者指出，只有极少数 Facebook 的用户会真的去点击那些明确揭示这些特质的任何一条“喜好”。同性恋用户中只有少于 5% 的人会点击明显的“喜好”，例如同性恋婚姻。因此，这个计算模型的预测准确性依赖于统计大量更受欢迎的，但不具有那么大信息量的喜好，例如音乐与电视节目。

研究者指出，对于市场营销人员和广告商来说，通过这种方式获得的详细、可靠的个人资料，具有极高的商业价值。然而，他们也会辨别开发潜力。迈克尔·科辛斯基说道：“我是令人惊叹的新技术的超级粉丝和活跃的使用者，其中就包括 Facebook。我很喜欢自动显示的推荐书目，或是 Facebook 为我挑选出的我最可能关注的新闻故事。但我可以想象出，如果相同的数据和技术被用于预测政治观点或是性取向，这会对自由甚至生命造成威胁。”

他的同事大卫·史迪威同意这点，并进一步补充道：“我从 2005 年开始就在使用 Facebook，而且我也将会一直使用下去。但是我可能会更小心地使用网站上提供的隐私设置。”

如果你将 Facebook 出售信息的行为视为对个人隐私的侵犯，你可能会更加关心一点，相比较其他市场研究公司对你的了解，这个组织对人们身份信息的了解还只是皮毛。

像所有的网络零售商一样，亚马逊在搜集客户习惯方面可谓贪得无厌。

例如，如果你在你的 Kindle（由亚马逊设计和销售的电子书阅读器以及软件平台。——译者注）上阅读了一本书，亚马逊不仅会记录下这本书的标题，而且你在阅读过程中标记下的任何词汇，你翻过的页数，你是从第一页阅读到最后一页，还是翻阅不同的章节，以及具体翻阅了哪些章节，亚马逊会全部记录下来。

通过对这些数据进行分析，亚马逊就能根据你的个人兴趣与爱好，为你打造专属的营销方案。例如，如果你一口气把约翰·斯科菲尔德的《从克伦威尔到克伦威尔：从改革到内战》（*Cromwell to Cromwell: Reformation to Civil War*）从头读到尾，但只是把泽恩·马丁诺利的《5 分钟健身》（*5 Minute Fitness*）随便翻阅了一下，那么当你下次登录亚马逊的时候，网站就很有可能向你推荐更多的历史小说，而非健身手册。

像谷歌、亚马逊、苹果以及微软这样的知名公司可能会大量搜集你的个人数据，也有一些不知名的，或几乎不为人知的公司，正在不引人注目的地方借助这些数据默默发展。

安客诚（Acxiom）的总部位于阿肯色州的小石城，其年收益为 11.5 亿美元，安客诚曾被描述成为“你从未听说过的最大的公司”。安客诚是一家跨国企业，在英国、法国、德国、荷兰、波兰、澳大利亚、中国以及巴西都设有办事处，安客诚拥有关于几乎每一个美国家庭的详细资料，它对于全球超过 10 亿消费者了如指掌，对于每位男性、女性以及儿童所搜集的信息总共约有 1 500 个分类。“你可以把安客诚想象成一家自动化的工厂。”安客诚的一名员工说道，“只是，我们生产的产品是数据。”

尽管安客诚服务器中所拥有数据已经十分庞大，它也只代表了个人信息市场中的 12%。其他公司则对剩下的 88% 的客户信息进行搜集与营销，其中有些公司对他们的商业活动更加保密。

在安客诚制作的官方报告《大数据，大交易》（*Big Data, Big Deal*）中，其内部高管杰德·莫尔、大卫·麦基以及伊恩·弗雷莫评论道：“在数据雪崩中的某个地方，掩埋着重要的模式与行为，这些模式与行为会为产品销售、证券交易、品牌支持或是转移经营方向提供指导。从种类庞杂的资源中获得原始数据，将这些数据与系统融合，并且得出可付诸实施的，并且能够促进业务系统发展的深刻见解，是个巨大的挑战。”

间谍界的谷歌

如今，一个被称为 RIOT 的程序证明了涌入大数据分析的技术专长与金融投资的范围。RIOT 程序是由世界第五大国防承包商，年销售额超过 240 亿美元的雷神公司（Raytheon）开发，这个程序不仅能够追踪世界上任何地方的人，也能预测他们未来的行为，它已经被一些评论者称为“间谍界的谷歌”。这几个首字母缩略词代表的意思是是快速信息叠加技术。RIOT 不仅能从社交网站上搜集到大量个人信息，也能使用全球定位数据来确定某个人所在的位置。

这类信息的一个来源是智能手机上的定位软件。另一个来源是 Foursquare 网站提供的数据。Foursquare 是一个拥有超过 2 500 万用户的手机应用程序，用户可以用这个应用程序来向他们的朋友和同事分享自己的位置。借助 Foursquare 的数据，RIOT 能够确定某个人在 7 天内到访最频繁的 10 个地点，也能确定他们前往这些地点的具体时间。

关于这种信息是如何被用于追踪某个人在全国的活动，曾经有过一次戏剧性的示范。在当事人知情且同意的情况下，这家公司对一位员工进行了一周的追踪。根据搜集到的关于这名员工的活动信息，它发现这名员工会有规律地在每天早晨 6：00 去一家健身房。“我们知道尼克去了哪里，我们也知道尼克的样貌，”雷神公司的主要研究人，布赖恩·厄奇说道，“现在我们想要预测，他未来可能会在哪里。”

不会令人感到惊讶的是，当雷神公司在一场会议上将 RIOT 作为“秘密创新成果”向美国政府和安全部门领导人展示之后，全球的安全服务商都已经对 RIOT 表现出了一定程度的兴趣，市场营销与零售公司也不例外，他们能运用 RIOT 的创新算法，来对它搜集到的大数据进行分析，从而创造出一种终极销售工具。通过了解潜在客户可能出现在什么地点，以及他们在某个给定的时间可能正在做些什么，广告商可以根据预测对广告信息进行调整，从而满足他们的确切需求。这将使网络营销：

- 能够在合适的时间，向合适的人，提供合适产品的合适信息；
- 让用户获得对他们而言有意义的信息；
- 基于共同利益，培养某个品牌在用户中的知名度与亲和力；
- 与某位拥有购买产品或服务意愿的潜在顾客建立良好的关系。

这种方法被称为“行为定向”（Behavior Targeting），其越来越高的准确性使得广告能够被特别针对那些在网络上对产品表现出兴趣的消费者进行投放。因此，市场营销人员不仅能够掌握消费者网络活动的时间与频率，也能准确地预测他们未来的兴趣。“行为定向”认为一点事实很重要，即被搜索、标记、浏览的网页能够对用户未来的兴趣提供非常准确的指示。

一举一动，尽在掌握

可口可乐在认识到年轻人即将成为社交媒体的主要用户之后，迅速开发出了一种以青少年或年轻人为目标的营销策略。这个年龄群体的人是手机和电脑的主要用户，而且有可能通过个性化地呈现网络信息，而与他们建立一种深入的情感联结。用可口可乐社会媒体营销主管亚当·布朗的话来说：“重要的是，要在鱼儿出没的地方钓鱼。”

“钓鱼”行动已经收获颇丰。据布朗说，每天约有 1 000 篇博文在谈论可口可乐，约有 3 000 条 Twitter 状态和可口可乐有关，现在这个数字每 6 个星期就会翻倍。每天 YouTube 上约有 15 个关于可口可乐的视频更新，现在 YouTube 上总共约有 100 000 个与可口可乐有关的视频，而且每天会有约 50 张与可口可乐有关的照片在 Flickr（雅虎旗下图片分享网站）上更新。在 Flickr 上总共约有 50 000 张以可口可乐为主角的照片。

可口可乐目前拥有约 2 200 万 Facebook 粉丝，每天都会增加约 2.5 万名新粉丝，这个事实证明了，到目前为止，可口可乐可能创造了最具有说服力以及影响最为广泛的综合营销活动。“我的可口可乐”项目运用了数字广告技术，覆盖了从行为定向到社交媒体监控，从搜索引擎优化到移动定位营销的方方面面。注册获得“我的可口可乐”奖项的营销项目最初提供了 40 亿个兑换码，以及总价值 0.5 亿美元的奖品，为了注册，消费者必须提供个人具体信息及一个手机号码。

可口可乐与广告商合作者塔可达（Tacoda）、精锐媒体（Mediavest）以及费埃哲（FICO）进行合作，共同制订行为定向计划，以使会对“我的可口可乐”奖品产生兴趣的人数最大化。结果是，这个项目根据消费者的喜好提供了多达 1 500 种奖品。例如，一位爱喝雪碧而且喜欢烹饪的消费者，可能会收到雪碧优惠券以及烹饪课程的广告。一位喝健怡可乐且喜欢看电影的消费者，将会被视为发送电影宣传广告和健怡可乐折扣券的目标。

所有参与者中约有 33% 的人会把“我的可口可乐”兑奖计划平均告诉 3.7 个人，从这个事实来看，这场营销活动获得了相当实际的成功。

据可口可乐全球互动营销副总裁卡罗尔·克鲁斯说，到 2008 年时，这场兑奖活动已经成为“为可口可乐品牌举办过的最大的一场活动”。这是一场在网络上持续多年的，能够让消费者从大量体验与奖品中进行选择的超级奖励计划。

通过在娱乐环境下嵌入品牌，或是嵌入能够引发人们联想到某个品牌的线索，例如我曾在第 6 章中讲述过的吉百利对紫色的使用，就能够产生一种影响，使人们能有意识地认出或回忆起这个品牌。通过某种方式把一条商业广告个人化，使广告对于已知的消费者兴趣、愿望、态度以及动力具有直接的吸引力，一家公司就能够在消费者和品牌之间建立深入的情感联结。这种在大脑中建立的如此深入的联系再也不会被认为是一种植入的商业广告，而是会被消费者认为是自己认识世界的一贯方式。

当电脑成为私人心理医生

下次当你把智能手机或是电脑的电源打开时，它们用某种语气对你说道：“今天你好像有点郁闷。你想要我为你播放你最喜欢的电影，来帮你振作一下精神吗？”或者是：“你看起来很累，为什么不休息一下喝杯咖啡呢？”此时你会作何反应？

一台电子设备能够与你感同身受似乎令人难以置信，甚至有些怪异，就更不用说电子设备能够表达它自己的情感了。但不出几年，具有这种功能的电脑可能会广泛普及。剑桥大学的计算机技术教授彼得·罗宾逊阐述道：“我们正在制造拥有情商的电脑，那种可以看透人们的心思，并且了解他们感受的电脑。电脑真的擅长理解某个人正在键入的内容，或者甚至是他正在说的话。但它们不仅需要知道人们正在说什么，也需要了解他们是如何说的。”

因为我们的面部表情提供了一些关于情绪的重要线索，所以研究人员花费了大量精力开发出了一种能够通过内置摄像头解读使用者表情的软件。罗宾逊和他的团队已经发展了一个项目：使用摄像机定位并追踪人的面部表情的二十多种“特征点”，包括鼻翼和嘴角的活动，还有一些关键动作，例如点头、摇头或是挑眉。然后，电脑会整合这些动作，并确定深层的情绪。

研究者也正在开发一种结合对表情与姿势的分析来判断情绪的系统。这个系统的推测准确率约为 65%，它正确识别出一种情绪的概率几乎和人类相同。还有一些正在开发的系统，能够通过分析讲话人的声调来推测其情绪。例如，某个感到沮丧的人会以某种特殊的方式讲话，正如某个感到兴奋的人会用一种特定的频率和速度来讲话一样。

但仅仅能读懂情绪是不够的。罗宾逊希望电脑也能表达情绪，不论是在卡通片里还是对于物理机器人来说。

日本工程师在研发拥有情感的机器人方面已经取得了显著的进展。他们制造的机器人名叫 Nao，当它不高兴的时候会弓起背，看上去垂头丧气；如果它害怕，就会蜷缩起来并且保持不动，直到有人轻轻地抚摸他的头，让它冷静下来。罗宾逊指出："一台具有情感意识的电脑能够应用于商业的许多方面。想象一台能够选择合适的时刻来向你销售某样产品的电脑，未来移动电话、汽车和网站都将能读懂我们的心思，并对我们的情绪做出反应。"

公交广告，私人订制

有一位时尚的 22 岁女性主管，她在每天上班的路上都会路过一块广告牌。有时候她会瞥一眼广告海报，但大部分时候只会匆匆走过。现在考虑一下，如果当她走近的时候，广告牌上出现一条包含她名字的广告信息，她会做何反应，例如："你好，米歇尔。我知道你有多么喜欢 Jimmy Choo 的鞋子。我们只是想让你知道，从这边只要过个马路，有家时尚精品店的 Jimmy Choo 正在打折。如果说是我介绍你去的，那么你还能享受额外的 20% 的折扣。"

如果下一个经过广告牌的是一位年轻人，广告牌上将会出现另一条个性化广告，内容可能是运动鞋或是最新的电子游戏，正是这个年轻人感兴趣的东西。再一次的，通过人脸识别系统，以及从他的网络活动中搜集到的大量信息，广告牌能叫出他的名字，并且为他提供一个难以拒绝的折扣。

斯皮尔伯格在 2002 年拍摄的电影《少数派报告》中首次提出了这类个性化广告的设想。如今，现实已经超越了剧本，与之非常类似的设备正在一些大城市里进行实地测试。当人们经过这些广告牌，或是站在附近等公车或地铁时，这些交互广告牌能够识别人们的年龄与性别，不过至今仍无法立刻叫出他们的名字和其他个人信息。

纽约一家名叫 Immersive Labs 的机构已经开发出了一种系统，能够借助面部识别软件制作广告内容，并对经过广告宣传画面的人做出实时反应。“真正的重点是人工智能，这样广告就可以随着时间的推移不断学习与提升。”公司 CEO 贾森·索萨说道，“这种软件可能会自动在一天里的某个时刻，或是当天气呈现某种状态的时候，播放一条可口可乐的广告。”

相同的系统也可以用在了解消费者的购买行为上，例如他们会花多长时间看一条广告，在商店里的购物过程、停留时间、购物高峰时段，或是对自动售货机以及货架的反应。还有一些公司正在试图使用上传到社交媒体网站上的照片来辨认个体，然后根据他们在社交网站上公布的好恶来为他们提供最难以抗拒的商品与价格。

哈瓦斯灵智精实广告公司（Havas and Euro RSCG Worldwide）的全球首席执行官，大卫·琼斯告诉 CNN（美国有线电视新闻网）的记者：“我们将会看到，枯燥乏味的零售世界即将与有趣的数字世界相结合，而且会引发一种难以置信的改变。我们将会看到，广告会完全基于目标客户的确切位置进行投放。”

人性化弹窗，接受率更高

在国际思维实验室中，我们对将挖掘社交媒体数据所得信息用于一种新形式电视广告的方法进行了一些研究。如果这种应用受到了广泛欢迎，它甚至可能让观众轻松摆脱恼人电视广告的打扰。这涉及被称为“许可营销”（Permission Marketing）的概念，许可营销是指消费者签订协议，同意接收关于他们感兴趣的一些事物，以及与他们生活相关的广告。有些公司正在开发一种技术，将一个电视节目中出现几秒钟的营销广告与节目中的产品一起，结合成为节目的一部分。我的实验室调查的是观众对于这类信息会作何反应。他们会觉得所提供的信息有用而且有趣，还是只是觉得它们烦人并且打扰到了他们。

为了进行这项研究，我们获得了准许，将热门电视节目《与我共进大餐》(*Come Dine with Me*) 作为研究样本。这个节目的基本思路是，让相互陌生的参与者连续几个晚上邀请对方去自己家里吃饭。然后客人会根据食物的品质和招待客人的技巧，给招待他们的主人打分，赢家将获得 1 588 美元的奖金。

图 11.1《与我共进大餐》节目中的场景

在准备晚餐的时候，我们会安排屏幕上短暂出现一个弹出框，弹出框中会显示所使用设备的具体信息，例如价格，在哪里可以买到，以及制造商（图 11.1)。

弹出框中出现的信息可以基于从社交媒体中获取的信息，根据特定观众的兴趣进行调整。每个弹出框中包含这件产品的照片、名字以及最优惠的价格。通过按动遥控器，观众可以选择查看更多产品的细节，也可以立刻购买这件产品，或者将它加入购物车。我们的研究表明，观众不仅欢迎这些简短商品信息，而且会认真留意这些信息，常会当即决定购买这些产品。

超链接：被强加的权利

正在搜集大数据的不仅仅是商业机构。2013 年 6 月，一位前美国情报工作者，爱德华·斯诺登（Edward Snowden），揭露了一个 2007 年以来，由美国国家安全局（US National Security Agency）施行的最高机密电子监控项目的一些细节。这个项目的官方名字是 US-984XN，代号为“棱镜”（PRISM），项目的监控目标是住在美国以外地区的电脑用户。“棱镜”计划由乔治·W. 布什于 2007 年提出，这个计划涉及从电子邮件、视频和语音通信、照片、文件传输、登录通知以及社交网络中搜集的大量信息。

根据泄露的文件所述，这些信息是“直接搜集自以下美国网络服务商的服务器：微软、苹果、雅虎、谷歌、AOL、Facebook、PalTalk（一种有文字、声音和图像的网际聊天服务软件。——译者注）、YouTube、Skype”。无独有偶，位于切尔滕纳姆（Cheltenham）的英国政府通讯总部（GCHQ），也一直通过一个由美国国家安全局建立起来的企业，从相同的网络公司秘密地搜集情报。

尽管许多人感到震惊，互联网巨头极力否认自己进行了如此程度的运作，但有一个事实不言自明，即反情报机构会对这种数据非常感兴趣。

除非你想要完全断开自己和现代社会的联系，也就是再也不使用网络、信用卡、借记卡、手机，或是参与任何形式的电子交易，否则这就是你需要付出的代价。

在最后一个章节中，我将会提出一些简单、基本的方法，告诉你如何在这样一个越来越喜好打探他人隐私与具有欺骗性的网络中，尽可能少地暴露自己的信息。

但是，消费者对于他们的个人信息被以这种方式利用该如何看待？伦敦帝国理工学院（Imperial College London）的安全科学与技术研究所主任克里斯·汉金评论道：“社交媒体的真正影响力是创建一种生活模式，在这种生活模式下可能会发生反常现象，这种现象可能是新爆发的一种疾病、对当地治安不满，也可能是对最新设计的一台智能手机的广泛认可。世界人口中很大一部分的超链接性几乎被视为一种权利，不论他们是否喜欢这种权利，这种超链接性为公众提供了一种了解他们思想与行为的途径。”

其他评论者曾表达过他们的担心。尽管所有相关的公司强调，在线数据的收集没有披露任何个人的身份信息，但还是有些公司提出，没有人会为这种匿名状态做担保。

构成个人身份数据的都是什么样的信息？个人验证信息（PII，personally identifiable information）是一份预先测定的属性列表，能够识别出一个人的身份。但我们不清楚的是，什么样的单条信息或是组合信息不具有个人识别功能。

作为公民，我们需要因此而进行游说，支持一种更加动态的识别数据的概念。这可能是一套比当前我们所指的个人验证信息的涵盖范围更加广泛的数据。

如果不进行修正，这种将数学分析应用于大数据，并且能够阅读个人数据的应用程序，不论是可以使社会获益，还是使让企业利润翻番，都会把数据科学转变成数据监控。

数码部落：谁更愿意献出自己的数据

你感觉个人信息搜集是一种对隐私的可怕侵犯，还是认为这是一种实用、有效的手段，能够确保购物更便捷，以及与消费者需求更具有关联性？至少从某种程度上来说，在这个时代，我们无法得出任何有绝对倾向性的结论。相应地，这种态度决定了你最有可能归属于哪个“数码部落”：

- 数字原住民（Digital Natives）包括任何在 1980 年后出生的人。因为网络的普及始于 1991 年，他们从来都不知道不存在网络的生活是什么样的。约翰·帕尔弗里和乌尔斯·加瑟在他们的作品《数字原住民》（*Born Digital*）中说道：“结果就是，他们生活中的大部分时间都在网络上，不把在线世界和离线世界进行区分。他们不会把自己的数字身份和在真实世界中的身份视为相互独立的两种身份。”
- 数字定居者（Digital Settlers），尽管并非出生于互联网时代，但这类人也帮忙塑造了这个时代。他们大多是非常熟练的网络使用者，这些人也同样身处在一个模拟的世界里。
- 数字移民（Digital Immigrants），在互联网时代开启时正处于中年，进入这个即时通讯与多重链接的世界较晚。他们并不都是“银发网友”，认为网络带给他们有罪恶感的快乐，当他们运用更加传统的社交与交流方式时，也觉得得心应手。他们觉得，面对面交流和在网络上交流一样简单。他们继续写信、寄信，而且常常会对互联网时代抱持怀疑和愤世嫉俗的态度。

数字原住民是最不可能把信息搜集视为侵犯隐私的人群，这群人享受着网络为他们的生活所提供的便利。例如，因为相关公司在他们的电脑中植入的信息记录程序，他们可以更便捷地网购。他们享受在网络上交朋友、分享个人信息、交流观点、交换照片，以及接收一些关于电影、音乐、书籍等与他们兴趣完美匹配的推荐。

当数字原住民正在享受搜索引擎提供的看上去免费的服务，享受那种由许多商业网站提供的免费信息，以及社交网站上提供的免费社交机会时，他们常常无法意识到一点，从来没有什么东西是真正免费的。如果你并没有为之付费，那么你就不是消费者，你是正在被销售的产品。

将关于个体消费者潜意识欲求的深入了解与更多心理学和神经科学的知识相结合，广告商、营销人员以及零售商将策划出那种能够读懂消费者所思所想、影响他们情感，并且刺激他们消费的销售策略，也就是创造终极全脑营销。

致消费者：走钢索的人

摆在第三通道的货物一经售出，概不退还。消费者必须意识到，作为一个群体，他们很容易被操纵，而且商家正处心积虑地想要操纵他们。

——唐纳德·麦格雷戈（Donald MacGregor）

麦格雷戈—贝茨研究公司负责人

在演讲和访谈中，当我讲到全脑营销背后的影响力与技术时，听众的反应可以分为两类。有些人表示，他们着迷于广告业、市场营销行业以及零售行业未来的发展，并且对此感到非常兴奋。他们强调，随着对购物过程中的大脑反应越来越了解，将有助于帮助消费者获得前所未有的、更加丰富的、更加个人专有的体验；而且，广告商、营销人员，以及零售商也会获得前所未有的、更加有效的、更高盈利的影响消费者的方法。

另一类听众感到震惊与愤怒。有些人在了解许多大型公司获取个人信息的程度时，认为自己的隐私受到了侵犯，而且他们对于未来这些公司可能会通过某种方法对他们进行洗脑，操纵他们购买一些自己根本不需要，以及负担不起的商品而感到震惊。

这种担心已经导致消费者权益团体反复要求对广告业与市场营销行业进行更加严格的监管，并且催促政府全面禁止某些类型的市场研究与数据搜集技术，同时对其他相关技术的应用加以严格限制。但在我看来，在少数地区设定一些规章制度不太可能产生任何效果。不择手段的公司很容易藐视法律，而恪守职业道德的公司面临着强大的利润压力，如果不能努力寻找法律上的漏洞，就可能被行业淘汰。

除此之外，尽管广告商与市场营销行业对儿童和青少年抱有期待，特别是期待他们消费高脂肪、高含糖量的食品，但消费者是否要通过对那些把他们瞄准为目标的商业力量进行更多了解，来保护自身利益，还取决于消费者自身。

正如我在前文中阐述的那样，我撰写这本书的目的之一，就是用一种业内人士的知识和经验来帮助消费者提高这方面的自我保护意识。我的目标是，帮助你更好地了解大型企业的多种营销方法，借助无限的人力以及雄厚的财力，这些公司有能力影响消费者的购买决定。

如果你掌握了这类知识，你就能够既享受许多由神经科学和现代广告业、市场营销以及零售业所提供的非常实际的益处，同时也能避免掉入那些静待猎物的陷阱。

对于消费者来说，而且实际上也对于许多正直的广告商、市场营销人员以及零售商来说，好消息是世界商业正变得前所未有的透明。在我们所生活的这个时代，每家公司都承受着一种压力，即通过投资获取利润，且利润金额要超过其他竞争者。同时，消费者要求商业活动提高透明度，如果这种透明公开被拒绝，或者消费者认为被拒绝了，长期商业成功主要仰赖的信任基础就会迅速崩塌。

当然，增强透明度也会使企业在无法信守承诺，或是被公众发现以一种不正直或阴险的方式运作时，遭遇更严格的监督与批评。如今，企业不得不将自身状况以及产品直接且真诚地呈现给消费者，否则它们就得面对社交媒体和传统媒体的负面宣传。所有这些常常是高度情绪化，而且常会发生错误的，主观判断会控制消费者的内心，使他们拒绝聆听商家的解释或是澄清。声誉一旦丢失，就可能再也无法恢复。

但是，现在广告商、营销人员与零售商能够获得大量关于消费者的信息，并且能够更深入地了解什么会引起消费者的兴趣，使他们兴奋和快乐，这些都为商家创造了一个史无前例的赢得消费者忠诚与信任的机会。确实，各家公司可能会在这场竞争中大败，但他们也可能拔得头筹。

日语对“理所当然质量”与“魅力质量”进行了区分。前者指的是消费者对一件产品或一项服务的期待。例如，当你购买了一只手表，你期待它能够持续准确地报时；当你去美发时，你期待美发师会给你做个好看的造型。这就是功能需求，即达到消费者期待的品质。

魅力质量指的是那种通过超越消费者期待而具有吸引力的品质。例如，手表不仅能够准确地显示时间，看起来也很时尚；而发型让你感觉自己更加有魅力，进而增强你的自信心。

这本书中探讨的全脑营销技巧为商家创造了一种机会，通过为消费者提供使其着迷的产品或服务来超越竞争者。而且本书教授了有关这种同时提供消费者满足与消费者保护的技巧，以及如何使用这种技巧的知识。

那么，消费者要怎样保护自己免于被现在零售业中随处可见的，新的隐形说客操纵？

一些简单的预防措施足以抵挡可能会造成很大损失的潜在犯罪攻击与身份盗窃。尽管这些在有计算机操作能力的人听来都太显而易见，但是令人惊讶的是，即便是经验丰富的使用者也常会忽略以下几点。

警惕免费网络。免费的无线网络看起来似乎很诱人，但是你需要保持警惕，这就好像你开始喝一瓶已经被喝了一半的啤酒，几小时后发现自己身无分文地躺在大街上一样。

- 避免使用轻易就能被破解的密码。有些人依然会把密码设为简单的“123456”。记住，你的个人信息，例如你母亲的名字，家里的宠物名字，或是你最喜爱的流行歌手，在网络上都很容易被找到，所以不要把这些设为你的密码。
- 尽管有些麻烦，但请定期更改你的密码，而且不要在所有的网站上设置相同的密码。
- 留心“网络钓鱼”，陌生人会把看上去很诱惑人的文件发送给你让你打开，他们会声称你或者你的公司有一个包裹正在等待派送，或是伪装成银行发来的信息。如果你怀疑，就把它删除。
- 如果你有孩子，教育他们要认识到网络的两面性。每个家长都有必要明白，网络上充斥着各种隐形的说客。当前，媒体只关注对性行为的赤裸裸的描写，以及极端暴力的电影或是在社交网络上伪装成孩子的恋童癖患者。尽管没有哪个家长应该阻止他们的孩子接触电脑、手机或是其他已经成为 21 世纪人类必备工具的电子设备，但家长依然应该小心地监控这种接触，特别是对于年幼的儿童来说。否则，这就好像是让一个孩子在没有家长看管的情况下在一条水流湍急的河边或是车来车往的高速公路旁玩耍一般不负责任。

据报道，对于美国和英国的零售商来说，冲动消费每年能够创造约 381 亿美元的利润，冲动消费就典型的是系统 I 思考，而非系统 R 思考的结果。

正如我在第 5 章中阐述过的那样，系统 I 思考是在低于意识觉知的水平上运作的，是被我们的情绪和直觉感受强烈影响的。

这意味着，在某些情感状态下，你更加有可能落入那些意图让你冲动消费的隐形说客的圈套。

- 如果你感到心情有些低落，或是正在寻找一些方法来让自己开心起来，抑或是当你无聊，正在消磨时间的时候，冲动消费的可能性会大大增加。
- 用在小装饰品和旅游纪念品上的花费常被视为完全的浪费，有时候消费者在购买之后仅仅几个小时就会这样觉得，因此不要再一次因为冲动而消费；
- 你很少意识到的香氛、灯光，或是颜色和音乐，可能会触发你的消费欲望。当你身处一个消费环境中，要意识到自己正身处一台庞大而经过精心研究的机器内，设计这台机器的目的就是要售卖商品给你。世上没有免费的午餐，不论是在网络上，还是在商店里。
- 不论何时，当你受到诱惑，你都能使用一种方法，即花十秒钟的时间来想象一头粉红色的大象正在潜入一碗蓝色的奶油中。心理学家把这种生动的幻想称为“思维瓶塞”。临床医生用这种方法来帮助人们克服强迫症。因为意识在一段时间内只能持有一种念头，粉红大象和蓝色奶油的图像会阻止大脑同时思考别的事情。这种分心可能只会持续几秒钟，但这对于准消费者来说，足够让他们从掏钱包的边缘后退一步。
- 每个销售人员都害怕从潜在客户口中听到的话是，“我会考虑”，但通过有意地不去考虑一笔可能的消费，可能最终你也就不会去消费。

只有了解说服产业的影响力与影响范围，消费者才能在这个全脑营销的世界辨识面前无数种具有强大影响力的营销技巧。

扑克牌测试——第二组序列（参见 190 页）

致谢 THE BRAIN SELL

WHEN SCIENCE MEETS SHOPPING

我非常感激大量商业与科学从业人员付出时间帮助我完成了这本书的撰写。

我要特别感谢我在国际思维实验室的同事，尤其是医学博士邓肯·史密斯、分析主管约瑟夫·希林以及神经科学主任埃米·马多克他们都做出了有价值的贡献。即便如此，我依然应该说明的是，本书中表达的观点完全属于我个人，而且不一定反映了国际思维实验室董事会或其他雇员的观点，也不一定反映了许多出于善意而帮助研究进行的行业专家与学者的观点。

我的研究助理汤姆·狄克逊不辞辛劳地走遍全美国，对那些愿意理解快速发展的神经营销学的人进行访谈。

"iHappy书友会"会员申请表

姓　名（以身份证为准）：＿＿＿＿＿＿　性　别：＿＿＿＿＿＿

年　龄：＿＿＿＿＿＿　职　业：＿＿＿＿＿＿

手机号码：＿＿＿＿＿＿　E-mail：＿＿＿＿＿＿

邮寄地址：＿＿＿＿＿＿　邮政编码：＿＿＿＿＿＿

微信账号：＿＿＿＿＿＿（选填）

请严格按上述格式将相关信息发邮件至中资海派"iHappy书友会"会员服务部。

邮　箱：szmiss@126.com

微信联系方式：请扫描二维码或查找zzhpszpublishing关注"中资海派图书"

中资海派公众号

中资海派淘宝店

<table>
<tr><td rowspan="9">优
惠
订
购</td><td colspan="2">订阅人</td><td></td><td>部　门</td><td></td><td>单位名称</td><td></td></tr>
<tr><td colspan="2">地　址</td><td colspan="3"></td><td>邮　编</td><td></td></tr>
<tr><td colspan="2">电　话</td><td colspan="3"></td><td>传　真</td><td></td></tr>
<tr><td colspan="2">电子邮箱</td><td colspan="2"></td><td>公司网址</td><td colspan="2"></td></tr>
<tr><td>订
购
书
目</td><td colspan="6"></td></tr>
<tr><td rowspan="2">付
款
方
式</td><td>邮局汇款</td><td colspan="5">深圳市中资海派文化传播有限公司
中国深圳银湖路中国脑库A栋四楼　　邮编：518029</td></tr>
<tr><td>银行电汇
或 转 账</td><td colspan="5">户　名：深圳市中资海派文化传播有限公司
开户行：工商银行深圳八卦岭支行
账　号：4000 0273 1920 0685 669
交通银行卡户名：桂林　卡　号：622260 1310006 765820</td></tr>
<tr><td>附
注</td><td colspan="6">1. 请将订阅单连同汇款单影印件传真或邮寄，以凭办理。
2. 订阅单请用正楷填写清楚，以便以最快方式送达。
3. 咨询热线：0755-25970306 转 158、168　传　真：0755-25970309 转 825
E-mail: szmiss@126.com</td></tr>
</table>

→利用本订购单订购一律享受九折特价优惠。

→团购 30 本以上享受八五折优惠。